YINGKE® 盈科

盈科全国业务指导委员会系列丛书

你必须知道的遗嘱

盈科律师事务所 / 编
杜　芹 / 主编

法律出版社 LAW PRESS · CHINA
北京

图书在版编目(CIP)数据

你必须知道的遗嘱 / 盈科律师事务所编；杜芹主编. -- 北京：法律出版社，2021
ISBN 978-7-5197-6017-5

Ⅰ. ①你… Ⅱ. ①盈… ②杜… Ⅲ. ①遗嘱—继承(法律)—基本知识—中国 Ⅳ. ①D923.54

中国版本图书馆 CIP 数据核字(2021)第 210069 号

你必须知道的遗嘱
NI BIXU ZHIDAO DE YIZHU

盈科律师事务所 编
杜 芹 主编

策划编辑 朱海波
责任编辑 朱海波
装帧设计 汪奇峰

出版发行 法律出版社
编辑统筹 法律应用出版分社
责任校对 邢艳萍
责任印制 吕亚莉
经　　销 新华书店

开本 710 毫米×1000 毫米 1/16
印张 14.5 **字数** 280 千
版本 2021 年 11 月第 1 版
印次 2021 年 11 月第 1 次印刷
印刷 三河市龙大印装有限公司

地址：北京市丰台区莲花池西里 7 号(100073)
网址：www.lawpress.com.cn
投稿邮箱：info@lawpress.com.cn
举报盗版邮箱：jbwq@lawpress.com.cn
销售电话：010-83938349
客服电话：010-83938350
咨询电话：010-63939796

书号：ISBN 978-7-5197-6017-5
定价：52.00 元

自序:我为“遗嘱”代言

我差不多可以算是看穿人性与生死的律师了,十几年的婚姻继承诉讼和家族财富管理法律业务做下来,错综复杂的夫妻、家庭、财富、企业之间的关系,以及折射和相互作用的人性、情感、理智、责任……让我深深理解和感恩自己所从事工作的价值。

我一直试图找到一个恰当的入口,让人们和我一样,有个探寻人生和家的意义的捷径,进而更容易理解和规划自己与家族的幸福和谐,并永续传递下去。最终我找到了这个最重要的入口——遗嘱。

为什么这么说呢?

遗嘱是一颗试金石,试验着人们对于生命本质的探索和认知。

直言遗嘱,必然直面生死。尽管所有人都知道,人生原本就是向死而生,无可回避,但仍有很多人讳言生死,因为他们惧怕死亡。恐惧什么呢?未完结的事情?未知的痛苦感受?无价值的人生轮回感?亲人的眼泪?未知的一切?……正确的生命教育和死亡观念教育,是我们很多人缺失的重要一课,现实中的幸福感不足、价值观缺失、婚姻家庭关系的困扰,等等,也许正是缘于此。无疑,伴随遗嘱观念的更新,会促使这些观念的长足进步和良性发展。

遗嘱是一根定海神针,稳定着一个家族在管理和传承中的风浪和安全。

绝大部分的继承争议,都伴随着遗嘱的缺失,或者真伪难辨的窘境。一份真实有效寄托美好愿望的遗嘱,可以化解家庭的诸多矛盾与争端,还能激励和保障后辈的和谐稳定。同时,它是所有家族财富传承中,最重要的和最兜底的保障。无论你如何设计传承方案,都需要用遗嘱,将你所设计的全部方案,以及所有没有或遗漏设计的财富,进行串联与统筹。

遗嘱是人世间最长情的告白,永远在时空中传递和升华爱。

昨天我问了18岁的儿子一个问题:你认为生命的意义是什么?他回答:有

两个,一个是作为生物,把优秀的基因传递下去;另一个是作为高级生物,把优秀的文化传递下去。我惊讶于儿子的通透,狠狠地表扬了他几句。随即他就顺势向我索要了一份昂贵的礼物,我忘了和他讨价还价直接付了款。再然后,我哑然失笑。哪一份爱不是这样喜忧参半?我的遗嘱上该写什么呢?希望儿子可以记住的除了文字,更是可以穿越生死和时空的爱吧。

聚焦遗嘱,可以促进生命教育的推广;聚焦遗嘱,可以打开人们对家族管理和传承的观念之门,让更多人受益;聚焦遗嘱,可以教会人们梳理家庭财富,懂得总结与反思,放弃永无休止的加班多陪伴家人;聚焦遗嘱,可以协助人们在梳理财富之后,开始思索和筹划家族管理的方法和做法,让家族和谐永续成为可能,并真实落地。

此前,我在《家族企业》杂志发表了一篇文章,是关于遗嘱误区和企业家如何订立遗嘱的,引发了很多朋友主动联系和讨论。总结近年来,我和团队办理的众多继承纠纷诉讼,看到当事人的巨大痛苦,以及遗嘱规划和设立法律服务项目,其数量呈几何数增长,我知道,必须做些什么了。

一、公益推广遗嘱知识和观念

身为家事律师,身为需要用专业和爱心服务客户的家事律师,身为最终服务目标是当事人和家族充满爱与和谐的家事律师,我深深懂得和理解自己所应当肩负的社会责任和使命。

不仅仅是要在个案和个项目中,帮到当事人。更在于,将这其中的精髓提炼、总结和传播出去,让更为广泛的人们知晓和受益。

我愿意为"遗嘱"代言,以此为切入点,给到人们和人们的家最大的帮助。我和团队用兢兢业业的专业服务,成为"深圳市市级巾帼文明岗",也一直践行着诸多公益和志愿服务。公益推广宣传遗嘱知识、推动社会遗嘱观念升级,我和团队将不遗余力。

二、解决"立遗嘱难"的现实难题

遗嘱,需要严谨的形式要件,内容真实合法。满足这些专业条件,其实并不难。因为绝大多数普通人的遗嘱,并不复杂,进行基本的专业把控即可。反而是过分强调专业性,导致"立遗嘱难"的偏见本身,才让立遗嘱变难了。事实上,该如何突破这种“难”呢？

降低设立遗嘱的门槛，增多设立遗嘱的途径，扩大遗嘱库规模就是解决之道。因此，我想到了设立最具广泛参与度的“幸福加遗嘱规划中心”，并且很快与颇具情怀的南京、上海、郑州、北京、泉州、南通、惠州、河源、中山、江门、成都等地专业律师团队开始启动。

我用多年遗嘱与继承法律服务的经验和专业，拿出来与工程师配合，设计出可以自动生成遗嘱、内嵌完善遗嘱流程的软件系统，让每个人可以借助软件轻松拟定和设立遗嘱。我们共同的愿望：让符合条件的老人免费设立遗嘱，让设立遗嘱变成轻松而普及的事情，让人们的家幸福加倍！

三、让“高难度遗嘱条款”走进寻常百姓家

即便是普通人的遗嘱，往往也有一些个性化需求。比如，继承人如果未成年，如何保障和打理继承来的财产？有些遗产或者继承人情况复杂，需要指定一个遗嘱执行人等。前者涉及遗嘱信托，指定受托人打理财产并按照约定定期支付受益人，适当时再转交管理权限给继承人。后者涉及遗嘱执行人的责权利，法律尚有界定不清晰之处，需要更高专业水准的条款设计。

这些对于我们这样专业的家事律师和团队而言，倒是不难。我期望能够将之推广出去，附着到幸福加遗嘱库的自动生成遗嘱模板当中，普惠更多人。这就是我理解的公益——将我们的最专业，给最多的人。

遗嘱库本身必然自带公益属性，它需要进行普惠大众的遗嘱推广和安定老年生活、和谐家庭的民生功能。因此希望全国所有的遗嘱库和遗嘱律师，都能秉承着内心的公益，从而团结有序。

四、解决“遗嘱保管和生效落地”的难题

我团队曾经办理过一起案件，继承大战打了两年，才查到被继承人有一份遗嘱。如果早些发现，这个继承大战也许根本就不会发生。这种无助和复杂的痛感，没有经历过难以体会。这也是所有立遗嘱的人都会问到的问题：请问遗嘱应该放在哪里？如果丢了怎么办？如果无法被继承人发现又怎么办？等等。

当然，有了幸福加遗嘱库这些都不是问题。它可以帮助人们无限期保管遗

嘱,还可以设定自动提醒,杜绝“形同虚设”。而这些的设计以及现实中流程的完善,我和团队将永无止境地去更新和升级。

让遗嘱落地,让幸福叠加。我的愿望,风雨无阻。

杜 芹

2021年10月18日

目录

第一章　为什么必须立遗嘱

第一节　遗嘱，真的只是遗嘱吗？

很多人讳言生死，这与社会传统、各地习俗、思想观念、心理认知、性格等都有关系，但也暴露出一个问题——人们普遍缺乏生命教育。只有正确地认知生命历程，理解生老病死是自然规律，体会精彩绽放、疾病、脆弱中的人性成长……才能收获从容面对的心态，享受人生真正的岁月静好。

同样，“遗嘱”这个容易与死亡联系在一起的词汇，也绝非读者想象中那样冰冷和简单。相反，它的出现常常是伴随着温度和爱。

2018年2月，张女士找到律师求助。丈夫突然去世，婆婆没有和她商量，就直接向法院起诉她，要求继承遗产。张女士35岁，与丈夫罗先生生育一名男孩，已有5岁。丈夫罗先生是再婚，其与前妻生育的大女儿也和他们一起生活。罗先生事业有成，在中国内地、中国香港以及加拿大等地拥有5家公司，已经初步建立了规范的企业集团，正准备整合进行上市。但就在一个平静的周末，罗先生在看电视时突然昏迷，“120”抢救1小时后宣告罗先生“心脏骤停，猝死”。

因为48岁的丈夫此前身体没有任何不适，张女士面对突如其来的灾难感到难以置信，每日恍恍惚惚，莫名地自责。而张女士的婆婆听到消息后，病了一个月，之后就突然起诉要求分割罗先生的遗产。原来，张女士的婆婆认为自己儿子是被儿媳妇害死的。她认为儿媳妇不关心、不体贴儿子，如果可以不让儿子那么拼命，如果可以早些发现儿子身体不适的蛛丝马迹，自己的儿子就不会走。张女士百口莫辩，这个高深的医学难题，她哪里解得开？更何况自己和孩子还在罗先生离世的痛苦中日日煎熬。

这一旷日持久的继承诉讼，让一家人成了陌路人，也让公司的特许经营牌照过期，经营陷入困境。

事情在一年以后迎来转机。律师在张女士与丈夫罗先生的邮件往来中，发现罗先生可能在某外资银行有账户，遂向法院申请调查。法院去银行调取银行账户时发现，罗先生还在该银行开设了一个银行保险箱。当法院召集张女士、张女士的婆婆和其他继承人一起到场开箱时，一封遗嘱赫然在目。遗嘱中，罗先生告诉家人，万一自己去世，存款留给父母，公司股权由妻子、儿子、女儿各继承三分之一，经营决策权归妻子，还有房子等财产也都分别进行了处理。遗嘱的最后一句话是"我爱你们，希望你们互相关爱，让这个家始终充满爱"。此时，所有人都沉默了。法官悠悠地说："怎么早没发现呢？"

是的，如果这封遗嘱能够早些被发现，想必张女士和婆婆之间的关系，绝不会像现在这样。而罗先生最大的心愿，恐怕不是财产，而是家人之间始终有爱。这个案例令人深受触动，也带给笔者很多思考，下面就来仔细聊一聊：

第一，家庭矛盾客观存在。

工作、事业、经营中的对错，大抵都有个相对客观的衡量标准，唯有家庭事务中没有是非对错的标尺。

张女士的婆婆白发人送黑发人，是何其伤痛！更何况自己的儿子昨天还是承欢膝下，没有任何疾病，今日就莫名其妙的走了，的确是令人难以接受。那个日日陪伴自己儿子、让保姆做家务、总爱穿戴名牌、爱和儿子吵嘴的儿媳妇，不应该承担"疏于照顾"的责任吗？

而痛失亲密伴侣的张女士，内心又是何等悲哀！恩爱的丈夫突然撒手人寰，留下5岁的儿子每天问爸爸去哪儿了，曾经视如已出的继女回到了罗先生前妻身边。只因自己背了名牌包、有一次和丈夫耍小脾气被婆婆撞见了，就被定性为"索取无度，逼迫丈夫拼命""照顾不周，导致丈夫去世"，百般委屈向谁诉说？

站在旁观者的角度，把张女士视为罗先生去世的主要原因，显然是不能成立的。但这并不能说服张女士的婆婆放下对儿媳妇的不满。因为张女士婆婆心中的梗早已埋下，那就是6年前自己的儿子根本就不该和那个顾家的前儿媳离婚，娶这个不会煲汤、不会照顾人的媳妇。

话说到此，不必再多言。家庭矛盾，其实是从家人之间不同的立场、观念、心态、情绪、认知中衍生而来，是不可避免的。

第二，家庭矛盾何去何从，取决于不同的应对做法。

家人们之间的差异，是家庭矛盾产生的基础。在平淡的日子中，绝大多数差异和矛盾都可以通过“感情”来化解或者掩盖,而化解或者掩盖之后,又可能促进或者削减“感情”,如此循环往复。如果日子波澜不惊,也就一切风平浪静。一旦有意外触发,矛盾的小隐患就可能因波涛汹涌的考验而被放大。

理性来讲,家庭矛盾是常态,不必过于紧张,应该做的其实是增进感情化解矛盾,以及不给矛盾放大制造机会。比如罗先生,其实还是有远见的:他立下遗嘱,用自己对家人们的爱来感化他们之间可能存在的不理解和小分歧;又通过财产分配的安排,来避免家人以此为借口发生大矛盾。这样安排以后,即便张女士和自己的婆婆之间感情不是特别融洽,至少也不会对簿公堂,因为这毕竟是逝者最后的心愿。如果没有诉讼,张女士和婆婆的矛盾至少不会被进一步放大。俗话说,时间是治愈伤痛的良药。随着时间慢慢推移,儿子虽然不在,但孙子逐渐长大,老人还有美好生活的期待。

遗憾的是,这个诉讼已然进行,婆媳之间的裂痕在诉讼中不可避免地被加深,想要修复就需要更久的时间。

第三,家庭问题的应对,需要专业的智慧。

罗先生生前设立了遗嘱,这点非常值得肯定。但是很遗憾的是,他没能真正意识到遗嘱是一项专业性非常强的事务,所以忽略了很多问题:

(1)遗嘱被动地放在银行保险箱里,没有预设启动程序。遗嘱具有“去世后生效”这一独特性,所以立完遗嘱,其实只完成了遗嘱工作的一半。遗嘱如果没能保管好被遗失,或者没有被发现、被执行,形同虚设。

(2)只是设立遗嘱,没有规划遗嘱。因为没有统筹规划,所以罗先生的遗嘱中有很多内容,没有配合相应的提前安排。比如,对公司只是写明经营权归谁,但完全没有安排配套措施。所以他去世后根本没有任何衔接机制,让新的经营人发挥作用,以致公司一片混乱,损失惨重。

(3)遗嘱没有考虑执行问题。遗嘱执行与遗嘱设立同等重要,不能执行或无法执行的遗嘱,也就达不到遗嘱设立的初衷。实践中,对于像罗先生这样拥有相对复杂的家庭关系和资产情况,设置遗嘱执行人,可以避免出现“因所有第一顺序继承人都做遗产管理人,导致意见不统一造成混乱和矛盾”情况,非常有必要。

(4)遗嘱还有很多没有考虑周全的地方,比如孩子尚年幼,是否需要母亲更多的时间和精力照料?孩子母亲是否拥有经营公司的能力?把家里的存款都留给父母,妻儿的日常开销如何解决?还有很多现实问题,在此不一一赘述。

接下来的章节,笔者将带领读者们逐步探寻遗嘱里的专业智慧,期望读者们不仅习得知识和技巧,也能掌握遗嘱规划的内在逻辑。一旦建立了正确的思维,不仅是遗嘱,包括家庭事务管理、财富管理和传承,也就都入门了。

第二节 遗嘱的常见六大误区,你中招了吗?

开宗明义,关于遗嘱,笔者表明一个观点:

遗嘱虽然在法律上被定义为“立遗嘱人对自己去世后的财产进行分配、对事务进行处理的行为”,但现实中,遗嘱远比这个法律定义本身更加复杂和深邃。

遗嘱,分配财产不是目的,通过财产对不同的继承人,给予个性化的照料和关爱才是目的;遗嘱,不是一份简单的文件撰写,而是一项对财产、对家人、对自己公司未来的综合规划;遗嘱,也不是一份单纯的法律文书,而是一份承载着对家人物质和精神的双重关爱、对家庭和谐的美好期许。所以,每个人都有必要重新审视一下“遗嘱”。

下面,笔者将从现实中人们对遗嘱的常见的误区讲起。

误区一:年老和重病才需要立遗嘱

人生无常,总有人猝不及防就离去。比如小马奔腾的创始人李明,又如著名球星科比,再如疫情期间意外染病的逝者们。既然是必须要做的事情,何必非要拖延到最后的时刻呢?

(一)案例现场

2019年3月的一个深夜,刚刚准备休息的律师被一阵急促的铃声吵醒。“杜律师,求你帮帮忙,赶快到医院来,给我父亲做个遗嘱见证!”电话那头的陈先生急得快哭出来了。律师赶紧起身赶到医院。

当两位律师进入病房,映入眼帘的是一位浑身上下插满管的老人,房间里还有两对中年夫妇和另外一个老人。他们分别是老人的儿子和儿媳、女儿和女婿、老人的弟弟。打电话的陈先生,是老人的儿子。

其实陈先生两个月前就来过律师事务所。陈先生的父亲患癌症住院,其名下两栋自建房面临拆迁，一家人因为这件事一直在讨论。律师建议他们和父亲直接提出，请父亲给出处理意见。但陈先生这边不知为何，始终没有进展。

今天医院再次下达了病危通知，陈先生感觉父亲真的快不行了，所以急忙请来了律师。律师看着老人在床上微睁着双眼，眼神呆滞，嘴唇微微抽动几乎发不出声音，只能摇摇头走出病房。

陈先生追了出来。律师说："您父亲根本无法说话，即使说出来我们也无法听清楚。这种情况，怎么给他做遗嘱见证啊？"

（二）误区分析

每年公证处、律师事务所都会接到数宗要求为重病老人、企业家进行公证遗嘱和见证遗嘱的法律服务咨询。但大多数情况下，只能遗憾拒绝。因为病人往往和陈先生的父亲一样，意识模糊，不能正常表达，无法设立遗嘱。实践中，还有一些病人，可能因为处于疾病的特殊心理时期，脾气和情绪变得偏执且异常敏感，遗嘱是"今天设、明天就要改"。询问原因竟是：某个孩子当晚没有及时来探望他。这些让律师和公证员很是头疼。

（三）律师建议

遗嘱千万不能等到重病或者年老时设立。它是一项对财产的重大处分行为，需要有清醒的意识，有独立自主表达意愿的能力，也要有对财产分配方案周全慎重的考量，朝令夕改显然不合适。遗嘱一定要在头脑清醒、格局视野全面、决策能力佳的时候设立。

其实还有一些特殊时期或特定事件发生时，是需要同步考虑设立遗嘱的，但很多人都忽略了。这些事件包括再婚、收养、离异、子女结婚、生育子女、重大事件、重大变化等。这些情况的出现，会导致财产范围、继承人范围、需要特殊关照的人员范围等发生变化，所以需要结合家庭状况、财富管理和传承目标，综合考虑和规划遗嘱。

从家族财富管理传承的角度讲，最理想的状况是，在创造、守护财富的时候，就应该以传富的最终目标来进行规划和安排。好比一场接力赛跑，起跑时就知道终点，才能选择正确的跑道、跑步的节奏，并调整好接力棒的方位和握姿。所以，企业家们设立遗嘱的时候，应当是最能够全面考量家族未来发展路径、企业发展目标、财富安排计划的时候。这个过程，不仅让企业家们创富、守富的计划更加清晰,也会更珍视对二代的培育,还能让看穿来去的人生更有意义,更幸福。哪个远见卓识的优秀企业家心中没有无惧生死、福泽家人的胸怀呢?

误区二:只有一名子女不需要立遗嘱

很多独生子女的父母认为,只有一个孩子,不管写不写遗嘱,反正以后所有的财产都会由子女继承,何必多此一举、费神费力写遗嘱呢?事实,真如这些父母想的这样发展吗?

(一)案例现场

2020年8月某日,两年前的一位当事人陈小姐再次找到律师,进行咨询。律师翻看原来的卷宗,回忆起2018年3月代理陈小姐起诉离婚的过程。

陈小姐说,自己从小家境很好,父亲是大学老师,母亲是会计。因为是家中的“独苗苗”,所以备受父母宠爱。也因此,她不善家务,个性比较强。2014年7月,陈小姐大学毕业后,就嫁给了校友张先生。当时的张先生,已经是某著名科技公司的中层管理人员,职业前途一片光明。婚后1年,儿子出生,原本小日子应该越来越有希望,但是陈小姐却与婆婆不断发生摩擦,很难相处,而丈夫张先生总是埋怨她,让她忍耐,完全不理解她。有时陈小姐说的多了,张先生就借口躲出去,甚至夜不归宿。3年后,陈小姐忍无可忍,找到律师,请律师代她向法院起诉离婚。

有句话叫祸不单行。对陈小姐而言,离婚诉讼期间是她最不幸的时期。她的父母在一次旅途中,车祸意外身亡。

陈小姐闻讯悲痛万分,而丈夫张先生也展现出从未有过的关怀和爱护,对她百般安慰照顾,主动担起料理后事的事务。此时的陈小姐,哪还有心思打离婚官司?不久,便撤诉了。

后来的事情,律师不得而知,直到今天。

陈小姐告诉律师,当一切尘埃落定,自己也慢慢从悲伤中走出来。她才发现生活又回到了那个无法忍耐的从前,甚至更糟。丈夫张先生依然经常不回家,婆婆依然和她无休止地争吵,家里的空气依然那么冰冷,令人窒息。这种感觉让她痛苦懊悔,情绪抑郁,终于在经历了无数个失眠的夜晚后,她决定必须离婚。

律师说:“你父母的遗产已经由你办理了法定继承,所以这些财产也要分一半给丈夫。”陈小姐顿时愣住了!父母留下多套房产,价值不菲,远超现在小家庭的财产。本来就和丈夫感情不好,丈夫没有出一分力,为什么反而要分出自己父母的财产给对方？这让陈小姐陷入更深的痛苦中……

(二)误区分析

独生子女的父母误以为,只有一个孩子不需要设立遗嘱,多半是没有意识到以下这几个重要方面：

1. 法定第一顺序继承人,不仅包括自己的子女,还包括自己的父母和配偶。

根据《民法典》继承编的规定,继承开始时,如果有合法有效的遗嘱,就按遗嘱继承；如果没有,则按法定继承。而法定继承,是由法定第一顺位的父母、配偶、子女,共同继承。没有特别情况,所有继承人是平均分割遗产。也就是说,自己的子女会和自己的父母、配偶平均分得遗产。

遗产向下传递,是很多国家继承法律的大体原则,这也符合中国传统的继承规则,符合人们普遍的心理。因为,对大多数人来讲,老人只要确保高品质的养老生活就可以,而更多的财产如果给到老人,会随着老人去世后的继承发生给到其他兄弟姐妹。如果真实的目的是要帮助兄弟姐妹,莫不如由自己亲自安排,无须通过这种方式间接进行。所以大多数父母内心是希望自己的财产绝大多数要给到下一代的子女。显然,法定继承会让父母的这一愿望落空。

2. 子女法定继承得到的财产,属于子女与子女配偶夫妻共有。

根据《民法典》婚姻家庭编的规定,在无特别约定的情况下,法定继承得到的财产属于夫妻共同所有。这也就是上面的案例中,陈小姐继承得到的财产,必须要分给丈夫的原因。

如果独生子女的父母生前没有设立遗嘱,在第一顺序继承人只有子女一个人时,子女可以按照法定继承,继承父母的全部财产。但是,这些财产在继承取得之后,在法定夫妻共同财产制下,并不属于子女个人所有,而是归属于子女与子女的配偶共同所有。

子女如果婚姻发生变故,这些继承的财产,就会通过离婚财产分割,被配偶分走一半；如果不考虑离婚这样的或有事件,但生老病死总归不可避免。此时,子女配偶获得的那一半财产,会随着配偶的遗产分割,分流到配偶的父母或其他亲属那里。

大多数的独生子女父母,更希望将自己的财产全部留给子女,作为子女的物质保障和依靠。分流出去,并非独生子女的父母愿意看到的。

(三)律师建议

对于独生子女的父母,笔者给出如下建议:

第一,必须设立遗嘱。

在遗嘱中,可以根据实际情况,对财产进行个性化的安排,比如分给老人多少,分给子女多少。多数人希望分给子女多一些,设立了遗嘱,就可以实现有多位第一顺序继承人时,将尽量多的财产由子女来继承的目标。当然,也可以在遗嘱中,指定将部分财产直接由孙子女来继承,这样还能将隔代的关爱,直接延续到孙子女那里。

第二,在设立遗嘱的时候,可以考虑加上一条,子女继承的财产属于子女的个人财产。

这样可以防止子女继承来的财产,变成子女和配偶的夫妻共同财产。就能够最大限度地对子女个人的利益进行保护,防止财产外流。如果子女本身,愿意将继承所得的财产,作为夫妻共有,那可以由子女,采用赠与或夫妻财产约定的方式来进行变更。如此,即便把财产和丈夫共享,丈夫也因妻子的分享而感动,从而增进夫妻感情。

误区三:不写遗嘱没关系,反正有法定继承

有些读者说,每个第一顺序继承人等份额继承,我觉得很合理,也和我的预期安排一样,而且,我也不担心孩子继承得到财产是否属于夫妻共有。那么,这种情况下,是不是就不需要设立遗嘱了呢?

(一)案例现场

这是律师2020年4月接待的一次咨询。当事人小王,他的父亲老王今年51岁,去世非常突然。当晚,小王的母亲和平时一样出去跳广场舞,老王独自留在家里看军事节目。1小时后,小王母亲回家,敲门无人应答,就用自己带的备用钥匙打开门,竟然发现老王面色青紫、瘫倒在沙发上,不省人事。小王母亲赶紧拨打"120",当小王父亲被送到医院时,就已经不行了,1小时后被宣告死亡。病历上写的是:心脏骤停。

小王父亲生前没有设立遗嘱,因为事发突然,也没有留下只言片语。后面的事情,按部就班进行。料理后事,清点财产,安排继承。小王家庭比较和睦,父亲

和母亲关系很好,爷爷早年去世,奶奶健在,自己还有个姐姐。所以,小王父亲的第一顺序继承人是4个人,奶奶、母亲、小王、小王姐姐。奶奶说自己年事已高,由女儿也就是小王的姑姑,代替自己处理这些事。大家都同意,表示没问题,每人继承四分之一就好。接下来开始清点财产。

小王母亲人很好,想着所有的东西一起清点也好,可以避免争议。所以从丈夫办公室,到家里的柜子箱子,都没有避讳,能打开看的都给大家看了。走到卧室,小王母亲说这里就算了,都是私人物品。哪知小王的姑姑说,还是看看吧。小王母亲内心有些不悦,但也没有表现出来,于是继续进去清点。

床头柜里有两只手镯一只黄色,一只白色,都是玉石的,看着成色不错。小王母亲说:“哦,这是小王爸爸送给我的,我平时也不舍得戴。”小王姑姑说:“这可不是普通的手镯呢!应该拿出来分哦。”旁边的小王姐姐听到,气坏了,说:“这也要分就过分了啊!”小王姑姑毫不示弱地表示,这个价值不菲,属于夫妻共同财产,当然有一半是要分!原本和谐的氛围,就这么被打破了。

后来小王赶紧来咨询律师,到底该怎么处理?

律师解答:“这两只手镯是属于小王母亲的个人生活物品,还是属于小王父母的夫妻共同财产,的确没有明确定论。从情理上讲,小王母亲如此大度,连床头柜都打开了清点财产,这份真诚,小王姑姑不应辜负,如果说手镯是私人首饰物品,属于个人生活物品,也算符合常理;但从法理上讲,如果手镯确实价值不菲,虽然名义上,小王父亲购买首饰是给小王母亲佩戴,但也确实属于夫妻共同财产。这笔账,非要算清楚,真有点难啊。”

(二)误区分析

前面讲述的案例情形,是不是似曾相识?各有立场、加上情理法的天然冲突,让财产分割在看似清晰的“平均分割”中,增加了太多的不确定性。下面,笔者再进一步分析:

1. 没有遗嘱,财产查明较难。

随着经济发展,现代人拥有的财富类型日益丰富。有传统的财产,包括房产、车辆、公司股权等财产;同时,基于投资渠道的广度和深度都远超以往,还出现了各类权益性财产,比如各类投资权益、合同权益;同时,随着现代科技和数字产业的兴起,数字货币这些需要特定文件、密码等才能获悉的特殊财产也出现了;当然,还有非常大量的无形财富,也彰显着其无可替代的价值,比如知识产权等。

笔者曾经问过很多企业家,除了你自己之外,你身边是否有其他人知道你全部的财产所在?绝大多数人回答“没有”。也难怪,经营、投资、财产流转,始终在动态变化之中,投资机会、商机往往也在瞬息之间,的确难以随时告知家人。那么,问题来了——没有遗嘱,继承人们能找到财产吗?

如果设立遗嘱,必然从梳理财产开始。事实上也就给继承人留下了财产清单,避免财产难以查明的尴尬。

2. 没有遗嘱,对于复杂家庭来说,继承难度太大。

经过大数据分析,家庭财产争议的多少,与家族成员数量和关系的复杂性,存在正相关。笔者代理的继承纠纷案件中,大多数涉及复杂家庭关系,以及成员结构,比如多段婚姻、未婚同居、婚外生育等。如果没有遗嘱,关系复杂的继承人,更容易产生财产分割争议。

而如果有一份遗嘱存在,在很大程度上,还是能够起到定分止争作用的。毕竟人死为大,尊重遗愿,是人们朴素的价值观。挑战遗嘱安排,会面临巨大的人性挑战和心理压力。不能小看这种心理影响,在家庭矛盾事务处理中,恰恰是这些心理因素,让家庭成员们有所忌惮和收敛,从而避免冲突升级。

3. 没有遗嘱,财产范围难确定。

正如前述案例,两只手镯到底属不属于遗产,这就需要厘清个人财产和夫妻共同财产。不仅如此,现实中还可能需要厘清当事人自己的财产,与合作伙伴的财产界限、与投资伙伴的财产界限、与代持人的财产界限,等等。

界定财产范围,需要法律专业知识,同样需要继承人之间的互谅互让,否则即便法律最终解决了这一难题,也难免会在过程中有伤和气。这恐怕不会是认为无须设立遗嘱的人生前所希望看到的。

4. 没有遗嘱,财产具体分配方案难统一。

法定继承,看似非常明确地确定了继承人各自继承的份额,但很多遗产是不适合按份共有的。比如,房产,让多个继承人按份共有,共同居住在里面是不现实的;再如,公司股权,看似完全可以按比例共有。但股权背后是公司经营决策权和控制权。同等比例持有,势必造成表决权的平均分散,不利于意见统一。现实中,往往因为互不相让,导致公司不知道由谁决策,从而陷入经营困境的事例屡见不鲜。

财产如果不能按份共有,就需要采用"归某个继承人所有,再由该人给予其他继承人补偿款"的方式。于是,这就需要确定该财产的市场价值。所有人都知道,财产的市场价值是没有客观标准的。比如一幢房产的价值,不同评估机构、依据不同计价方式和算法,得出的评估价格很可能是不同的。同时,房产中还可能存在潜在价值、隐性价值。比如,自建房,如果拆迁所获得的利益,往往比同地段商品房还要高;但如果不拆迁,其评估价格肯定远远低于同地段商品房。还有,同样评估价格,分别位于深圳、清远的房产,哪个更具升值潜力呢?如此一来,谁要分得哪个地方的房产,恐怕不能只按表面的评估价格来判断。

因此,现实中财产的具体情况不同,让分割方案和补偿金额的确定变成了难题。

(三)律师建议

通过以上分析,不难看出,"不写遗嘱没关系,就按法定继承"在现实中是行不通的。遗产分割,最终的目的,是要将财产最终的归属进行确定。为了防止前述种种麻烦和风险,还是需要设立一份清晰的遗嘱。遗嘱内容应当包括:财产范围有哪些,最好附上财产清单,还要明确说明,哪项财产具体归哪个继承人所有,从而避免遗产分配产生分歧,维护和谐的家庭关系。

误区四:遗嘱只处分财产

通过前面三个误区的分析解读,相信读者已经得出结论,不管怎样,都需要设立遗嘱。那么接下来,笔者就继续分析关于遗嘱内容和形式方面的一些误区。

有些读者一直认为,遗嘱就是对去世后财产的处分。这话到底对不对呢?

(一)案例现场

2020年8月的一天上午,赵女士在女儿的陪同下,急匆匆找到律师。律师经过了解,赵女士家的情况是这样的:

赵女士65岁,香港居民,但一直生活在深圳。2020年是她人生的至暗时刻。

1月,赵女士的儿子和儿媳离婚。原因是儿媳患有间歇性精神病,没有办法维持正常的家庭生活。赵女士的儿子将大部分财产都分给了对方,总算是把婚姻问题解决了。两人的孩子5岁,归赵女士的儿子抚养。但实际上,因为赵女士的儿子工作繁忙,孙子一直由赵女士照料。

3月,赵女士的老伴因心梗去世。

4月,赵女士祸不单行,35岁的儿子在一次常规体检中,竟被确诊为胰腺癌晚期。

6月,赵女士白发人送黑发人,儿子病逝。儿子去世前,留下一份《遗嘱》。

赵女士还在悲痛中没缓过神来,9月的一天,赵女士的原亲家,也就是孙子的外婆,打电话来说想看外孙。赵女士想,这是人之常情,让外婆亲近一下孩子挺好。外婆从湖南老家坐高铁到了深圳,见到孩子后,说想单独带孩子出去逛逛,赵女士没有多想,就同意了。哪知,外婆带着孙子出去之后,再也没有回来。当晚,赵女士收到孩子外婆的电话,说女儿病情好转,要留孩子在身边生活。

赵女士又气又急,孩子妈妈是间歇性精神病,时好时坏,根本没法照顾孩子,孩子外婆家在农村,怎么能带好孩子?自己已经给孩子在香港找好了学校,这不是耽误孩子的前途吗?于是,赵女士跑到外婆家去要人,外婆自然是不给。你来我往,两人几乎变成了仇人,僵持到今天。赵女士来找律师,就是想知道,孩子究竟能不能要回来?

律师仔细看了赵女士儿子留下的《遗嘱》,有两条很重要:"我所有的财产,包括从父亲那里继承来的财产,都由我的儿子继承""我死后,由我母亲赵女士做我儿子的监护人。"

于是律师说:"还是有希望要回来的。而对方之所以坚持要孩子,可能也和孩子将继承大量财产有关联。"

(二)分析与建议

读者从上面的案例中,应该能发现一个细节,就是赵女士的儿子在遗嘱中指定自己的母亲做自己孩子未来的监护人。这个条款,早已超出"遗嘱只处分财产"这一说法了吧?

是的,遗嘱是要处分财产,但这通常只是目标之一。更重要的是,立遗嘱人希望安排好未来继承人的生活,让继承人生活得更幸福。如果继承人是未成年的孩子,自然要考虑孩子今后的安全保障、生活照料和财产权益保护等问题。指定监护人,就是一种很好的安排。让这个监护人代替自己继续对孩子进行关怀和照顾,也可以保护好孩子的财产权益。

当然,遗嘱指定监护人,也只是遗嘱安排的一种。事实上,还可以针对继承人和家人的其他特殊情形,做出更多差异性的遗嘱安排。比如,孩子不善打理财产或者容易轻信受骗,可以给他设置一个遗嘱信托,指定受托人协助孩子管理财产,定期从信托中受益;再如,财产和生前债务比较复杂,可以指定遗嘱执行人,让这个执行人协助处理遗产和偿债有关事宜,减少继承人的麻烦和压力。关于遗嘱指定监护人、遗嘱信托、遗嘱执行人等内容,相对比较专业和复杂,笔者将在后续章节中,专门进行讲解。

除了以上内容,还可以在遗嘱中,预先设置继承争议解决方案的条款;也可以说说心里话,交代后事办理的原则、对家人和睦团结的殷殷希望,等等。这些会让遗嘱这份法律文书,从冰冷变得有灵魂、有温度,也更加有利于落地实施。

误区五:遗嘱立一份就好

遗嘱内容不仅包括处分财产,还包括其他很多个性化条款,如果将这些内容全部囊括列入同一份遗嘱中,是不是就万事大吉呢?

(一)案例现场

小钱先生来咨询律师时,义愤填膺。自己的父亲去世1年多了,因为遗产分割的事情,他发觉姐夫竟是如此贪得无厌之人。这究竟是怎么回事呢?

原来,小钱的母亲、爷爷、奶奶很早就去世了,后来父亲一直没有再婚,拉扯着小钱和小钱的姐姐艰难生活。后来有个机会,小钱父亲就在广州南沙购买了一块地,建了一栋宿舍,出租给附近的工厂,每月固定收租。现在租金大约十多万元,算是一笔非常成功的投资。小钱的父亲是个有责任心的人,见过世面,也有远见,宿舍建好之后,随即就设立了一份《遗嘱》。因为小钱父亲是个传统的客家人,非常重视儿子。所以,遗嘱上将这栋宿舍未来给到自己唯一的儿子小钱。小钱虽说没有大本事,但是很孝顺,对父亲很好。

小钱父亲去世前2年,这栋宿舍被列为拆迁对象,小钱父亲办理了拆迁补偿协议等手续。由于补偿后的房屋面积不够理想,小钱父亲还额外花钱多购入了一些面积。后来,拆迁一直持续进行中。在小钱父亲去世1年后的今天,拆迁安置房才全部办下来。

小钱想,这栋宿舍是父亲明确指定给自己一人继承的,这个拆迁安置房以及拆迁补偿款自然都是自己一个人的。他起初觉得补了一大笔钱,就打算给姐姐一部分。可是姐姐居然不说话,最后姐夫一语道破天机:这些拆迁房,有一半都是我们的!

小钱说,要分给姐姐,自己是绝对不同意的,姐姐必须尊重父亲的遗愿。律师听闻,表示此种情况,实务中有两种意见。第一种认为:遗嘱指定的是宿舍归小钱,但是这个宿舍在继承发生时已经不存在,因为它已经被拆迁,宿舍已经转化成拆迁利益了。可拆迁利益的归属,遗嘱并没有说明。遗嘱没有处分的财产权益,要按照法定继承办理。小钱和姐姐是唯一的两个法定继承人,的确应该一人一半。第二种认为:房屋拆迁是一种被动的配合行为,而不是一种主动追求财产灭失导致遗嘱继承人不能继承的行为,该行为与遗嘱人主动拆除房屋重建、买卖、赠与等行为性质存在明显不同。只要被拆迁后的房屋依旧登记在遗嘱人名下,即使遗嘱人没有更新遗嘱,被拆迁后的房屋还是要按照原来的遗嘱进行分配。但是,如果被拆迁后房屋的面积存在超出拆迁协议约定的面积的,也就是说,遗嘱人花钱购买了更多面积的,则该超出部分,应当适用法定继承。

这种情况,不仅是小钱,小钱父亲也肯定是始料不及。那么,如何才能避免这种情况发生呢?

(二)分析和建议

遗嘱应该设立,但不是只需设立一份,现实中还有以下问题需要考虑:

1. 遗嘱需要更新,不能只设立一份。

就如前述案例,小钱父亲要想避免这种情况发生,只需在宿舍被拆迁的时候,重新设立一份遗嘱,将拆迁后的利益全部指定给小钱继承即可。遗嘱更新,其实应当主动进行,每隔三年、五年都可以。立遗嘱人主动审查一下,当初设立遗嘱时,财产情况、家庭结构、继承人情况是否发生变化,继承分配方案是否需要重新调整,然后根据需要对遗嘱进行修改,重新设立。当然,在上述情况发生重大变化时,也是需要随时进行遗嘱更新的。

2. 遗嘱即便是一次设立,也可能需要分设多份。

遗嘱设立本身不是目的,最终能否执行到位才是重点。所以,遗嘱设立时,可以根据不同遗嘱形式、不同财产类型、不同财产所在地、不同继承人或受遗赠人、不同继承手续、不同执行难易程度等,分别设立多份遗嘱,从而避免执行时互相牵制,影响继承办理的效率。

比如,房产处分放在一份公证遗嘱中,他人代持的资产放到一份自书遗嘱中;再如,设立遗嘱信托的遗嘱,最好单独做一份,因为不需要让受托人知道其他全部遗产的处分信息；涉及公司股权的内容，也应该单独设置一份，因为里面需要对未来公司经营等进行更细致的安排。此外，对处于不同国家和地区的财产，很有可能也是要分别设立遗嘱，以方便在各国家和地区使用时，互不影响；等等。这些，都涉及专业的遗嘱规划专业知识，后文有专章进行讲解。

误区六：公证遗嘱最好

对于要设立遗嘱，很多人已经有了观念。但对于如何设立遗嘱，大多数人还是比较迷茫的。听说有公证遗嘱这种形式，就觉得，公证处的公信力很高，那么在公证处设立的公证遗嘱，肯定是最好的。这种想法对不对呢？

（一）案例现场

孙总的太太联系律师设立遗嘱的时候，孙总患癌已经1年多。

孙总是白手起家，从老家来到广州，从工厂打工做起，到现在开了两家公司，一家做模具，另一家做贸易。经过20多年的打拼，事业取得非凡的成就。模具厂正在上市辅导中。孙总太太非常贤惠，尽心照顾家里，生育了三个儿子，一个女儿，都已经成年。大儿子、二儿子和女儿大学毕业后都进入公司工作，大儿子做销售，二儿子做采购，女儿在财务部。最小的儿子上大三。一家人住在别墅里，非常温馨和睦。

孙总是2018年被检查出肺癌，经过治疗病情比较稳定。孙总让太太联系律师，就是希望律师帮助设立一份遗嘱，筹划一下家里的财产和企业未来的安排。

律师经过细致的了解，帮助孙总草拟了一份遗嘱。孙总希望，公司由三个儿子继承，女儿获得一定比例的分红就行。考虑到孙总癌症晚期，担心意外，所以律师让孙总自己先自书了一份遗嘱，然后联络公证员，核对遗嘱内容，预约一周后让公证员上门做公证遗嘱。谁知3天后，孙总病情突然恶化，进入ICU病房，医治无效当晚去世了。公证遗嘱还没有来得及做。

（二）误区分析

遗嘱，就是立遗嘱人对自己的财产、权益以及个人事务，在去世后由谁继承、如何处理而做的提前安排。所以，法律上无论如何规定，最根本目的，都是为了保障立遗嘱人实现这一愿望。因此，法律上规定了多种遗嘱形式，就是为了最大限度地方便不同情况的当事人设立遗嘱，最大限度地满足当事人的不同情况。

遗嘱形式很多,每一种形式都有其优点和适合场合。

如果遗嘱中只处理红本在手的商品房,那么对于立遗嘱人来讲,公证遗嘱是很好的遗嘱形式,因为将来办理继承权公证手续也在公证处,相互衔接也会更方便。

但是,如果公证处太忙总是预约不到,那么自书遗嘱,也许才是这个立遗嘱人的最佳选择。就像前述案例,孙总预约公证处的时间还未到,就离世了。幸亏律师帮他先设立了一份自书遗嘱,否则,遗嘱没有设立成功,就只能按照法定继承办理。

如果遗嘱中处理的资产很多,类型复杂、权属证明和凭证也不是那么清晰明确,公证处就很难做公证遗嘱。此时,也许让律师见证做打印遗嘱会成为首选。

对于盲人,或者不识字的人,他们如果想设立遗嘱,那么录音录像遗嘱,就是非常适合和妥当的。

而如果在一些特别紧急和危急的时刻,要立遗嘱,身边有谁就让谁来做个见证,此时设立口头遗嘱才是最佳选择。

(三)律师建议

遗嘱形式,没有最好,只有最适合。每个人设立遗嘱时,应根据自身需要和实际情况来选择设立遗嘱的形式。

我国原《继承法》中,有个“公证遗嘱效力优先”的法律规定。也就是说,如果有多份不同形式的遗嘱,内容互相抵触,应以公证遗嘱内容为准。但是,《民法典》继承编的变化之一,就是取消这一原则。换句话说,如果有多份不同形式的遗嘱,内容互相抵触,不是以公证遗嘱内容为准,因为所有形式的遗嘱效力相同,所以,要以设立时间最后的那份遗嘱为准。

法律的这一变化,也可以进一步说明:公证遗嘱最好,这句话是错的。最适合自己的遗嘱形式,才是最好的。

第三节　遗嘱的现实功能,你能想到吗?

正确认识遗嘱,有利于更好地发挥遗嘱对于社会、家庭、个人的重要作用和价值。下面,笔者对遗嘱的功能做以下梳理,相信会有助于更好地理解遗嘱,善用遗嘱。

1. 实现个性化的财产安排

这是遗嘱最基本的功能。随着社会的发展，财富越来越多流向私人，流向家庭。人们的私人财产和家庭财产越多，就越需要对财产进行管理和安排。财产生前可以归自己由自己进行打理；一旦去世，财产会归谁所有呢？这是每个人都需要面对的问题。

大多数人会选择将财产留给自己的家人，但每个家人的年龄、经济状况、能力情况各不相同，所以可能需要根据不同情况，确定分给某些人多一些，某些人少一些。这些想法的实现，就可以通过设立遗嘱，列明不同的分配方案来完成。

2. 实现家族财产的不断传承

家族财富的积累，可能依靠家族成员的共同努力。比如广东潮汕地区，就是香港首富李嘉诚的老家。他们注重家族观念，兄弟一起创业，晚辈家族成员也会共同为企业出力。他们的财富往往留存在家族企业中，以股权的方式由家族成员间接控制。此时，一代如果过世，往往希望财富继续留在家族企业、不被分流，同时希望企业控制权不断向下一代、下下一代永续传递。

如果要实现这个愿望，就需要设计更为复杂的遗嘱，当然还需要配合其他家族协议、信托等来实现。

3. 用财产反哺曾经帮助自己的人

每个人财产的积累，都有天时、地利、人和等多方面因素共同作用。对于事业路上、生活当中帮助过自己的人，立遗嘱人期望表达感恩之情，将财产在去世后赠与这些人，让他们感知自己的谢意，也是一件令人欣慰的事。

4. 留下财产做慈善捐赠

财产对于每个人而言，意义都不相同，回馈社会、各类慈善捐助、给母校设立奖学金、成立曾经触动自己成功的梦想基金……在自己去世后，把财产留给更多有需要的人，让财产拥有更大的价值，让这种慈善的精神随着这份安排感染、激励后人，也需要用遗嘱的形式做具体的安排。

5. 表达对家人无限的爱

随着对家人财产传递的安排，希望家人体会到更持久的爱，这其实是很多立遗嘱人内心真正的追求。家人也许并不缺这些财产，这些财产在家人眼中也许并不多，但就如一份贴心的礼物会让收到礼物的人心生感动一样，一份虽然不多的财产分配方案上,可以附上立遗嘱人对家人的期许和关爱之词。让财产传递,伴随爱的传递,让家人每每想到这些,就可以有一份甜蜜的回味和绵延的温暖,这恐怕就是遗嘱最重要的作用。

6. 通过遗嘱思维学会财产管理

凡是设立遗嘱的人,都会需要对财产进行梳理和清单制作,对家庭关系结构进行整理,需要全局性地考虑自己拥有的这些财产,究竟该怎样在家人那里发挥更大的作用。这些恰恰是家庭财产管理的最基本思维。笔者认为,遗嘱思维,其实就是一个最基本的家庭财产管理和规划思维,它是家庭财产规划的启蒙,也是最基本的规划工具。

7. 缓解和避免家庭纷争的必要方法

家庭和谐是每个人的朴素愿望,家庭成员间难免观念不同,各有立场。所谓清官难断家务事,就是说家里的矛盾分歧,其实很多是没有对错之分的。如果没有遗嘱,家人之间对于财产分配难免会有不同理解,对于"怎样处理才是公平的"会有不同立场上的认知。也许都有道理,但现实只能按一种方式处理,往往就会平添纷争。那么,设立一份遗嘱,给出明确分割方案,对所有家人来说其实都是最好的安排。

第四节　你是那个必须设立遗嘱的人吗?

概括来说,每个成年人都应该设立遗嘱,无论财产多少,只要有牵挂,只要有需要照顾的人,只要有需要安排的事情,就应该考虑设立遗嘱。

其中,具有以下这些情形的读者,更加必须设立遗嘱:

1. 企业家

公司股权不是一项单纯的财产,它背后是公司经营决策。而如果公司经营决策没有安排衔接到位,势必造成公司无法正常运转,公司股权的价值必然严重受损。如果没有一份单独的书面安排,按照法定继承平均分得份额,平均行使经营权,公司群龙无首,经营是不可能好的。

2. 家庭财产较为复杂的人

家庭财产复杂,不仅包括家庭财产数量多、财产种类或者类别多,还包括家庭财产和继承人数量不匹配,无法对等分割。比如 1 套房产,由两个孩子继承等。不要把难题和分歧留给后人,提前设立好遗嘱,明确好分割方案,就一劳永逸了。

3. 再婚重组家庭

现代社会结构多元,再婚重组家庭也越来越多。一个家庭中同时存在继子女、与前配偶生育的子女、与现配偶生育的子女,这种情况很正常。那种,你的孩子和我的孩子,在欺负我们的孩子,这种看似玩笑的事情,并不少见。

这类家庭,一方面,双方的财产归属需要厘清,婚前个人财产、婚后个人财产、婚后共同财产等财产的界定比较复杂;另一方面,双方对不同子女,可能会存在不同情感和抚养需求,财产分配的安排会有差异。所以,通过设立遗嘱,才可以最大限度地避免争议和达成愿望。

4. 婚外生育子女的家庭

婚外情现象是不可回避的现实问题,无论父母如何,孩子客观存在,就会成为法律上的合法继承人。继承一旦发生,婚外子女的出现,无疑会让财产分割的方案,增加变数,争议难免会发生。设立遗嘱,照顾到每一个需要照顾的人,明确财产继承方案,可以有效避免矛盾争议。

5. 家里有需要特殊照护的家人

每个家庭的实际情况不同,有的家庭有"来自星星"的孩子,有的家庭自己是唯一可以照顾长辈的人,有的家庭希望将未成年的孩子做特别的监护,或者设置个性化的信托。而完成这些特殊照顾和安排,必须要拟定有针对性的遗嘱内容。

6. 子女处于离婚过程中

法定继承得到的财产,属于夫妻共同财产。这是基于法定夫妻共同财产制,衍生出来的法律规定。如果子女的夫妻关系濒临破裂,很有可能或正在进行协议离婚、离婚诉讼的,则对大多数父母而言,是万万不希望自己的财产成为子女与配偶共有的。此时,设立遗嘱指定财产将来归子女个人所有,是唯一的、必须的、正确的选择。

7. 有风险意识、财富规划思维的家庭

人生是一段永不停歇、丰富多彩的旅行,旅行终点不是目标,每一次探索、每一处风景、每一段经历、每一种体验、每一个感悟才是。同时,旅途中难免有预料之外的磕磕碰碰、意外和风险。高瞻远瞩、未雨绸缪,将家庭和企业发展中遇到的各种可能性,都提前做安排、筹划和预防,这是每一个家族真正该有的家族财富管理观。

设立遗嘱,是一件普通小事,每个人都应该做;设立遗嘱,也是一件大事,每一个家庭规划都应该有。

第五节　设立遗嘱的最佳年龄是多少岁?

说到年龄,在人生的长河中,一些年龄节点拥有特殊的意义,读者还真应该好好了解一下,好好过一下这些周岁生日。

8 周岁,是一个人从“无忧无虑”过渡到“小小担当”的历史性时刻。8 周岁以前,法律上叫作“无民事行为能力人”,也就是完全不能辨识自己做的事情、完全不必自己承担责任的。举个例子,7 周岁的孩子买了铅笔,想退就能退,因为在法律上这个孩子不必承担买卖铅笔所产生的任何结果。8 周岁以后,孩子就会变成法律上的“限制民事行为能力人”,也就是可以辨识与自己年龄智力相适应的行为,并要承担对应的责任。还是刚才那个例子,买了铅笔不能随便要求退,因为他已经知道买卖铅笔意味着什么,应当承担购买铅笔的法律责任。当然,如果他买一辆汽车,那是可以退的,因为买车这个行为超出了他的辨识能力范围。

12 周岁,也是一个重要的年龄。如果一个 12 周岁的孩子犯罪了,就可能需要承担法律责任了。这在法律上叫作“刑事责任年龄”,虽然此时犯罪,法院还是会基于其未成年而轻判,但很显然,12 周岁应该对严重违法、涉嫌犯罪的行为,有明确的认知。

18 周岁,是人人都知道的举办“成人礼”的年龄。18 周岁了,一个人就彻底长大,要为自己的所有行为负责任。虽然现实中很多人 18 周岁可能还在读高中,也并不能完全独立的生活,但很显然,法律告诉你:这样的孩子,你必须教会他独立和完全的责任心。

超过 18 周岁,就是完全民事行为能力人了,就具备设立遗嘱的能力,可以设立遗嘱了。网上讲到很多“90 后”设立遗嘱,把自己的游戏账号做好安排,还是挺有意思的一件事情。非常欣慰，现在的很多年轻人在观念上已经完全更新，遗嘱这种文件已然成为一份自然而然的安排和责任。

20 周岁，对女性而言很重要，这是一个可以用法律确定终身伴侣的时刻，因为可以进行结婚登记。

22 周岁，则对男性而言很重要，是结婚登记的年龄，是可以担当丈夫责任的年龄。

诚然，对于年轻人来说，因为财富积累还不多，也许还没有自己的下一代，因此设立遗嘱的意愿没有那么迫切，但是笔者还是认为，把遗嘱作为财产管理的基本工具和手段，怀着轻松心态，可以随时设立。只要成年了，任何一个年龄设立遗嘱都是对的。

当然，站在人生长河角度，从大数据、概率角度，也综合人生发展阶段、财富积累程度、规划能力意识、社会价值等，设立遗嘱的最佳年龄应该是——45 周岁。

这是一个人思想成熟、思维缜密、做事稳重、上有老下有小，压力较大、财富积累和事业发展都到了一定阶段的年龄。此时，必须进行财产的预先规划和目标设定，也就是必须考虑进行遗嘱设立。唯有如此，才能彻底免除未知的顾虑和风险，更加从容地承担起个人、家庭、社会的责任。

45 周岁，您设立遗嘱了吗？行动起来，从学习本书的遗嘱知识开始吧。

第六节　遗嘱必知小问答

一、什么是遗嘱？

遗嘱，是指立遗嘱人生前在法律允许的范围内，按照法律规定的方式和要求，对其遗产或其他事务所做的个人处分，并在遗嘱人去世后发生效力的法律文件。

通俗地说，就是人们在生前，对自己的财产和其他事务，在去世后应该如何分配和处理所进行的安排。

根据我国继承相关的法律规定，遗嘱有六种法定形式，分别是自书遗嘱、代书遗嘱、打印遗嘱、录音录像遗嘱、口头遗嘱和公证遗嘱。每一种遗嘱类型，都有明确的设立要求。只有按照法律规定的方式和要求设立的遗嘱,才能发生法律效力,否则会导致遗嘱无效,愿望落空。

所以,读者一定要注意,设立遗嘱时,务必要了解遗嘱法律知识,或者寻求专业机构的帮助。

二、为什么要设立遗嘱?

遗嘱是实现家庭财产,由上一代传承给下一代,最基本、最重要的、作为兜底的法律工具。设立遗嘱至少有三个作用:

第一,设立遗嘱,能够实现本人分配遗产的真实意愿。设立有效遗嘱,遗产将按遗嘱内容继承,立遗嘱人可以衡量各继承人的经济条件、财产管理能力、履行赡养义务等情况,决定财产由谁继承和继承多少,由此可以最大限度实现立遗嘱人的真实意愿。

第二,设立遗嘱,可预防家庭纠纷,减少家庭矛盾。有了遗嘱,就意味着有了明确的遗产分配方案。只要遗嘱本身合法有效,一般不会产生继承纠纷。

第三,设立遗嘱,还可以明确遗产范围。随着社会的发展,个人财产不但数量增加,种类也越来越复杂,除传统的存款、房产外,还有股票、公司股权、对外债权等资产。遗嘱设立人最清楚自己的财产状况,在遗嘱中列明自己的全部财产,可以避免继承人在自己离世后难以查清财产,导致财产流失,更可以避免意外去世情形下,财产失控。

三、设立遗嘱,什么年龄合适?

从法律上讲,每一个有民事行为能力的人,也就是精神智力正常、年满 18 周岁的成年人,都可以设立遗嘱。根据科学统计和实践经验,一般认为,45 周岁是设立第一份遗嘱的最佳时间。

此时,通常是一个人事业发展的高峰期,积累了一定的财富;也是一个人上有老下有小,在家庭中承受更大压力和负担的时期;同时,45 周岁的中年人,思想成熟、思维理性、责任心强,更懂得生命的意义、家庭的责任。

从根本意义上讲,设立遗嘱,并不会让自己受益,而是让家人受益。它在自己发生意外时,给了家人清晰的指引和安排,避免家庭争议,让家人感受到关爱,更容易重建良好的生活秩序。所以,设立遗嘱的人是最有爱心和最有责任心的人。

四、哪些人，必须立遗嘱？

从法律上讲，每一个有民事行为能力的人，也就是精神智力正常、年满 18 周岁的成年人，都可以设立遗嘱。对于以下人士，不管年龄大小，建议必须设立遗嘱：

（1）希望财产更多留给下一代的人。根据《民法典》的规定，法定第一顺序继承人为父母、配偶、子女。如果没有设立遗嘱，财产将由所有第一顺序的继承人等份额继承。实践中，更多人希望财产向下传承，所以会设立遗嘱，将大部分财产留给子女。

（2）希望遗产归子女个人所有的人。根据《民法典》的规定，子女通过法定继承得到的财产，属于子女与配偶的夫妻共同财产。而如果设立遗嘱，明确指定财产由子女个人继承，子女得到的财产则属于个人所有。实践中，很多独生子女的父母设立遗嘱，这就是原因之一。

（3）遗产中有公司股权等复杂资产的人。股权可以继承，但如果由多位法定继承人均等继承，将导致经营决策权的分散，不利于企业发展。所以，设立遗嘱指定经营决策人非常重要。

（4）有海外资产，或者家人有海外身份的人。各国法律不同，继承和遗产承办程序各异，需要参与遗产处理的继承人范围和权限也不同，这会导致在漫长的继承手续中，多人参与效率低下，也更容易产生分歧。因此，提前设立遗嘱很有必要。

（5）家庭关系复杂，或者家庭资产复杂的人。再婚重组、未婚生育子女、家庭资产有多代或多段婚姻累积、资产有代持或共有等复杂情况，比之普通家庭更容易产生家庭争议。所以，提前设立遗嘱定分止争，非常必要。

（6）家庭成员中有需要特殊照顾的人。比如，有的家庭的子女，患有自闭症等疾病，可能需要不同程度地终身照顾和护理。这样的子女，真正需要的不是财产，而是照料。所以，必须设立遗嘱，给孩子指定监护人或者设立信托，才能确保孩子利益。

（7）重视家庭关系的人。司法实践中，继承争议的发生，往往伴随着没有遗嘱或者遗嘱效力存疑。通常，一份真实有效的遗嘱，会让继承人之间减少争执。

而一份有着情真意切嘱托的遗嘱,会融洽继承人之间的关系。所以,设立遗嘱,促进家人和谐,是一种责任和爱。

五、遗嘱什么时候生效?

遗嘱从立遗嘱人去世时开始生效。但关于遗嘱效力,需要提醒注意以下五点:

(1)无行为能力人、限制行为能力人所立的遗嘱,受欺诈、受胁迫所立的遗嘱,被伪造、被篡改的遗嘱,均无效。

(2)如果遗嘱人先后设立了多份内容冲突的遗嘱,则以最后一份遗嘱为准。

(3)遗嘱应当对缺乏劳动能力又没有生活来源的继承人,比如尚在读书的未成年人、胎儿,保留必要的遗产份额,否则可能会导致遗嘱中遗产分配的条款全部或者部分无效。

(4)被继承人生前与他人订有遗赠扶养协议,同时又立有遗嘱的,继承开始后,如果这两份文件内容没有抵触的,遗产分别按协议和遗嘱处理;如有抵触,则按遗赠扶养协议处理。

(5)广义的遗嘱,也包括遗赠,即将财产赠与"法定继承人以外"的其他人,比如孙子。此时,这个受赠人必须在知道或者应当知道后60日内做出明确的意思表示,即是否同意接受遗赠。如果没有做出表示的,视为放弃。放弃后,遗产按法定继承处理。

第二章　如何立遗嘱

第一节　遗嘱能力，别忽视

前文已经提及，每一个有完全民事行为能力的自然人，都需要在合适的时候，为自己设立一份遗嘱，以便在自己百年之后，亲人们能够按照自己的意愿进行遗产的分配，减少纠纷，避免亲人之间产生隔阂。那么，是不是任何人在任何时候都能设立有效的遗嘱？遗嘱又应该如何设立才能确保其效力呢？

一、案例现场

张大爷今年85岁了，虽然身体还算健朗，但是意识不是很清楚，时而清醒时而糊涂。清醒的时候，会给儿孙们讲讲自己年轻时的光辉历史，讲讲自己如何从贫瘠的老家到了繁华的深圳，又如何在深圳这个充满机会的城市创造了自己的一片天地，积攒了如今不少的家产；糊涂的时候，儿女们站在身前，也不知道他们是谁，更是经常会念叨要去找已经去世多年的老伴。

张大爷老伴已经去世近十年了。女儿张梦远嫁外省，但是女儿非常有孝心，一有时间，就会回来探望张大爷，张大爷逢人就夸女儿的好。除了女儿，张大爷还有个儿子张军，平时陪伴和照顾张大爷日常生活。有一天，张大爷突然跟邻居们提起，百年之后，自己在深圳拥有的6套房产，都要留给儿子张军，然后流传给孙子、孙女们；剩下的几百万元现金，就留给女儿张梦，以便让女儿能够衣食无忧。

随着各种普法活动进入社区，张军也了解到了不少关于遗嘱、继承方面的法律知识。眼看老父亲的身体状况越来越不好，认知能力也越来越差。从2019年2月开始，张大爷更是出现睡眠差，胡言乱语，行为混乱，总要出门，稍远即找不到回家路，经常用头撞墙，用拐杖打头，烧自己衣服等症状。张军思前想后，还是想让父亲留下一份遗嘱，白纸黑字写下来将家里的房产都留给自己，才更加安心。

张军想了又想，终于找到一个合适的时间，就跟张大爷提了这件事，张大爷也是满口答应："好！"说做就做，张军找来了社区里的两位志愿者帮忙，一位负责写遗嘱，另一位在场见证，最后张大爷和两位志愿者，都在遗嘱上签上了自己的名字、写上了日期。张军还将这整个过程进行了录音录像。遗嘱完成之后，张军就把遗嘱收好了，这个事情也没有跟姐姐张梦提起。

遗嘱写完两年后，张大爷去世了。张军通知自家大姐回来奔丧。一切都处理妥当之后，邻居们就问起了张梦：张大爷留下的财产，姐弟俩是如何处理的？此时，张梦意识到，确实应该处理一下父亲留下来的遗产。张梦心里想的其实非常简单：自己一辈子没有太多的积蓄，张大爷一直非常疼爱外孙女，自己从父亲这里继承的房产，将来留给女儿，也算是一种传承。

张梦将张军约到了茶楼，想要商量父亲遗产的事宜。张梦认为，父亲去世留下那么多的房产、现金，按理说那就是姐弟俩一人一半，弟弟应该不会有什么异议，无非就是些手续处理的问题，所以想趁着离开深圳之前，先把相关的事情办好，免得来回奔波。但是张梦万万没有想到的是，自己还什么都没有说，弟弟就拿出了一份遗嘱，说是父亲生前就已经立下了遗嘱，自己能分到的遗产，只有父亲银行账户里的资金，对于房产，弟弟要自己一个人全部继承。要知道，家里的房产，价值少说也有好几千万元，张梦一点都拿不到，自然是不甘心的。

事已至此，张梦首先要确定的就是：父亲张大爷患有老年痴呆，并且时间已久，弟弟张军拿出的这份遗嘱，到底有没有效？

二、律师分析

经朋友的提醒和介绍，张梦拿着张大爷的遗嘱，找到了律师。

在沟通的过程中，张梦告诉律师，自己虽然没有时刻陪在父亲的身边，但是父亲从小就疼爱自己，自己也是时常回来探望父亲。父亲去世之前，自己也与弟弟张军保持着良好的联系，了解父亲的身体状况。虽然知道父亲不缺钱，但为表达自己的一片心意，张梦还是会定期给父亲支付赡养费等，对父亲是问心无愧的。现在的遗嘱内容，不管是从感情上还是从利益上，自己都无法接受。父亲在立这份遗嘱的一年多前，就已经被医院确诊血管性痴呆，中间也不曾有过好转的迹象。

之后，律师走访了张大爷生前的社区，不少的邻居都表示：张大爷从几年前就开始不怎么认识人了，说的话很多时候大家都听不懂。律师在查阅张军提供的录音录像时，能明显看出张大爷在设立遗嘱的过程中寡言少语，从没有自己说过关于遗嘱的内容，与志愿者的沟通也是时断时续，甚至很多时候都听不清楚张大爷在说什么。

至此，律师基本就能够确认了：张大爷立遗嘱的时候，并不具备遗嘱能力。也就是说，在立遗嘱时，因为患病，张大爷的意识已经不清，不能完全表达自己的意思，是不具备完全民事行为能力的。

为了彻底了解清楚情况，律师想找当时见证的两位志愿者进行核实。但遗憾的是，两位志愿者难以找到联系方式，最终都没有联系上。

基于以上实际情况，听过了律师关于遗嘱无效的法律分析之后，张梦带着律师再次找到弟弟，希望能够和弟弟协商解决此事。张梦也在和弟弟的商谈中提出，因为弟弟平日里照顾父亲更多，所以张梦也愿意让弟弟多分一些遗产，自己只继承其中的40%即可。张梦多次向张军坦诚，两人都是父亲疼爱的孩子，不希望因为遗产的事情，影响了姐弟之间的感情。如果只是为了自己，张梦不介意遗产的多少，只要有个对父亲的念想就可以。但是她还要为自己的女儿考虑，希望张军能理解。即便话说至此，张军依旧不肯退让。

历经多次协商，张军都没有同意跟张梦一起继承父亲的全部遗产。无奈之下，张梦一纸诉状，将张军告上了法庭。

庭审中，姐弟两人对于张大爷的生活状况、财产状况均没有任何的异议，案件的焦点就在于“张大爷立遗嘱时是否具备完全民事行为能力”。就此，法院委托了相关的司法鉴定机构进行鉴定，鉴定机构综合张大爷的临床症状，疾病慢性发展特征、脑影像学检查结果为脑梗塞等因素认定张大爷患有“血管性痴呆”，在2019年4月设立遗嘱时，张大爷无民事行为能力。法院认为，鉴于张大爷的病情在2019年2月出现明显加重，智能、记忆受损，生活无法自理，结合前后病程及在遗嘱设立过程的录音录像中张大爷寡言少语，未曾有过明确意思表示的情形，可以认定张大爷在立遗嘱时缺乏独立对遗产做出处分的能力。因张大爷在立遗嘱时民事行为能力欠缺，故其所立遗嘱应认定无效。张大爷留下的遗产，由张梦和张军二人平均继承。

三、律师建议

明明有了遗嘱,设立遗嘱的过程还有录音录像,为什么遗嘱最后还是无效?这里面,涉及一个非常重要的问题,就是立遗嘱人的遗嘱能力。

遗嘱能力是指立遗嘱人设立遗嘱、按照自己意愿处分财产的能力和资格。设立遗嘱是十分重要的处分财产的民事法律行为,须具有相应的民事行为能力。根据《民法典》第1143条的规定,无民事行为能力人或者限制民事行为能力人所立的遗嘱无效。换句话说,只有完全民事行为能力人所立的遗嘱,才具有法律效力。无行为能力人、限制行为能力人不具备遗嘱能力,即使设立了遗嘱,遗嘱也是无效的。

而所谓民事行为能力,就是指民事主体以自己独立的行为去享有民事权利、承担民事义务的能力。对于一个人是否具备完全的民事行为能力,主要的依据就是他能否完全辨认自己的行为。不能辨认自己行为的人,就属于无民事行为能力人;不能完全辨认自己行为的人,就是限制民事行为能力人。只有具有完全民事行为能力的人,才能设立有效的遗嘱。在上述案例中,张大爷因为疾病导致认知能力欠缺。因此,即使是设立了遗嘱,遗嘱也是无效的,相关的遗产仍然需要按照法定继承的方式,由各继承人依法继承。

对于像张大爷这样无民事行为能力的人来说,需要有监护人,他的生活起居需要人照顾,日常的房子出租修缮等,也需要有人管理。因为张大爷已经丧偶,所以他的成年子女,也就是张梦、张军,自然就成为张大爷的监护人。二人可以照顾张大爷的生活,也有权对张大爷的财产进行管理,但是这个管理必须不能损害张大爷的财产权利,也不能代替张大爷做出关于身后财产的处理。

近年来,随着人口老龄化的增长,像张大爷这样的情况,并不少见。那要如何才能更好地实现老人家的遗愿、避免子女之间的纷争呢?笔者有下面两点建议:

1. 设立遗嘱要趁早。有效的遗嘱,是实现遗嘱人遗愿最根本、最重要的依据。设立一份有效的遗嘱,有着诸多的条件限制。如前所述,遗嘱能力是这其中最关键、最基本的要求。所以,在遗嘱人身体健康、意识完全清楚的情况下设立遗嘱,是十分有必要的。此时,不仅可以避免遗嘱能力的争议,同时,也留给了遗嘱人更多的时间去思考、安排、修正自己的遗嘱。

2. 如有必要，应提前安排好自己的监护人。对于生活里存在特殊情况，如丧偶、子女不孝，或不与子女生活在一起的老人、行动不便的人，都应该提前安排好自己生活、财产的照顾人，一旦自己的意识不清，能够有合适的人及时照顾自己的生活、帮助管理财产，维护自己的合法权益。

第二节 自书遗嘱，一封亲笔信

我国继承相关法律规定的遗嘱形式包括自书、代书、打印、录音录像、口头、公证这六种。在所有形式的遗嘱中，自书遗嘱这一形式，想必在大多读者的理解中，是最简单，也是最好操作的。其实不然，这其中隐藏着不少容易被忽略的风险。

一、案例现场

黄某乙与妻子育有一个女儿。在女儿出生后不久，黄某乙就与妻子外出打工，很少与孩子相聚。孩子长大后，双方仍少有往来，故夫妻俩与孩子之间的关系，确实有些尴尬和陌生。年过半百的黄某乙，终于从单位退休。他回想着自己一生虽不是大富大贵，但靠着自己和妻子辛辛苦苦打拼积累下来的资产（包括一套房产以及一些存款），欣慰晚年生活也还算安享。

不幸的是，一张体检单打破了这安宁的局面，黄某乙在例行体检中被诊断为胰腺癌。为了避免给这不富裕的家庭带来过多的负担，也担心自己的老伴承受不住这一噩耗，黄某乙隐瞒了此事，开始默默接受治疗。一开始，病情发展还算稳定，黄某乙的心态还能保持乐观。但没想到病情突然急转直下，费用负担越来越重，这着实冲破了黄某乙的心理防线。黄某乙怕自己命不久矣，于是在一个风和日丽的午后，他手写了一份遗嘱并签名和写日期。遗嘱内容载明其名下的资产归老伴所有，由老伴决定是否分配给孩子。

黄某乙最终还是没能扛住病痛的折磨，离开了人世。妻子和孩子直到黄某乙离世才得知其患病一事，母女强忍着悲痛，一起处理完了黄某乙的丧葬事宜。女儿在收拾父亲的遗物时，意外发现了黄某乙先前立下的遗嘱。女儿原就对黄某乙有着很深的埋怨，再加上看到遗产如此分配的遗嘱，更是对黄某乙感到十分失望。后来,黄某乙的孩子与妻子因此事发生了很大的争吵,双方甚至都有意将对方告上法庭,母女关系濒临断绝。

二、律师分析

黄某乙的孩子带着对父母亲的怨念以及不解,找到了笔者团队,就该自书遗嘱有效性的认定提出了自己的质疑:她觉得这份遗嘱,不是自己的父亲亲笔写的。

除了本章第一节所讲的,立遗嘱人需要符合遗嘱能力之外,还要探究这是否是一份"合格"的自书遗嘱。在形式要件上,根据我国《民法典》第 1134 条的规定,自书遗嘱的有效成立须符合以下三方面的要求。

1. 遗嘱内容必须由立遗嘱本人亲笔书写。这意味着遗嘱中的每个字、每句话、每个标点符号等全部内容,都必须由立遗嘱人亲笔书写,而不能由他人代写,也不能打印出来再签字,否则会被认定为其他类型的遗嘱,需要符合其他类型遗嘱有效的要件。

2. 立遗嘱人必须在遗嘱上亲笔签名。这是立遗嘱人对自己遗嘱内容的确认,也是对于自己遗产分配方案的决定。

3. 立遗嘱人必须在遗嘱上写明日期。该日期需严格具体到年、月、日。由于我国《民法典》删除了公证遗嘱效力优先的规定,因此如立遗嘱人立有数份遗嘱的,每份遗嘱之间的内容相互抵触的,则以最后形成的遗嘱为准。据此,遗嘱设立的时间十分必要且重要,可以用来确认该份遗嘱是否为立遗嘱人最终的意思表示。

在本案中,黄某乙所立的自书遗嘱,符合以上三个形式要件,是一份合法有效的遗嘱。但该份遗嘱直到去世时才被发现,再加之孩子对父亲的不理解,不免会让黄某乙的孩子怀疑这究竟是否为父亲亲笔书写。而这一问题,通常也是司法实践中,引发自书遗嘱效力被挑战的主要问题之一,其挑战难度可不亚于如何证明"我是我"。

三、律师建议

由于自书遗嘱的设立要求较为简单,设立过程极为私密,全部由自己完成即可,不需要有见证人在场见证,因此"如何证明遗嘱是立遗嘱人本人所写""如何鉴别真伪”等质疑,就成了问题的焦点。

在司法实践中,不认可遗嘱的一方通常会向法院申请司法笔迹鉴定,即对该遗嘱中的笔迹进行鉴定。鉴定过程中,需要寻找比对样本,样本包括立遗嘱人生前,尤其是去世前几年手写或者签署过的其他文件,比如草稿文件、日记、在相关机构留存的合同、声明等。因此继承人们可以有意识地保留或者去寻找这些文件。

不过,随着社会发展,人们的书写习惯发生了很大的变化,手写文件不再是普遍性地存在。对于大多数群体来说,大学之前还有可能有很多手写的文件,但大学、工作之后更加侧重在工作和生活中使用电脑、手机,很少遇到需要手写的情况。因此,笔者建议,为了避免自书遗嘱日后的效力被挑战,立遗嘱人在设立遗嘱的时候,可以录下自己设立遗嘱的过程,或者寻找相关专业的保管机构保管遗嘱,而这一保管的过程,也可以作为对遗嘱真实性的辅证。

另外,立遗嘱人在设立遗嘱过程中,也可以把自己内心的想法和希冀写入遗嘱,录入视频。就如上述案件,如黄某乙能在遗嘱中说明遗产分配的原因,以及对女儿说几句贴心的话,相信也能化解父女、母女关系间的隔阂,女儿也更能理解和接受父亲的这份遗嘱。

第三节 代书遗嘱,代书人、见证人一个都不能少

代书遗嘱与自书遗嘱相反,代书遗嘱是指他人根据立遗嘱人的意愿,代为书写的遗嘱。代书遗嘱在设立、见证过程以及见证人人数上,都有着严格的要求,稍有不慎遗嘱就可能会无效。

一、案例现场

兄弟二人本来手足情深,但却因为母亲的一份代书遗嘱闹上了法庭。今天是弟弟马小某提起遗嘱继承诉讼以来,兄弟俩在法院的第一次见面,两人之间的关系依旧十分焦灼。

庭审中,弟弟马小某拿出一份母亲张大姐生前设立的代书遗嘱,该遗嘱内容载明母亲张大姐去世后,其名下宅基地及地上房屋由弟弟马小某继承,故马小某

据此主张按遗嘱继承遗产。哥哥马大某立刻从被告席上跳起来,怒斥称该份代书遗嘱设立时,弟弟马小某也有在场,主张该代书遗嘱因不符合形式要件而没有法律效力,要求按照法定继承处理母亲的遗产。现场两兄弟各执一词,庭审气氛十分紧张。

法院经查明,还原了张大姐设立遗嘱的过程。张大姐的丈夫早年去世,张大姐一人把两个儿子拉扯长大。自大儿子马大某外出务工之后,张大姐就跟着在家乡开打印店的小儿子马小某居住在一起。张大姐看到马大某如今可以靠自己赚钱,生活较富裕,而马小某只是做着小本生意,没有什么起色,因此,张大姐对于马小某日后的温饱问题一直感到担忧。

后来,张大姐下定决心,打算设立一份遗嘱,将其名下的宅基地以及地上房屋由马小某一人继承。张大姐曾经看到过各种遗嘱形式的法律知识普法,想着有见证人的遗嘱更能保证遗嘱的效力,有案外人的证词也能提高遗嘱的可信度,还能做做大儿子马大某的思想工作,所以选择了设立代书遗嘱。张大姐知道设立代书遗嘱需要两个见证人,于是找来了两个闺蜜,其中一个闺蜜作为代书人。准备好后,闺蜜一一记录了张大姐的遗产分配方案以及希望兄弟二人齐心协力、互帮互助的嘱咐。因遗嘱拟定过程中,张大姐想到自己含辛茹苦抚养两个儿子长大成人十分不容易,情绪变得十分激动,闺蜜不得不予以安抚。最终闺蜜写完遗嘱时,已至傍晚。而此时马小某刚好回来,张大姐还没来得及先看一遍遗嘱,便先张罗着晚餐,还留了闺蜜吃饭。晚饭过后,其中有一个闺蜜因有急事,便先在遗嘱上签了自己的名字就走了,而张大姐和另一位闺蜜后来在马小某在场的情况下,在遗嘱上签了名、写了日期。

不久后,张大姐因车祸不幸离世。

最终,法院认定,因该份遗嘱的设立和见证过程中,有马小某的参与、其中一个见证人未见证完整,故将该份代书遗嘱判定无效,张大姐名下的遗产按照法定继承处理。

二、律师分析

依据我国《民法典》第 1135 条的规定,代书遗嘱应当有两个以上见证人在场见证,由其中一人代书,并由遗嘱人、代书人和其他见证人签名,注明年、月、日。代书遗嘱的设立过程中,最重要的是见证人的严格要求以及见证过程的完整性。

第一,对于见证人来说,包括数量要求、资质要求和分工要求。

首先,需要符合两个人以上的数量要求。

其次,见证人还需要符合资质要求。一方面,是法律明确规定的不能作为见证人的要求。依据我国《民法典》第 1140 条的规定,遗嘱见证人不能是无民事行为能力人或者限制民事行为能力人,以及其他不具有见证能力的人,也不能是继承人、受遗赠人以及与继承人、受遗赠人有利害关系的人。对于"与继承人、受遗赠人有利害关系的人",比如与继承人有亲属关系和经济上的利害关系,包括配偶、子女、朋友、同事、接受继承人委托和付费的律师,等等。此外,依据最高人民法院《关于适用〈中华人民共和国民法典〉继承编的解释(一)》第 24 条的规定,继承人、受遗赠人的债权人、债务人,共同经营的合伙人也属于与继承人、受遗赠人有利害关系的人。

而在本案中,在遗嘱还未签署完成的情况下,马小某作为继承人,在场参与了遗嘱的签署过程,故在此处,不符合代书遗嘱设立的形式要件。

另一方面,是法律对"见证人"的本质要求。代书遗嘱之所以需要"见证人",就是为了保证有一些"外人"能证明这份遗嘱是立遗嘱人的真实意思表示。因此,能听懂并理解立遗嘱人的真实意思表示,是最低、最基础也是最本质的要求。反馈到实践中,如果立遗嘱人只会讲粤语,那么听不懂粤语的人,就不是适格见证人;如果立遗嘱人无法讲话,只能手语沟通,那么就必须要由会手语且有手语资格证的人,才能作为见证人。诸如此类的小细节,在设立代书遗嘱过程中往往要引起重视。

最后,对于分工要求来说,其中一名见证人需代为书写遗嘱内容。

第二,对于见证过程的完整性,是指在遗嘱拟定到遗嘱签署的过程中,见证人必须全过程进行见证,而不能出现遗漏见证任一环节。回归到本案中,张大姐的其中一位闺蜜没有见证遗嘱签署完成便离开,也是导致代书遗嘱最终无效的原因之一。

因此,代书遗嘱不是随便找人做见证、代书即可的,需要审慎审查见证人的资质和责任。

三、律师建议

见证人以及见证过程,是导致代书遗嘱的效力引发争议的主要焦点。因此,在立遗嘱前，需要审慎做好以下准备工作。

第一，审查清楚见证人是否符合法定要求。代书遗嘱过程中，出现见证人的人数不足或者不符合资质，或者在遗嘱上签字的所有见证人并无人代为书写遗嘱，或者见证人实际上听不懂立遗嘱人陈述的内容等情形，均不符合代书遗嘱的形式要件，最终会导致千辛万苦设立的代书遗嘱无效。

第二，需要保证遗嘱见证过程自始至终的完整性。法律对遗嘱见证人的见证，一直有着较高要求。在遗嘱开始设立及拟定后，立遗嘱人和全部见证人未签署完毕之前，任一个人都不可以离开现场。如果见证人中途加入或者离开见证现场，都会因为见证人并未见证整个过程，无法确认遗嘱的真实性，而导致该份代书遗嘱无效。

第三，在遗嘱设立之前，必须与见证人做充分的沟通，并严肃告知遗嘱见证的重要提示和注意事项。实践中，排查继承人、受遗赠人与见证人的利害关系，由于有法律明确的禁止性规定，大多数人都能做到。但在设立遗嘱过程中，见证人应该做什么、可以做什么、不能做什么，则往往容易被忽视。大多数见证人没有深入了解和知道法律对于“遗嘱见证”的更高要求，仅以为自己只要与立遗嘱人沟通，把立遗嘱人的意思写下来，再签个字，就可以了。但往往是这种错误的认知，导致了遗嘱无效。

如前所述，司法实践中，有不少代书遗嘱因见证过程中的小小环节“失之毫厘”而“谬以千里”。原本一份有效的代书遗嘱，能够完成立遗嘱人的遗愿和嘱咐，亲人间和睦相处，遗产合理分配；但一份不合格的代书遗嘱，就会像本案一样，让手足之间产生猜疑、争执、怨恨甚至对簿公堂。所以各位读者和见证人们，一定要把控好每个环节，齐心协力完成一份合格的代书遗嘱。

第四节　打印遗嘱，打印容易签字麻烦

打印遗嘱，顾名思义就是用电脑打字、在打印机里打出来后，立遗嘱人和见证人签字的遗嘱。《民法典》施行后，打印遗嘱成为我国的法定遗嘱形式之一。这种遗嘱形式看起来似乎操作简单、设立方便，并且是契合现代社会大众书写习惯的。但是，打印遗嘱真的只是打出来签字即可吗？到底怎样的打印遗嘱是有

效的呢？下面，为读者分享笔者经办的一个真实案例。

一、案例现场

张先生和杨女士虽是半路夫妻，但感情十分要好，双方也很珍惜来之不易的幸福。双方结婚后没有再生育子女，但杨女士带着与前夫生育的儿子小刘一起生活，张先生也对小刘视如己出。张先生与前妻也有一个女儿小张，一直跟着张先生的前妻生活。在张先生与杨女士结婚时，小张都已经快成年了。

然而，平淡幸福的生活被突如其来的疾病打破。张先生临近60岁时，因身体不适检查，却发现已经是癌症晚期。杨女士的悲痛可想而知。但杨女士根本没有悲伤的时间，她知道，必须迅速振作起来，倾尽全力为丈夫治病。面临着高额的医疗费，杨女士迅速做出决定，出卖她个人的房产筹措资金。病危的丈夫心里同样清楚杨女士的深情与用心，主动提出设立遗嘱，将自己的所有财产都留给杨女士和小刘。张先生因为已经行动不便，所以使用电脑打印了遗嘱并签名，最后还手写补充了一句“希望家人能尊重我的意见”。保险起见，张先生和杨女士还找了两位亲属见证遗嘱的设立。

奇迹最后没有发生，即便杨女士不惜重金进行治疗，也没能留住丈夫的生命……就在操办完丈夫的葬礼后，杨女士又遭遇了一个意想不到的打击——张先生与前妻的女儿小张，一纸诉状将杨女士和小刘告上了法庭，声称自己应按份额继承张先生的遗产。而这些属于遗产的财产，多数又是杨女士与张先生共同拥有或共同署名的。杨女士深感愤怒，认为小张未尽赡养张先生的义务，却跳出来索要遗产，不仅没有任何道理，更违背了张先生的心愿。杨女士拿出张先生的遗嘱提交法庭，要求按照遗嘱进行继承。但是，杨女士真的能胜诉吗？

二、律师分析

（一）打印遗嘱必须遵循的法定形式

《民法典》施行后，打印遗嘱成为我国法定的遗嘱形式之一。这一遗嘱形式也极具时代意义。因为社会大众书写习惯的改变，对于一些人来讲，在日常生活中，打印的情况可能远多于亲自书写。正因如此，打印遗嘱成了不少人的选择。

与其他形式的遗嘱一样，打印遗嘱也有相关的法定形式要求，必须满足这些形式要件要求，打印遗嘱才是有效的。具体的要求如下：

1. 打印遗嘱应当有两个以上见证人在场见证，这两个见证人，必须是头脑清醒的成年人、必须不能是继承人、受遗赠人，也不能是与继承人、受遗赠人有亲属关系和经济利益关系的人；

2. 遗嘱人和见证人应当在遗嘱每一页签名，注明年、月、日；

3. 对设立遗嘱的全程，都要由这两个见证人进行见证。

（二）如何设立打印遗嘱才有效

在前述杨女士的案例中，最终，法院没有支持杨女士的请求，判决张先生的遗嘱无效，遗产按法定继承。张先生所设立的打印遗嘱之所以被法院认定为无效，主要原因有以下几点：

第一，张先生打印遗嘱仅有张先生自己的签名及打印的年、月、日，没有见证人的签名。因此，单从这份遗嘱中，并不能看出存在任何的见证人。

第二，即便杨女士后续向法院主张，此份遗嘱有见证人，但两位见证人并没有在遗嘱上签字，且两位见证人均为张先生和杨女士的亲属，与继承人有利益关系，不是合格的见证人。

第三，遗嘱打印后，张先生又加上了手写的一句话。由此，造成该份遗嘱在形式上，会因为究竟是属于“打印遗嘱”还是属于“自书遗嘱”产生争议。从本案来说，该份遗嘱也是不符合“自书遗嘱”要求立遗嘱人亲笔书写遗嘱内容这一形式要件的，所以也不能被认定为有效的自书遗嘱。

因此，就本案而言，张先生的打印遗嘱想要不被挑战效力，必须严格遵循法定的打印遗嘱形式要件。即由任一见证人或者张先生打印遗嘱全部内容，由两位头脑清醒、无利害关系的成年见证人到场全程见证，张先生和两位见证人均需在打印遗嘱的每一页上签字，注明年、月、日。切记，除签名和日期外，不要再自行添加任何手写内容。如确实需要添加，建议重新打印一份新的遗嘱文本，再签名和署日期。此时，原有的遗嘱文本，也务必销毁。

三、律师建议

（一）打印遗嘱，签字必须注意要点

在实践中，很多人对“打印遗嘱”有所误解，如本案的张先生一样，认为只要打印出遗嘱内容，然后自己签名、写上日期就可以了。其实并非如此。那么，除了以上所述，打印遗嘱，必须有立遗嘱人、见证人在遗嘱的每一页签字，注明年、月、日，以及见证人的全程见证以外，是否还有其他需要注意的要点？

1. 遗嘱签字，用签名章是否可以？

答案是否定的。无论是打印遗嘱，还是自书遗嘱、代书遗嘱、公证遗嘱，涉及遗嘱人签名的地方，必须由遗嘱人亲自手写签名。同时，建议尽量使用与平时相似的字体，不要突然变换字体进行签字，否则，容易对签名的真实性产生争议。

2. 全程见证，为何高要求？

经常有当事人问：打印遗嘱要求见证人全程见证遗嘱的打印、签署过程，但这一见证，仅在遗嘱中是体现不出来的，那为何还要进行如此严格的要求？因为，遗嘱本身虽然无法体现，但一旦因为遗嘱产生争议诉至法庭，关于遗嘱是否进行全程见证、见证过程是否合法合规等，都是法官必须一一重点审理的内容。这些细节，都将会在诉讼过程中清晰地体现出来。审理过程中，法庭很可能会要求见证人出庭作证，对于见证的细节逐一询问和比对，一旦有某一个环节出现问题，都有可能导致遗嘱无效。因此，打印遗嘱的见证，千万要严格遵循法律的具体要求做细、做好、做到完美。

（二）遗嘱的打印过程和最终的落款签署，必须在同一地点完成

打印遗嘱和代书遗嘱一样，遗嘱设立和见证的过程必须保持时空一致性。反馈到打印遗嘱的设立过程，就是指从遗嘱人开始口述遗嘱内容，到打印人员将遗嘱内容在电子设备中录入，再到把遗嘱电子文本从电子设备中打印成纸质文本，最后到遗嘱人和见证人签署，都必须在同一个空间进行。实务中常见的：先书面记录遗嘱人意思，再回到另一个房间或地点录入并打印遗嘱内容；在一个房间内录入遗嘱内容，再到其他房间或打印店打印遗嘱纸质文本，以上这种转换地点、转换人员等情形，都会导致遗嘱无效。

（三）谁适合设立打印遗嘱

打印遗嘱是适用范围最广泛的遗嘱形式之一，预计未来也会成为最多的遗嘱类型。打印遗嘱相比自书遗嘱、代书遗嘱，可以节省较多的书写时间，尤其适合以下人群：

1. 遗嘱人资产较多、较复杂，遗嘱内容和嘱托较多的；

2. 书写能力较弱,或不适宜长时间、大量书写的人群。

虽然打印遗嘱可以无须遗嘱人亲自操作电脑录入和打印过程,但须注意,至少要有一位见证人是具有电子设备操作、录入文字和打印纸张能力的。否则,由遗嘱人、见证人以外的人打印遗嘱,又会增加遗嘱效力的不确定性。

第五节　录音录像遗嘱,必须得三人行

曾有前来咨询的当事人问过笔者,如果父母不会写字,甚至不会写自己的名字,要怎样设立遗嘱呢?想必读者也猜到了,录音录像遗嘱是一个很好的选择。《民法典》在原《继承法》的基础上,从“录音遗嘱”扩展为“录音录像遗嘱”,遗嘱人可以以录音或录像的形式,清晰记录自己的身后安排和意愿。那么,设立录音录像遗嘱,又需要注意些什么呢?笔者从两例真实的案例说起。

一、案例现场

【案例一】 录像后却不被承认的遗嘱

王奶奶生前拥有岭西路房产一间。王奶奶去世后,她的女儿温大姐就与她的儿媳石女士争起了遗产。石女士拿出了王奶奶的一份遗嘱,声称,由于王奶奶不怎么会写字,此份遗嘱是由邻居张叔叔制作并打印出来,再将文书的内容解释给王奶奶听,并由石女士的女儿石小妹代替王奶奶在遗嘱上签字,最后王奶奶自己捺了手印。同时,录音录像的见证人李先生来到王奶奶家,将上述过程以录像的形式录制下来。按照此份遗嘱的内容,岭西路的房产应该归石女士及其丈夫(在王奶奶去世后已故)所有。温大姐对此愤愤不平,称王奶奶生前,石女士和丈夫对王奶奶并不好,照顾时也不尽心尽力,王奶奶临终前已经意识不清醒,不可能清晰表达自己的意愿,更不可能设立遗嘱。

本案经法院审理后认为,本案中的遗嘱不符合打印遗嘱的法定形式,亦不符合录音录像遗嘱的法定形式。本案中的录像,虽能够确定有两个见证人出现,但未体现出两个见证人的肖像或者名字,不符合法律规定的条件。最终,法院判决

王奶奶所立遗嘱无效,本案应按照法定继承处理。

【案例二】 病友见证,设立录像遗嘱获支持

杭州的朱先生于2010年与孙女士结婚,婚后,孙女士照顾朱先生的日常生活起居。2019年,朱先生因为孙子出生,需要其照顾,不得已与孙女士办理了离婚手续,打算前往儿子家居住。然而,2019年下半年,朱先生却一直腰背疼痛,继而生病住院,需要人照顾。此时,孙女士还是决定继续照顾朱先生的生活起居。双方想过办理复婚手续,但因朱先生行动不便,未能如愿。临近生命的后期,朱先生看到孙女士为其的付出感动不已,为使孙女士能够合法继承其遗产,朱先生请其同病房的病友帮忙写下遗嘱,由其签字捺印,全程进行录音录像,有两位病友在场见证。朱先生去世后,其一位婚生女儿不承认朱先生所立遗嘱,要求以法定继承的方式,继承其父亲朱先生的遗产。

本案经法院审理,认为本案的遗嘱形式不具备代书遗嘱的形式要件,但属于录音录像遗嘱。在录音录像中,朱先生宣读了遗嘱内容,且录像记录了朱先生在遗嘱上签名捺印的过程,两位见证人也较为清晰,能够认定录音录像遗嘱有两个见证人在场,在场人员均陈述自己身份,且录像中亦记载了设立遗嘱的时间。法院最后认定,本案的录音录像遗嘱系朱先生的真实意思表示,合法有效。

二、律师分析

(一)为什么有些录音录像遗嘱会无效

录音录像遗嘱,除了要求遗嘱人真实、完整地表达自己的遗嘱愿望外,还需符合条件的见证人在场见证。法律对于见证人有着格外严格的要求。见证人数不足两位——不合格;见证人没有表明身份——不合格;见证人没有全程参与录音录像——不合格;见证人的身份不合适,如与继承人、受遗赠人有亲属、经济利益关系、不具备民事行为能力等——不合格……

案例一中,虽能够确定有两个见证人出现,但未体现出两个见证人的肖像或者名字,被法院判定遗嘱无效。类似导致这种结果的情形还有很多种,比如,录像并没有两位见证人出镜,也未表明自己的身份;在录音中,有一位见证人没有说话;在录音录像中,没有记载设立遗嘱的时间等。在案例二的录音录像遗嘱中,没有存在以上的问题,设立的遗嘱符合法律要求的形式,所以最终被法院认定为有效,立遗嘱人的遗愿得到了执行。

(二)录音录像遗嘱关于见证人的要求

录音录像遗嘱是法律规定的遗嘱形式之一。它通常适用于不识字、不会写字、不方便或无法书写的人。对于录音录像遗嘱,有比较严格的形式要求。那就是,必须有两个以上见证人在场进行见证。这两个见证人必须是头脑清醒的成年人,必须不能是继承人、受遗赠人,也不能是与继承人、受遗赠人有亲属关系和经济利益关系的人。对于见证人的职责,是要求要在场全程参与见证的。前述的两个案例,案例一中,未达到两位见证人全程参与的要求,遗嘱被认定为无效;案例二中,两位见证人不仅符合见证人的身份要求,同时也全程参与遗嘱设立的全过程,遗嘱被认定为有效。

三、律师建议

(一)如何设立录音录像遗嘱

鉴于录音录像遗嘱的法定要求,设立录音录像遗嘱时,尽量按照以下的方式操作,更能保障录音录像遗嘱的效力:

1. 立遗嘱人、见证人应该分别准确、完整说出自己的姓名、性别、年龄、籍贯、职业、身份证号等详细个人信息。

2. 遗嘱人和见证人应当在镜头前清晰地展示自己的肖像,不能有戴墨镜、戴帽子、戴口罩等遮挡个人肖像特征的行为。建议将录像的摄像头架至能够完整拍摄立遗嘱人、两位见证人的最佳位置,使镜头中同时出现遗嘱人与所有的见证人。

3. 遗嘱人清晰说明自己的精神状态、设立遗嘱的原因和遗嘱内容,遗嘱人和见证人均表明设立遗嘱的时间地点。此点应当尤为注意,必须要由遗嘱人自己说明财产的类型以及具体的分配,而不能由见证人询问财产类型及分配内容,由遗嘱人来回答是或否。

4. 见证人描述自己见证的过程,可以提前写好文稿,以免正式录像时遗漏要点。

(二)设立录音录像遗嘱,其他不容忽视的小细节

设立录音录像遗嘱,不仅要严格遵循录制的形式,还要格外注意以下内容:

1. 见证人资格的排查和确定。

2. 录制设备的选定和调试，包括镜头怎么摆，电池是否充满电，画面是否足够清晰等，均需要提前测试调试好，防止录制过程中突然出现设备故障。

3. 存储载体的选定和保管。录音录像遗嘱发生效力后，通常需要核验原件。此时，录音录像遗嘱的原始保存载体就非常重要。所谓原始保存载体，是指录音录像遗嘱一开始设立时的保存载体，如录制设备本身，或者录制设备中插入的存储卡。录制完成后，将录音录像遗嘱从录制设备或者存储卡中拷贝到电脑或者传送至手机处的，保存在电脑或手机中的文件均属于复制品，复制品不能成为原件，容易被质疑进行过编辑、剪切。因此，笔者建议：

（1）录制前，选择一个质量好、容量够大的存储卡，作为录音录像的原始保存载体。录制完成后，该存储卡可以单独保管，而无须保管录制设备，录制设备也能再做其他用途。如保存在录制设备中，既容易被误删除，也容易因录制设备损坏而丢失。

（2）为存储卡选择一个合适且能长期保存的载体及环境。由于是电子设备，保管不当容易造成设备损坏或失磁等无法读取的情形，因此，务必要选择专业的保管设备或保管机构。

（3）录制完成并将存储卡放入保管设备后，建议进行封存，并由遗嘱人和见证人在封口处签名，注明年、月、日。然后，遗嘱人、见证人和存储卡保管设备、录制设备进行合影，作为辅证留存。

第六节　公证遗嘱，公证员快来

在笔者接待的咨询中，经常会被问到“做了公证的遗嘱，是不是就绝对有法律保障了？”答案当然是否定的！遗嘱即使有了公证，也并不能确保万无一失。

一、案例现场

“我爸把房子公证给了我来继承，但是一审法院居然把房子判给了我继母！”咨询室里，王菊说的第一句话，就带着对法院判决浓浓的不理解。

王菊的亲生母亲，很早就去世了。王父一个人带着王菊长大。在王菊17岁的时候,父亲续弦了。正值青春期的王菊,对继母的进门,始终心怀芥蒂,连带着对王父的感情,也冷淡了不少。作为父亲,王父一直心中有愧。

前年,王菊的爷爷去世。去世前,爷爷通过公证遗嘱的方式,将深圳南山一套登记在自己名下,但由王父及继母经常居住的房子,留给了王父。同时,老人家临终前有话“这套房子,希望王父将来能留给王菊”。老人家去世之后,王父将房子过户到了自己名下。

去年,王父被检查出癌症晚期,自感时日无多。出于对女儿的愧疚,再加上王爷爷临终遗愿,王父就瞒着继母,自己到公证处做了一份公证遗嘱。遗嘱写明:深圳南山的房子,由女儿王菊一个人继承。遗嘱办完半年后,王父去世了。

王菊原以为,有了王父的公证遗嘱,自己继承这套房子应该没有问题了。但没想到的是,继母这时候站了出来,要求:确认王父的遗嘱无效,自己要取得这个房子75%的份额。双方争执不下,继母把王菊起诉到了法院。最终,法院判决房子归继母,继母按照房产市场价值的50%对王菊进行补偿。

这样的判决,王菊始终无法理解。但不得不说,法院的判决,是正确的。那么,王父的遗嘱到底有什么问题呢?

二、律师分析

前面的章节讲到,设立遗嘱,非常重要的是要确定立遗嘱人具有完全民事行为能力、遗嘱需要符合法定形式等。就公证遗嘱而言,立遗嘱人的精神状况、遗嘱形式,都是公证员重点审核的内容,通常不会因这些原因导致遗嘱无效。继承人无法按照公证遗嘱的内容来继承遗产,其中一个可能的原因,就是立遗嘱人的遗嘱存在无权处分的情况,导致该部分遗嘱内容相应无效。

所谓无权处分,通俗地讲,就是指行为人原本没有权利,却以自己的名义对他人的财产进行了处分。前述案例,就是典型的无权处分。

王父在婚姻期间从王爷爷处继承了南山的房产,但王爷爷的遗嘱却并没有明确指定该房产只归王父一人所有。根据《民法典》第1062条的相关规定,南山的房产实际是王父和继母的夫妻共同财产。在王父和继母没有特别约定的情况下,继母享有南山房产一半的份额。王父在遗嘱中,对本该属于继母所有的房产份额进行了处分,所以公证遗嘱中对继母所有份额的处分是无效的,该部分份额仍然应当归王菊继母所有。王父对属于其自己所有的产权份额进行的处分,仍然有效。所以,王菊最终继承了本属于王父个人所有的一半房产份额。

遗嘱,只能处分立遗嘱人个人的合法财产。如果处分了他人的财产,就会因无权处分导致遗嘱该部分的内容无效,但在遗嘱形式、立遗嘱人民事行为能力等均没有问题的情况下,遗嘱中其他部分的内容依然有效。

三、律师建议

公证遗嘱,是我国《民法典》规定的法定遗嘱形式之一。过往很多人认为,公证遗嘱是最好的。其实不然,在实践中,公证遗嘱有其优点,也有不少的风险和限制。

公证遗嘱在公证员的指导下设立,相对来讲,其法律效力较为明确,继承人查询遗嘱和对遗嘱设立过程的取证,都相对容易。这些都是公证遗嘱的优点,实务中,笔者也会经常建议合适的当事人去办理公证遗嘱。但是,并不是所有当事人的个人情况和资产情况都适合办理公证遗嘱,公证遗嘱也有以下限制需特别提示。

(一)《民法典》施行后,公证遗嘱效力不再优先

根据《民法典》第 1142 条的相关规定,立有数份遗嘱,内容相抵触的,以最后的遗嘱为准。也就是说,和原来的继承法相比,"公证遗嘱效力优先"的原则已经被取消。在《民法典》的新规之下,所有形式的遗嘱效力都是相同的,如果立遗嘱人生前留有多份不同形式的遗嘱,内容互相抵触的,不再以公证遗嘱内容为准,要以设立时间最后的那份遗嘱为准。

(二)公证遗嘱部分具体要求相对严格,很多个性化的内容无法被接受

比如,对于一些代持、共有、复杂产权等特殊资产的处理;再如,对某些资产的处理方式中带有个性化、差异化的内容,公证处的审核都会相对严格。公证遗嘱,很可能无法实现立遗嘱人这些较为特别的安排。

(三)对于无产权证的房产、违法建筑等财产,可能无法办理公证遗嘱

以深圳为例,暂时无法办理产权证的自建房是深圳很特殊的一种财产形式,实务中通常称为"小产权房"。这些房产虽然没有明确的产权证明,但是可以实际居住、使用、出租,使用价值和收益都是非常可观的。然而,由于没有明晰的产权证明,这类房产,公证处往往无法写入公证遗嘱中。

因此,公证遗嘱更适宜处理权属清晰固定,将来由谁继承具体明确的简单遗嘱。对于资产复杂需要个性化设置方案的遗嘱,更适合由律师和专业遗嘱服务机构进行规划、设计。

第七节　口头遗嘱,稍纵即逝的嘱托

在笔者到各社区、农村呼吁、普及群众及时设立遗嘱之时,很多老人向笔者反馈:“我早就把子女们喊一块开了个会,会上我明确说了我走后的遗产分配,子女们也都纷纷表示认可。这种不就属于口头遗嘱了吗?子女们都表示认可了,还能反悔吗?”对此,笔者都会给老人们讲述下面的案例。

一、案例现场

75 岁的老韩和 73 岁的老伴生育了三个子女,分别为韩兰、韩竹、韩林。两位老人经过一辈子的打拼,在老家建了一栋房产,在市区也买有两套商品房。退休后,二老就回到老家养老。市区的房子,则一套出租,一套给小儿子韩林居住。老韩的几个子女中,韩兰虽然经济条件不是很好,但最孝顺,离婚后便与父母同住,照顾两位老人的生活起居。韩竹生活还不错。唯有小儿子韩林最不长进,日子也过得最差。

老韩身体还算硬朗,平时没事,就会约上邻居老头下下棋、打打牌。在经历一次好友突发疾病住院后,老韩也开始担忧自身的生死。于是,在一次家庭聚会中,老韩趁着人齐,便在老伴和三个子女面前说出了自己的意愿:如老韩去世,他所有的遗产,全部留给小儿子韩林,归他所有和打理。三个子女对此并未发表意见,纷纷表示老韩现在身体很好,让老韩不要想太多。

人越怕什么,有时就会来什么,或许是心情影响了行为和判断。几个月后,老韩在一次单独散步中不慎摔倒,送院、检查、抽样、输液……老韩就这样住进了医院。刚开始,老韩精神还不错,却经常被疼痛折磨得无法入睡,摔倒引发了其他并发症。随着检查结果逐渐公布,医生建议老韩进行手术治疗。手术前几小时,老韩的好友老周、老梁前来探望。老韩在进手术室前,便跟老周、老梁说:“我担心自己手术不成功,还是请你们俩帮我做个见证,万一手术后我去世了,我所有的遗产,全部留给小儿子韩林,归他所有和打理。”老周、老梁纷纷表示同意,老韩妻子则在旁边,不断地抹眼泪。

手术很成功,老韩恢复得很不错。出院后,老韩身体虽不似以往那般硬朗,但还是能时不时外出散步、下棋。然而,天不遂人愿,老韩在一次雨天再次滑倒,这次再没抢救过来。处理完老韩的身后事,几个子女还是因为老韩的遗产产生了争执,韩林表示要按照老韩口头遗嘱的意思,取得全部遗产,但韩兰却不同意,认为这只是父亲之前的想法,父亲第一次摔倒痊愈后便没再提这件事。而且自己一直照顾父亲,没有功劳也有苦劳,要求分得一小部分遗产以保障自己的生活。

两方争执不下,韩兰提起了诉讼。诉讼历经一审、二审,耗时3年,法院最终认定老韩的口头遗嘱无效,老韩的遗产按照法定继承的方式,在老伴、韩兰、韩竹、韩林四人间分割。

二、律师分析

《民法典》第1138条规定,遗嘱人在危急情况下,可以立口头遗嘱。口头遗嘱应当有两个以上见证人在场见证。危急情况消除后,遗嘱人能够以书面或者录音录像形式立遗嘱的,所立的口头遗嘱无效。第1140条规定,下列人员不能作为遗嘱见证人:(1)无民事行为能力人、限制民事行为能力人以及其他不具有见证能力的人;(2)继承人、受遗赠人;(3)与继承人、受遗赠人有利害关系的人。

最高人民法院《关于适用〈中华人民共和国民法典〉继承编的解释(一)》第24条规定,继承人、受遗赠人的债权人、债务人,共同经营的合伙人,也应当视为与继承人、受遗赠人有利害关系,不能作为遗嘱的见证人。

根据上述法律规定,口头遗嘱有效的关键点有两个:第一,必须是危急情况下才能设立,而且这种危急情况必须维持至遗嘱人去世,或者危急情况虽解除但已无法再通过其他方式设立遗嘱。如果危急情况消除后,遗嘱人能够以书面或者录音录像形式设立遗嘱的,之前的口头遗嘱无效。比如地震时紧急情况下设立了口头遗嘱,但后来地震结束后,遗嘱人身体恢复健康,则原来设立的口头遗嘱就无效了。第二,设立口头遗嘱时必须要有两个以上的见证人。而这两位见证人,必须是有民事行为能力的人且跟继承人、受遗赠人无利害关系。当然,继承人和受遗赠人就更不能成为见证人了。

因此,法院之所以认定上述案件中老韩两次设立的口头遗嘱无效,基于以下原因:

1. 第一次聚齐子女们所设立的口头遗嘱,是在家庭聚会上。当时老韩无任何危急情况,反而处于十分愉悦的氛围中,老韩可以以其他形式设立遗嘱。另外,当时在场的只有妻子和三个子女,这四人都属于法定继承人,不具有见证人资格。因此,该口头遗嘱两个关键点均不符合,故无效。

2. 第二次手术前在朋友老周和老梁面前设立的口头遗嘱,虽然符合危急情况,好友老周、老梁也不是利害关系人而符合见证人的资格,但老韩经过治疗后痊愈了,出院后也能设立其他形式的书面或录音录像遗嘱,故该口头遗嘱因已丧失紧急性而无效。

三、律师建议

口头遗嘱,与其他书面形式的遗嘱和录音录像遗嘱需要长时间设立相比,确实具有耗时短、便利性高的优点。也正因为这些特点,被老年人所喜爱。但口头遗嘱,却也最易于被遗忘、被修改、被篡改,犹如谣言总是能以口口相传的方式,从一个版本传出千百个版本,从而让局外人难以查明其真实性。基于口头遗嘱的上述特性,所以法律才对口头遗嘱设立了较高要求:危急情况持续至去世,两个合格的见证人,缺一不可。一旦危急情况解除,则原有口头遗嘱无效,犹如昙花稍纵即逝。所以,正常情况下,口头遗嘱并非最优选择,应当在具有遗嘱能力之时,提前设立符合法律规定的其他书面形式的遗嘱或录音录像遗嘱。如在危急情况下确需设立口头遗嘱的,一定要严格按照法律规定设立,有条件的最好能聘请专业人士指导设立;在危急情况解除后,及时设立其他形式的遗嘱,确保意愿得以传承。

第八节　律师见证遗嘱,不是所有的律师都是遗嘱律师

由于法律对于合法有效的遗嘱有十分严格的规定,所以设立遗嘱,是一件十分严肃的事情,也是一件需要专业人士保驾护航的事情。在香港,在律师的参与

下设立遗嘱是十分普遍、甚至是十分必要的事情。近年来,随着内地遗嘱法律知识的不断普及,不少群众对律师也有了一定的信任度,认为由律师帮忙设立遗嘱肯定是万无一失的。殊不知,不是所有的律师都是遗嘱律师,不是所有的律师,都知晓如何设立合法有效的遗嘱。

一、案例现场

【案例一】

2001 年,王乙之父王甲与三信律师事务所签订了一份《非诉讼委托代理协议》,约定:三信律师事务所接受王甲的委托,指派律师张某作为王甲的代理人。代理事项及权限为:代为见证。同年 9 月 10 日,王甲又与三信律师事务所指派的律师张某签订了一份《代理非诉讼委托书》,内容为:因见证事由,须律师协助办理,特委托三信律师事务所律师张某为代理人,代理权限为:代为见证。

同年 9 月 17 日,三信律师事务所出具一份《见证书》,附王甲的遗嘱和三信律师事务所的见证书各一份。王甲遗嘱的第一项为:将位于北京市海淀区××楼房中我的个人部分和我继承我妻遗产部分给我大儿子王乙继承。见证书的内容为:兹有北京市海淀区××公司宿舍××号的王甲老人于我们面前在前面的遗嘱上亲自签字,该签字系其真实意思表示,根据《中华人民共和国民法通则》第 55 条的规定其签字行为真实有效。落款处有见证律师张某的签字和三信律师事务所的盖章。9 月 19 日,王甲收到该《见证书》。

2002 年 12 月 9 日,王甲去世。王乙于 2003 年 1 月起诉至北京市海淀区人民法院,要求按照王甲的遗嘱继承遗产。2003 年 6 月 30 日,北京市第一中级人民法院的终审判决认定:王甲所立遗嘱虽有本人、张某律师签字且加盖三信律师事务所单位印章,但该遗嘱的形式与继承法律规定的自书、代书遗嘱必备条件不符,确认王甲所立遗嘱不符合遗嘱继承法定形式要件,判决王甲的遗产按法定继承处理。

【案例二】

母亲张红去世后,四个子女召开了家庭会议。三姐持着一份遗嘱说:“哥哥、妹妹,老母亲留有遗嘱,说百年以后把她名下的房屋留给我”。但大哥、二哥纷纷表示不认同,大哥说母亲也曾说过把房子留给他,这份遗嘱是律师写的,只有母亲的签字,而且母亲的签字也不靠谱;二哥说母亲八十多岁了,一直在养老院,神志都不太清楚,不相信会留下遗嘱,这份遗嘱肯定是假的;四妹则表示不参与母亲遗产继承,以后不参与这样的家庭会议。四人争执不下,三姐最终告上了法院。

法院经审查后发现:1. 遗嘱是由两名律师见证并由其中一人代书,该律师称张红生前留有一份关于遗嘱内容的手稿,两位律师根据该手稿及其口述誊写了一下,形成打印版遗嘱,该打印遗嘱有遗嘱人签名。但三姐及其律师均称遗嘱人原有手稿未留存,无法向法庭提交。2. 制作遗嘱过程中未进行录音录像。3. 张红生前居住在养老院,八十多岁了,在养老院居住两年多,生活不能自理,老人有时清醒,有时糊涂。设立遗嘱时的精神状态和行为能力无法确定。4. 进行遗嘱见证的两位律师是由三姐聘请的,委托事项是去老人所在的养老院制作遗嘱,并由三姐支付两名律师的所有费用。三姐一直在外地生活工作,未对老母亲履行赡养义务。

最终,法院以该份遗嘱无法确认老人意识是否清醒,无遗嘱人原手稿、录音录像等证据佐证,并不符合时空一致性的要求,无法证明遗嘱系遗嘱人的真实意思表示为由,判定该遗嘱无效。

二、律师分析

律师与普通公民都有权利做遗嘱的见证人,但在普通公民看来,由律师作为见证人,律师就能以自己掌握的法律知识为立遗嘱人服务,使所立遗嘱符合法律要求,这也正是立遗嘱人付出对价委托律师作为见证人的愿望所在。但是,协助进行遗嘱设立,是非常专业的法律服务,并非所有的律师都能做好、做准确。细到调查遗嘱人过往身体状况,小到询问遗嘱人听说读写能力,都需要律师具有较高的敏感度和专业性。

前述案例中律师参与制作的遗嘱,之所以会无效,要么是经办律师对遗嘱法定形式的相关法律规定掌握的不够,不知道必须要两个以上见证人全程在场见证并当场制作遗嘱,或者是对细节把握不够到位,不知道遗嘱必须要注明年、月、日,必须要有遗嘱人签名而非仅捺手印;要么就是对设立遗嘱的法律服务太过随意，不知晓遗嘱人精神状况调查的必要性，不知晓全程制作笔录和录音录像的重要性……

事实上，遗嘱相关的法律服务，律师不仅仅是草拟遗嘱文本，见证遗嘱人签字那么简单，专业的遗嘱律师提供的服务一般还包括：

1. 对遗嘱人遗嘱能力的调查，即遗嘱人身体状况、精神状态、听说读写能力。尤为需要重视的是遗嘱人的语言能力，是否会说普通话，还是仅会说某地的方言？这也将关系到见证人资格问题。

2. 对遗嘱人所处分财产的调查和梳理，一方面梳理遗嘱人有权处理的财产，另一方面挖掘遗嘱人实则有权但被忽略的财产。对遗嘱人无权处分的财产，则不应列入遗嘱中。

3. 对继承人范围和继承权利的调查，即对遗嘱人选定的继承人进行合法性和合理性分析，避免遗嘱分配因为违反公序良俗而无效。当遗嘱人确有分配需求时，通过其他法律方案实现遗嘱人意愿。

4. 根据遗嘱人、继承人和财产的实际情况，指导提前收集、采集相关证据、证明，既作为设立遗嘱的依据，也便于办理后续遗产分割、过户手续。

5. 根据前述调查和分析情况，为遗嘱人制定合适的遗嘱设立方案，以及其他配套法律服务，比如是设立自书遗嘱、打印遗嘱还是公证遗嘱，是否需要配套意定监护协议。

三、律师建议

对遗嘱人来说，寻求专业遗嘱律师来设立遗嘱至关重要，尤其是对处于危急疾病下的遗嘱人。因为只有专业的遗嘱律师，才能判断遗嘱人是否具有遗嘱能力并提供专业的法律服务。此外，遗嘱律师不仅提供专业、细致、完整的法律服务，以最大限度地确保遗嘱设立的合法性和有效性，还会告知遗嘱人、家属如何提前准备相应的证据来证明遗嘱人的遗嘱能力，以防范遗嘱人去世后发生的争执。同时，专业遗嘱律师协助设立遗嘱的过程，包括询问笔录、录音录像等专业性的操作，本身就能在此后发生争议时成为一种确认遗嘱合法有效的佐证。笔者办理遗嘱法律服务时，所列的风险点和避坑点，就足足有 4 页纸。而必要的办理流程和配备设备中，询问笔录、精神状况证明、财产梳理、录音录像设备等，是绝对不能跳过和忽略的。也正因为专业遗嘱律师需要承担着遗嘱效力的巨大压力和不确定性,专业遗嘱律师在费用上相对较高,也无可厚非。

前述提及的遗嘱法律服务范围,亦是律师办理专业遗嘱业务的必备流程。律师提供遗嘱服务时,如能细致做到前述办理流程,基本上能够确保遗嘱的有效性。同时,一位专业的遗嘱律师还必须做到以下几点:

第一,在正式接受设立遗嘱的委托之前,必须要亲自与遗嘱人进行面谈沟通,以确认遗嘱人的身体状况和行为能力,是否能够设立遗嘱。同时了解遗嘱人遗产分配的背后真实原因。

第二,办理律师要符合见证人资格,包括律师见证人不得与继承人有利害关系,比如不得接受继承人的委托,服务费不得由继承人来支付,不得与继承人有远亲或者姻亲关系;律师见证人必须能跟遗嘱人进行正常的交流,能听懂遗嘱人的语言,等等。

第三,遗嘱人、遗产或继承人具有涉外关系的,哪怕只是涉及香港特别行政区、澳门特别行政区,也必须谨慎对待和作多重考虑。涉外遗嘱由于涉及不同法域的法律规定,在遗嘱效力和办理遗产继承等方面,会有极大不同。如律师不能完全把握,所设立的遗嘱极有可能无效或者无法得到执行。

对于读者来说,要判断一位律师是否是专业的遗嘱律师,通常可以通过了解提供服务的律师能否真正做到以上的流程和必要的提示,就可以进行区分和判断了。

第九节　遗嘱必知小问答

一、遗嘱有哪些种类,效力如何?

遗嘱分为以下六种类型:自书遗嘱、代书遗嘱、打印遗嘱、录音录像遗嘱、口头遗嘱和公证遗嘱。六种遗嘱的效力平等,也就是说如果同时存在这六种遗嘱,内容相互抵触,设立时间各不相同的,则应以最后设立的遗嘱为准。

补充说明一下,录音录像遗嘱,实际可以是只有声音而没有肖像的录音遗嘱,也可以是包含了声音和肖像的录像遗嘱。不管是录音遗嘱还是录像遗嘱,均应当有两个以上见证人在场见证,遗嘱人和见证人应当在录音录像中记录其姓名或者是肖像,以及年、月、日。

再强调一下：无论设立哪种形式的遗嘱，都一样要遵从该类遗嘱的“形式要件”。比如，自书遗嘱，所有内容一定要完全由自己亲笔书写；公证遗嘱由遗嘱人经公证机构办理；其他遗嘱均应有两名以上无利害关系的人进行见证等。

二、为什么有些遗嘱会无效？

有些遗嘱之所以无效，是因为该遗嘱的设立过程或内容违反了法律的规定。实践中，遗嘱无效的常见情形包括：

(1)遗嘱的形式和设立过程不符合法律规定，比如落款没有注明年、月、日，见证人没有遵循“全程见证”等；

(2)遗嘱人在设立遗嘱时属于无民事行为能力或者是限制行为能力人，比如因疾病或者因年老丧失了认知能力等；

(3)遗嘱内容并非遗嘱人真实的意思，系在受到胁迫或欺诈的情况下订立的；

(4)遗嘱中处分了不属于遗嘱人的合法财产，比如处分了与他人共有的财产，或者未析产的财产中包含了他人的财产；

(5)遗嘱中没有给缺乏劳动能力又没有生活来源的继承人保留必要份额，比如没有给未成年人保留必要的遗产份额；

(6)遗嘱内容违反了社会公共利益和公序良俗，比如将遗产赠与婚外同居者等。

三、口头遗嘱，有效吗？

口头遗嘱是我国法律规定的遗嘱形式之一：遗嘱人在危急情况下，可以立口头遗嘱。口头遗嘱应当有两个以上见证人在场见证。危急情况消除后，遗嘱人能够用书面或者录音录像形式立遗嘱的，所立的口头遗嘱无效。

也就是说，口头遗嘱发生法律效力，必须要符合以下三个条件：

第一，遗嘱人设立遗嘱时处于危急状况。这种危急状况通常指：遗嘱人处于生命垂危或遭遇意外事故、意外灾害、战争中突然遇险等。

第二，须有两名以上见证人进行见证。这两个见证人必须头脑清醒，是完全民事行为能力人，必须不是继承人、受遗赠人，并且也不能与继承人、受遗赠人有亲属和经济利益关系，即无利害关系。而且，要在场全程参与见证。

第三，遗嘱人的危急状况一直持续至去世，或者危急情况虽解除但已无法再通过其他方式设立遗嘱。比如，虽然生命延续，但持续昏迷，无法再设立遗嘱等。

只有满足以上条件，口头遗嘱才有效。若口头遗嘱无效，立遗嘱人应尽快以其他方式重新设立遗嘱。

四、录音录像遗嘱，是怎么回事？

录音录像遗嘱是法律规定的遗嘱形式之一。它通常适用于不识字、不会写字、不方便或无法书写的人。对于录音录像遗嘱，有着比较严格的形式要求。

那就是，必须有两个以上见证人在场进行见证。这两个见证人必须是头脑清醒的成年人、必须不能是继承人、受遗赠人，也不能是与继承人、受遗赠人有亲属和经济利益关系的人，而且要在场全程参与见证。

因此，建议设立录音录像遗嘱时，立遗嘱人、见证人应该分别说出自己的姓名、性别、年龄、籍贯、职业、身份证号等详细个人信息，录像遗嘱还应当清晰展示遗嘱人和见证人的肖像。然后遗嘱人清晰说明自己设立遗嘱的原因和遗嘱内容，表明设立遗嘱的时间地点，见证人描述自己见证的过程。

五、自书遗嘱，怎样写才有效？

自书遗嘱是实践中最常用的一种遗嘱形式。它必须由遗嘱人亲笔书写全文、签名，并注明年、月、日。

也就是说，只需确保遗嘱人亲笔书写，自书遗嘱就有效，不需要见证人在场进行见证。因此，自书遗嘱保密性强、操作简便、更新方便、节省费用，还能够充分保障遗嘱人自由表达真实想法，好处多多。

实践中，自书遗嘱的效力被挑战，通常焦点在于“如何证明遗嘱是立遗嘱人本人所写？”要证明由谁书写，司法实践中需要寻找比对样本、进行笔迹鉴定。这无疑给继承人带来较大的麻烦和风险，因此遗嘱人可以提前有意识地保留这些资料。

六、有些打印遗嘱无效，为什么？

打印遗嘱，是我国法定的遗嘱形式之一。随着社会大众书写习惯的改变，打印遗嘱成了不少人的选择。和其他的遗嘱一样，打印遗嘱也有相关的法定形式要求。

打印遗嘱应当有两个以上见证人在场见证,遗嘱人和见证人应当在遗嘱每一页签名,注明年、月、日,才能生效。这两个见证人,必须是头脑清醒的成年人、必须不能是继承人、受遗赠人,也不能是与继承人、受遗赠人有亲属关系和经济利益关系的人。对设立遗嘱的全程,都要由这两个见证人进行见证。

很多人对“打印遗嘱”有误解,认为只要打印出遗嘱内容,然后自己签名、写上日期就可以了。实践中很多人都会犯这种错误,所以读者一定要注意。

七、代书遗嘱与律师见证遗嘱,是怎么回事?

代书遗嘱,也是一种较为常见的遗嘱形式。它通常适用于立遗嘱人不会、不方便,或者不愿意自行书写,而希望委托他人代书的情况。根据法律规定,“代书遗嘱应当由两个以上见证人在场见证,由其中一人代书,注明年、月、日,并由代书人、其他见证人和遗嘱人签名。”这里的“代书”,可以是代书人亲笔手写,也可以是由代书人代为打印。由代书人代为打印的,就是打印遗嘱。“代书人”和“见证人”,只要是头脑清醒、不是继承人、受遗赠人,并且与继承人、受遗赠人无亲属关系和经济利益关系的人就可以。

律师见证遗嘱,就是指由律师担任“代书人”和“见证人”的代书遗嘱,本质上它仍属于“代书遗嘱”,而并非另一种专门的遗嘱形式。设立遗嘱,关乎家庭资产传承,如果家庭关系或者财产类型复杂,就更需要谨慎。而选择具备专业法律知识、拥有职业公信力的律师,设立律师见证遗嘱,更能够确保代书内容、见证过程的合规,保障遗嘱的真实有效。所以律师见证遗嘱,成为高净值客户设立遗嘱的首选。

八、对于立遗嘱人,法律上有哪些限制?

立遗嘱人,法律上唯一的限制就是,必须是完全民事行为能力人。

所谓“完全民事行为能力人”就是指头脑清醒、具备独立辨识和判断能力、能够有效表达自己真实意愿的人,他应该是18周岁以上的成年人,或者视为成年人——“16周岁以上以自己收入为主要生活来源的人”。

这个要求,是指在设立遗嘱时,立遗嘱人必须是完全民事行为能力人。如果设立遗嘱后,立遗嘱人因疾病或意外,变为无民事行为能力或者限制民事行为能力人的,不影响他之前已经设立好的遗嘱的效力。只是,他不能再行新设、变更和撤回遗嘱了。

九、遗嘱必须进行公证吗?

遗嘱共有六种法定形式,分别是自书遗嘱、代书遗嘱、打印遗嘱、录音录像遗嘱、口头遗嘱和公证遗嘱。公证遗嘱只是遗嘱形式的一种,所以遗嘱不是必须要进行公证。

相对而言,公证遗嘱,是在具备相应法律知识的公证员的指导下进行公证和设立的,能够避免非专业人士见证不当造成遗嘱无效的风险。还有就是,公证遗嘱在办理继承手续时,也会更加容易和便捷。

但是,任何形式的遗嘱,各有适用场合,也各有利弊。公证遗嘱并非适用于所有情形,比如,对于代持、权属复杂、没有足够权属证明资料的资产等;再如,一些特性化的遗嘱内容安排,实践中都较难设立公证遗嘱。往往还是需要其他遗嘱形式,进行配合。

需要特别提醒的是,《民法典》取消了公证遗嘱效力优先原则,同时新增打印遗嘱、录像遗嘱两种遗嘱形式。可见充分尊重遗嘱人的意愿、多形式便捷当事人设立遗嘱,是立法本意。

十、遗嘱办理公证需要多少费用?

遗嘱公证的费用,各地区标准会有些许差异,具体应当详细查看各地公证机关的官网公示价格。

以上海为例,2018 年 6 月 30 日起,办理遗嘱公证,按件收费,每一件的收费是 400 元。如果遗嘱内容不涉及财产,每件收费为 200 元。

以深圳为例,2019 年 9 月 1 日起,办理遗嘱公证,也是按件收费,每一件的收费是 210 元。

以上是一般的规定,也有可能随着社会发展、经济发展会进行调整。同时,每个地方针对老人或者家庭情况特殊的人群也可能会有一些优惠和减免措施,具体还请详细咨询当地的公证部门。

十一、办理遗嘱公证的程序有哪些?

第一步:申请和受理。

由立遗嘱人填写公证申请表,并向公证机构提交以下资料:

1. 遗嘱人的身份证明;

2. 遗嘱所处分的财产凭证,比如房地产证,存款凭证等;

3. 遗嘱人草拟的初步文本;

4. 公证人员认为应当提交的其他材料。

第二步:公证机构对以下内容进行审查与调查:

1. 遗嘱人的真实身份、民事行为能力;

2. 遗嘱处分的财产是否属于个人所有;是否处分了共有财产或争议未决财产;

3. 遗嘱人的意思表示是否真实,是否有被欺诈、被胁迫的情况;

4. 审查、核实遗嘱人法定继承人的范围,所立遗嘱是否剥夺了缺乏劳动能力又没有生活来源的继承人必要的遗产份额等;

5. 遗嘱内容是否违反法律规定和社会公共利益,文字表述是否清晰、准确,签名、捺手印和制作日期是否齐全等。

第三步:公证机构办理遗嘱公证,出具遗嘱公证书。

十二、公证遗嘱,真的是最好的吗?

公证遗嘱,是我国《民法典》规定的法定遗嘱形式之一,和其他遗嘱形式一样,每一种形式的遗嘱,均各有适用的场合,也各有利弊。

《民法典》施行后,公证遗嘱效力不再优先。立有数份遗嘱,内容相抵触的,以最后的遗嘱为准。公证遗嘱在公证员的指导下设立,相对来讲,其法律效力较为明确。但是,公证遗嘱对于设立遗嘱时的一些具体要求相对严格,很多内容无法被接受。比如,对于一些代持、共有、复杂产权等特殊资产的处理;再如,对一些带有个性化、差异化处理方式的资产的处理。因此公证遗嘱更适宜处理权属清晰固定、将来由谁继承具体明确的简单遗嘱。对于资产复杂、需要个性化设置方案的遗嘱,应由律师和专业遗嘱服务机构进行规划设计。

十三、自己一个人在家写的遗嘱,有效吗?

自己一个人在家写的遗嘱,在法律上叫作自书遗嘱,只要这个立遗嘱人精神智力正常,遗嘱内容是自己的真实意愿,形式上也符合法律规定,原则上来说就是有效的。

自己写遗嘱,从形式上,要注意以下几点:一是遗嘱的内容要自己亲自一笔一划写清楚,要用和平时一样的字体书写;二是一定要签名,不能仅仅是捺手印。如果遗嘱不止一页,每一页都要签字;三是一定要注明年、月、日。

设立遗嘱是对自己的财产的未来处分,关乎财产传承和家庭和谐,因此内容上和措辞上也需要非常谨慎,一定注意意思表达清晰准确,没有歧义。

如果对以上要点难以把握或者还有疑虑,还是建议咨询律师等专业遗嘱服务机构的工作人员,然后再行自书遗嘱。

十四、立遗嘱,必须要有证明人吗?

根据法律规定,我国遗嘱的形式分为自书遗嘱、代书遗嘱、打印遗嘱、录音录像遗嘱、口头遗嘱和公证遗嘱。每一种遗嘱都有严格的形式要求,其中需要见证人在场见证的遗嘱,有以下四种:

(1)代书遗嘱。代书遗嘱应当由两个以上见证人在场见证,其中一个人作为代书人。代书人写的遗嘱要经过遗嘱人确认,注明年、月、日,并由代书人、其他见证人和遗嘱人签名。

(2)打印遗嘱。打印遗嘱应当有两个以上见证人在场见证。遗嘱人和见证人应当在遗嘱每一页签名,注明年、月、日。

(3)录音录像遗嘱。录音录像遗嘱应当由遗嘱人亲自叙述遗嘱的内容,要有两个以上的见证人在场见证,说明遗嘱制作的地址、时间(年、月、日),并记录遗嘱人和见证人的姓名或肖像。制作完毕以后,建议将遗嘱封存,并由遗嘱人和见证人签名,注明年、月、日。

(4)口头遗嘱。只有在遗嘱人处于生命垂危或者其他危急情况下,才可以设立口头遗嘱,而且必须要有两个以上见证人在场进行见证。

对于以上要求中的见证人,需要具备如下要求:两名以上;必须是具备完全民事行为能力的成年人;不能是遗嘱中的遗产获得人(继承人、受遗赠人),也不能是与遗产获得人有利害关系的人，也就是说，不能是近亲属，或者是有其他经济利益关系的人。

十五、亲属可以作为遗嘱的见证人吗？

所谓遗嘱见证人，是指立遗嘱时在场、并证明遗嘱确为立遗嘱人真实意思表示的证明人。根据我国继承相关的法律规定，下列人士不能作为遗嘱见证人：

（1）无民事行为能力人、限制民事行为能力人以及其他不具有见证能力的人。

（2）遗嘱中的遗产获得者，即继承人、受遗赠人。

（3）与继承人、受遗赠人有利害关系的人。这里的利害关系，主要是指近亲属关系和经济利益关系，近亲属关系包括配偶、子女、父母、兄弟姐妹、祖父母、外祖父母、孙子女、外孙子女等近亲属；经济利益关系包括债权债务、合伙经营等经济关系。

因此，只要亲戚不属于上述人士，是可以作为遗嘱见证人的。但是，实践中，由于亲属身份关系的特殊性，为了避免产生争议而导致遗嘱无效，建议优选其他无关人士作为遗嘱见证人，比如律师、朋友、邻居等。

十六、视频录像可以作为遗嘱吗？

根据《民法典》的相关规定，可以以录音录像形式设立遗嘱。以录音录像形式立的遗嘱，应当有两个以上见证人在场见证。遗嘱人和见证人应当在录像中记录其姓名和肖像，以及年、月、日。但是以下三类人是不能作为遗嘱见证人的：

（1）无民事行为能力人、限制民事行为能力人以及其他不具有见证能力的人；

（2）遗嘱中的继承人、受遗赠人；

（3）与继承人、受遗赠人有利害关系的人。

十七、设立多份遗嘱，到底哪份有效？

根据《民法典》的相关规定，设立多份遗嘱，无论何种遗嘱形式，如内容相抵触的，应以最后设立的遗嘱为准。

若多份遗嘱内容相互独立，没有抵触，那么各遗嘱均有效，均在各自的范围内执行。

任何形式的遗嘱,各有适用情形,也各有利弊。立遗嘱人设立多份遗嘱,往往是希望通过不同形式的遗嘱相互配合,达到财产按照自己的意愿传承的目的。但如果立遗嘱人不具备专业的遗嘱知识,自行设立的遗嘱内容之间容易产生冲突,导致遗嘱条款无效或部分无效,或者因遗嘱不符合法定的形式要求被认定为无效,反而无法实现最终目的。因此,建议设立遗嘱,可以向专业律师或者专业遗嘱服务机构寻求帮助,避免遗嘱无效引发争议,破坏家庭和谐。

十八、如果不识字,该怎么设立遗嘱?

根据继承相关法律的规定,遗嘱的形式分为自书遗嘱、代书遗嘱、打印遗嘱、录音录像遗嘱、口头遗嘱和公证遗嘱。不识字的人因为无法书写,无法设立自书遗嘱的,可以考虑设立代书遗嘱、打印遗嘱、录音录像遗嘱,或者公证遗嘱。

如果设立代书遗嘱,要求立遗嘱人会写自己的名字,同时需要由至少两个会识字、写字的见证人到场见证。其中一个见证人同时做代书人,根据立遗嘱人的口述将遗嘱内容记录下来,然后朗读出来。立遗嘱人确认后,由立遗嘱人、见证人、代书人在遗嘱上签名,写日期。别忘了注明自己是立遗嘱人、还是代书人、见证人。

如果设立录音录像遗嘱,也必须由两名以上见证人全程参与见证。见证人可以不识字,但必须具备理解遗嘱内容的能力。录音录像开始后,首先,遗嘱人说明自己的姓名、身份证号码或者出生年月日和住址、录音录像日期、所在地点、在场人;其次,见证人分别说明自己的姓名、身份证号码或者出生年月日、详细住址,表明自己愿意为立遗嘱人进行遗嘱见证;再次,遗嘱人清晰说出设立遗嘱的原因和遗嘱内容;最后,见证人说明自己见证的过程、姓名、所在地点、见证日期和时间。录音录像遗嘱的载体,比如录音笔、光盘等需要妥善保存。建议封存,由立遗嘱人、见证人在封口处签名捺手印。

如果设立公证遗嘱,则按照公证处的程序进行。

以上需要注意,见证人一定是要有头脑清晰、有足够理解能力的人,不可以是遗嘱中获得财产的受益人,也不能是和继承人、受遗赠人有利害关系,比如近亲属关系的人,或者有债权债务、经济往来的人等。

十九、如果病重在住院，遗嘱该怎么设立？

病重在医院，需要区分不同情形，来确定是否适合设立遗嘱：

如果病人是因为精神类疾病病重，或者因为病重导致神志不清，无法辨认自己行为的，则他有可能属于无民事行为能力或限制民事行为能力人，此时是无法设立遗嘱的。即使设立了，该遗嘱也会被认定为无效。

如果病人虽然病重，但精神状态良好，意识清晰，则可以设立遗嘱。如果尚能自行书写的，可以设立自书遗嘱；无法自行书写的，可以设立代书遗嘱、打印遗嘱、录音录像遗嘱或者公证遗嘱。

需要注意的是，病重中设立的遗嘱，效力往往要经受更多考验，比如，设立遗嘱时是否意识清醒？有没有受到陪护亲属的诱导、欺骗或者胁迫？是否是本人的真实意思表示等。因此，建议设立遗嘱当天，最好请医生出具病人的精神状况说明，同时最好设立律师见证遗嘱，或者公证遗嘱，以确保遗嘱的效力。

二十、去世前的口头交代，属于遗嘱吗？

去世前所作的口头交代，如果符合法律规定的形式要件，就属于口头遗嘱。口头遗嘱适用于危急情况，但容易被遗忘，也较易为他人所篡改、伪造，所以，法律也规定了严格的条件：

一是遗嘱人只有在生命垂危或者其他危急情况下，无法采取其他形式设立遗嘱时，才可以设立口头遗嘱。

二是设立口头遗嘱必须有两个以上的与继承人、受遗赠人无利害关系的见证人在场见证。

三是遗嘱人口述遗嘱内容，见证人必须能够认真聆听、充分理解，并且准确记忆。

四是危急情况解除后，遗嘱人能够用书面或者录音录像形式设立遗嘱时，原先所立的口头遗嘱无效。如果要再设立遗嘱，一定要以其他形式，如自书、代书、打印、录音录像、公证形式设立遗嘱。

第三章　遗嘱内容写什么

写一封合法有效、合情合理的遗嘱，说来简单，仔细想想也很难。因为每个人的实际情况不同，财产类型状况不同、家庭成员关系不同、财产安排的思路和做法都不同。遗嘱方案的重点，表面上是财产安排，实际上却是通过财产安排来达成立遗嘱人的愿望和目标。

为了实现这些愿望和目标，应该在遗嘱中写些什么、注意什么、运用什么新方法，接下来笔者将进行仔细讲解。

第一节　完整结构，遗嘱写法系统看

一份遗嘱就是一篇作文，要有题目、有开头、主要内容、结尾和落款。

一、题目

遗嘱的题目规范的说法就是“遗嘱”。一般不必区分财产是分配给法定继承人的“遗嘱”，还是分配给法定继承人以外的人的“遗赠”，因为它们都可以统称为“遗嘱”。

同理，在遗嘱内容中描述，某某财产由谁继承时，也不必区分是法定继承人“继承”，还是非法定继承人“受赠”。通常无论是公证处还是法院，在审查遗嘱效力和内容时，都明白“对于普通人而言，无论是遗嘱还是遗赠，都是去世后把财产给谁、归谁所有”的意思。

实践中有很多人忘记写题目，或者题目写的不规范，比如写成“遗言”“遗书”“一封信”“财产安排”，甚至有些写成“备忘录”“约定”等。这样的不规范写法，容易对遗嘱的性质认定产生争议，可能会被理解为只是立遗嘱人关于财产分配的思考过程、倾向性意见、与家人的析产协议，而并非确定性的遗嘱安排。如果这样，就不能认定为是遗嘱。

因此，如果要写遗嘱，务必要注明题目：遗嘱。

二、开头

开宗明义，应当说明立遗嘱人是谁，头脑是否清醒，为什么要写遗嘱。

立遗嘱人信息最好写明身份证号码，毕竟同名同姓的人很多。而头脑是否清醒、意识是否正常，是判断立遗嘱人是否具备民事行为能力，即是否有能力设立遗嘱的关键因素。如果立遗嘱人自己说明“头脑清醒”，虽不能完全据此判断其行为能力，但至少表明其行为能力正常的可能性大。因为这些描述至少等于告知他人，立遗嘱人是知道写遗嘱时应该头脑清醒，同时表明其写遗嘱时处于头脑清醒的状态。

至于为什么写遗嘱，按照立遗嘱人真实的想法即可。有些人可能是因为“未雨绸缪，提前规划，防止意外事件发生产生争议”；有些人可能是“偶尔生病，风险意识加强，故提前做好安排”；有些人可能是“家族财产传承的规划需求”。总之，无论什么原因，是立遗嘱人的真实想法即可。

写明立遗嘱的原因，对于正确理解遗嘱内容意义重大。实践中，有些继承人看到遗嘱后，甚至不相信会留有遗嘱，自然会怀疑遗嘱的真实性，进而导致遗嘱继承无法进行。因此，立遗嘱人适当阐明设立遗嘱的原因，对继承人顺利理解遗嘱、执行遗嘱非常重要。

三、主要内容

遗嘱的主要内容指立遗嘱人对于财产、家人、家族企业等所做的具体安排。比如，哪些财产归谁所有、哪些投资权益归谁所有、哪些家人需要额外特殊保护和照顾、哪些公司股权和经营应由谁所有和控制、设置哪些措施来保障遗嘱的执行和尽量避免争议，等等。

这些安排是否合理、是否能够起到预期的效果、是否最终可执行，是判断遗嘱主要内容水平高低的最重要衡量指标。

后面的章节，笔者团队会就遗嘱主要内容的一些关键点来进行深入的讲解。

四、结尾

遗嘱结尾应该是立遗嘱人对家人的殷殷希望。比如,结尾可以是“希望家人尊重我的意愿,不要发生争议”,这是每一份遗嘱都应该有的希望;也可以是“大儿子,你以后要多照顾妹妹”“请家人们一定要团结和睦”,这是对家庭成员间团结互助的家风建设寄予希望;还可以是“我奋斗一生,最重要的感悟是诚信最重要。望谨记”,这是传授个人成功经验以及传承精神;等等。

总之,它让遗嘱内容得到升华,也让遗嘱更有温度,可以凝聚家人感情、避免遗嘱争议,事实上起到让遗嘱更顺利执行的效果。

五、落款

遗嘱内容越到后面越重要。“立遗嘱人”“立遗嘱时间”务必要注明。

立遗嘱人的签名,一定要认认真真签写,书写切忌潦草或者如“龙飞凤舞”般。如立遗嘱人的名字无法看清、或者签名的个人书写特征无法捕捉,容易为遗嘱效力认定埋下隐患。

立遗嘱的时间,一定不要忘记。实践中,笔者团队处理过多宗没有签署日期的遗嘱。而之所以发生这样的情况,可能是这些立遗嘱人本身没有良好的签名习惯——“签字同时写日期”。这个签名习惯希望读者谨记,不仅在遗嘱中,其他任何签名场合都应如此,这样可以避免很多法律风险。

第二节　遗产处分,智慧的分配方案

遗嘱内容的核心,往往围绕“财产”进行。随着社会和时代的飞速发展,财产的类型越来越丰富。那么,在遗嘱中,究竟可以对哪些财产进行处分?对不同类型财产进行处分时,又应该注意些什么呢?

立遗嘱人在遗嘱中可以处分哪些财产,换个角度看这个问题,那就是:什么是遗产?只要立遗嘱人的财产,将来能够被法律认定为是“遗产”,那么自然就可以在遗嘱中进行处分。《民法典》第1122条规定:“遗产是自然人死亡时遗留的个人合法财产。依照法律规定或者根据其性质不得继承的遗产,不得继承。”由此，可以看出，只要是合法取得的、不是法律所禁止继承的财产，都属于遗产，也都是可以由立遗嘱人在遗嘱中自由处分的财产。这里的财产，法律也未对其作任何类型、方面的限制。因此，遗嘱可以处理的“财产”，应当作广义的范围理解，既包括财产，又包括财产权益。也就是说，只要是具有一定经济价值或属性的财产和权益都可以在遗嘱中进行安排处理。

对不同类型和不同实际现状的财产，在涉及处分方案和遗嘱内容表达上，也有诸多需要注意的细节，下面作具体说明。

（一）*房产*

房产一般包括商品房、商铺、写字楼等。立遗嘱人对房产的处分安排，一般应该作如下考虑。

1. 如果是多套房产，可以按照继承人的不同喜好、居住使用习惯、个人需求、财力状况等，由各继承人分别所有。

2. 如果只有一套房产，可以由多个继承人共同共有、按份共有，或归属于其中某一个继承人，再由这个继承人给予其他继承人一定金额补偿。但是，如果家庭成员中有老人、配偶、残障子女等特殊或弱势家庭成员的，应当优先保障他们的基本居住生活要求，可以考虑给这些人设置一定期限的居住权。

3. 如果房产尚有房贷未还完，遗嘱人可以考虑在遗嘱中明确用其他现金类资产用于偿还房贷，也可以不对房贷进行处理。因为房产归谁继承，这个继承人也可能会有自己的处理思路，比如自己继续偿还房贷，或进行转卖变现。

4. 如果房产属于无法办理房产证的特殊房产，比如实践中常见的军产房、小产权房、违建或自建房等。对于这类房产，笔者通常建议作如下处理：

（1）立遗嘱人将自己拥有这些房产或者占有、使用享有的这些房产权益的有关凭证原件要保管好，包括建房施工协议、合作协议、购房合同、支付购房款或建房资金的转账凭证、收据、发票、村里或有关单位出具的证明、历史遗留违法建筑普查申报记录等。

（2）对以家庭为单位拥有的宅基地上的自建房，或者家庭成员共同参与出资建设的房产，应当与家庭成员间就各自享有的房产权益份额做好约定，最好签署一份《分家析产协议》。

（3）对于这类房产，不确定将来能否真正办理产权证明，同时亦有发生拆迁的概率。因此，笔者建议在遗嘱中列明各种可能的处理方式，比如，若房产发生拆迁,拆迁后的利益归谁所有;若房产由多人共同享有权益,将来办理产权证时,由谁负责承担补缴地价、税款和有关费用等。

(4)对明确没有产权证的房产,遗嘱人实际享有的房产权益,不是所有权,而是占有、居住、使用以及由此延伸的有关利益。因此,在遗嘱中表述为产权、所有权,并不严谨,笔者建议用“房产权益”表述。当然如果笼统地写房产所有权归谁,遗嘱的意思有效性也可以被接受。只是实践中,公证处办理继承手续、法院在处理遗产纠纷时,一般还是会明确为使用权。

(5)这类房产,通常可能建设了几层楼。当有多位继承人时,遗嘱人在做财产分配时,尽量在多位继承人间按照楼层数或者房间数进行明确划分,比如,写明第×层由儿子甲继承、第×层由儿子乙继承。由此,也能避免多位继承人在实际执行时产生争议。毕竟,不同楼层的使用价值和权限,有可能存在较大差异。

(二)车辆

1. 车辆属于易耗品,价值贬损较快。因此,车辆归谁所有,主要是在其他大额财产处分后,作为进行局部微调或平衡利益的补充。

2. 北京、上海、深圳等地,车牌本身具有一定价值,立遗嘱人在遗嘱中处分车辆时须综合考虑。当有多部车辆时,尽量分给不同的继承人。在深圳,虽然同一位继承人因为“继承”可以取得多个车牌指标,但一般未来也仅能有一辆车的车牌指标可以更新。也就是说,只有一辆车的车牌指标可以更换新车继续使用,而其他车辆只能一直用到报废,报废后原有车牌指标也自然灭失。

(三)银行存款、理财、第三方支付平台账户内资金

1. 这类资产应当按先后顺序考虑以下用途,从而确定归谁所有,更便于实现遗嘱的目标。

(1)首先保障家人的生活、教育等基本费用;

(2)其次考虑用于缴纳税款、偿还生前债务、支付遗产管理人律师费和服务费、办理遗产继承过程中需要支付的各种费用和成本;

(3)最后考虑继承人的其他实际需要。

2. 这类资产以及其他容易转移占有的动产,有些立遗嘱人习惯于生前就转给继承人,而这种操作容易引发争议。因为只有转账记录的情况下,不能明确款项的性质,被理解为借款、赠与、保管等的可能性都有。所以,如果立遗嘱人生前

就想提前处分这些资产的,最好签署协议,起码也要在转账中注明"赠与",由此锁定款项的归属。

(四)股票等证券资产

1. 如果继承人中,有喜好或者擅长证券投资的,可以考虑由该人继承。若证券价值或者金额较大,可以考虑让继承证券资产的人给予其他继承人适当补偿。

2. 实践中也会存在前面提及的生前转移问题,同样要注意转移的性质认定。

(五)公司股权

公司股权是最棘手、最难以处分的财产。之所以说难,是因为股权本身就是结合人身属性和财产属性的综合体。而继承股权不仅是继承股权的财产价值,也是继承股权对应的股东身份。

依据《公司法》的相关规定,股东享有对公司的经营决策权、分红权等多项权利,而这些权利的行使必须依赖股东的能力。否则,公司因经营不善而出现问题时,股权价值必然贬损,立遗嘱人希望的股权传承目标就无法达成。

因此,公司股权传承,需要非常慎重的考量和提前安排。

1. 股权通常不建议由多个继承人平分。

股权一旦平分,对公司而言,股东数量增加,彼此之间的股东权重也会进行相应调整。一旦对公司经营、分红等重大事项产生争议,就很难形成统一的决议,会对公司经营造成巨大的负面影响。

2. 一定要指定股权继承过程中的公司实际经营人。

继承程序相对复杂,一旦发生争议,继承过程会变得非常漫长。那么这个期间公司经营由谁负责呢?对这个问题,如果没有提前确定好实际经营决策人,公司会因为"群龙无首",或者多位职业经理人、高管等分帮结派等情况,造成公司运营混乱。

因此,必须提前确定好公司经营决策人,除在遗嘱中进行明确指定外,还要提前做好有关这项安排的股东会决议、董事会决议,同时出具配套的授权文件等资料。

当然,立遗嘱人指定的这个接班人,一定要品行、能力双优秀。立遗嘱人需要有慧眼,也要有"提前扶上马送一程"的远见。对多子女家庭,也可以考虑股权经营决策权归某一人,股权对应的分红由多个子女按份享有。不过,这样的安排会涉及较多的权益交错,或者需要结合家族股权信托的安排来配合,务必由专业律师协助操作完成。

3. 一定要指定遗嘱执行人。

若想要继承程序顺利进行,一定要有一个统一的“指挥官”。尤其是要顺利保障在股权继承前,公司实际经营人能够顺利履职。因此指定遗嘱执行人,让遗嘱执行人直接拥有遗产管理人应有的管理职权,并根据公司实际情况赋予其适当的对公司经营状况查询等权限,既与公司实际经营者互为补充,又事实上维护了公司实际经营人的权利行使。

(六)投资权益、合同权益

对于这类财产,一般不会有第三方机构出具的非常清晰的权利凭证,其权益是否真实存在、权益内容是什么、权益对应的价值大小、权益实现的可能性等,均存在不确定性。因此,立遗嘱人在进行处分安排时,需要充分考虑这类权益的特点,注意留存确定权益有关属性和内容的凭证,如投资合同、备忘录、会议纪要、履行过程中的沟通记录、项目进展、转款记录等。关于投资合同、转款记录这类最重要的权益凭证,可以考虑按照与遗嘱同等级别的保密要求进行保管。

(七)专利权、商标权

专利权、商标权属于知识产权,这类权利属于复合型权益,含有人身和经济利益,经济利益也有赖于对知识产权后续的充分利用和潜力挖掘。因此,立遗嘱人在进行处分安排时,应考虑这些权利特点,并从“谁有能力充分拓展其真正价值”这一点上,考虑确定归属。

(八)由他人代持的财产

实践中基于各种政策、法律、私人等原因,立遗嘱人将自己实际所有的公司股权、房产、车辆等财产,登记在他人名下,由他人进行代持。这种情况,立遗嘱人在处分安排时,一定要格外谨慎。

1. 立遗嘱人一定要留有证明代持资产实际归自己所有的凭证,通常包括与代持人签署的《代持协议》、出资证明(如转账记录、付款记录等)以及代持资产的产权证。以上原件保管好,保管级别等同于遗嘱原件。

2. 在可能执行的情况下,尽量将代持资产进行生前传承,将代持资产提前变更登记到继承人名下，或者让代持人与继承人重新签署《代持协议》，协议中列明更改实际持有人的原因。

3. 遗嘱处理代持资产，除了说明实际归谁所有外，还须明确是继续代持，还是过户给继承人。当然这些安排应尽量在设立遗嘱前进行，提前与代持人进行沟通说明，签署有关安排的补充协议。

4. 应提前告知继承人或者遗嘱执行人资产代持的情况。

（九）网络虚拟财产

当前，常见的网络虚拟财产包括网络虚拟货币（如比特币、各类游戏账户内的交易货币等）、社交账号（如QQ、微信、微博等各类账号本身，以及与一定身份或者主体捆绑的交易账户，如支付宝、淘宝、快手、抖音等）。

关于这些虚拟财产，之所以叫财产，是因为它们具备一定的价值和经济属性，比如它们的产生、发展需要投入金钱，它们的价值以流量等方式间接带来经济利益或价值。

对这类财产，能否进行遗嘱处分，应根据现实中这些“资产”本身所依赖的平台政策、规则或与平台的合同约定，以及有关监管部门等机构关于其流转的法律、法规、规则来确定。

但不管怎样，立遗嘱人都可以在遗嘱中就这些虚拟财产的权益归属做确定。即便继承中存在障碍，也有机会让继承人根据实际情况去决定是否努力争取。当然，归属于哪个继承人，尽量以“物尽其用、继承人兴趣爱好、遗产利益最大化”为原则进行确定。因为这些资产一般缺乏权利证书和证明，权益属性和具体权益内容都不是特别清晰，那么在拟定处分条款时，务必要描述清楚这些虚拟资产的属性、特征及价值所在。

随着《民法典》的出台以及社会的发展，笔者相信，未来对于虚拟财产的界定，相关运营制度会逐步规范，其未来的继承问题会越来越受到重视和保障。

（十）珠宝首饰、古董字画等

珠宝首饰、古董字画这类资产，也属于具有一定潜力的资产。可能在遗嘱设立之时价值平平，过个几年、几十年却突然达到天价。因此，这类资产亦需要做重点考虑，比如继承人的品鉴欣赏能力，能否提供良好的保存环境等，均需要做一并考量。

此外,由于这类资产作为动产极易被搬离、处理,因此,做好遗嘱归属的安排后,通过专业机构的协助来进行专业保管、交接和后续的传承处理,是非常重要的。

其他无论任何财产形式的处理,万变不离其宗。立遗嘱人在遗嘱中可以列明由继承人们共同所有、按份共有,也可以由其中一人所有,并由该人给其他人补偿,也可以由继承人变卖分得现金资产等。当然,现实中会遇到各种各样的难题,比如不方便由继承人继承,或者需要继承人有条件地继承,等等。此时,直接在遗嘱中规定财产归谁所有,自然就难以实现目的。因此,需要更多类型的遗嘱安排。

第三节 遗嘱信托,最信赖的财产托付

绝大部分人设立遗嘱,主要是为了处分财产。上一节的财产处分,笔者主要讲述的是直接继承,就是遗嘱指定由某个继承人直接所有。这样的遗嘱内容,相对简单。但实践中会面临很多特殊情况,单一的直接继承方式,往往难以实现更多、更大的遗嘱目标。

随着财产形式的多样化,人们对财产处分的多元需求,法律制度也在不断更新迭代。从 1985 年的《继承法》,到 2021 年的《民法典》,法律更加注重私人财产权益的保护,更加尊重个性化的传承意愿,也增加了更多实现多元传承需求的法律制度和工具。

《民法典》继承编中,首次出现了"遗嘱信托",也就是通过遗嘱设立信托。它将遗嘱的作用和内涵一下子拓宽了。遗产处分不再局限于直接给到继承人,而是通过受托人的管理和再分配,间接传承给继承人。下面就来详细讲述一下该前沿的遗嘱信托工具。

一、什么是"遗嘱信托"?

了解遗嘱信托,要先从了解信托开始。

我国《信托法》第 2 条规定了"信托"的含义:"委托人基于对受托人的信任,将其财产权委托给受托人,由受托人按委托人的意愿以自己的名义,为受益人的

利益或者特定目的,进行管理或者处分的行为。”第 8 条规定了信托的设立方式:“设立信托,应当采取书面形式。书面形式包括信托合同、遗嘱或者法律、行政法规规定的其他书面文件等。”即,“信托”可以通过遗嘱方式进行设立,“遗嘱信托”是信托的一种表现形式。

《信托法》第 13 条规定:“设立遗嘱信托,应当遵守继承法关于遗嘱的规定。”《民法典》继承编第 1133 条规定:“自然人可以依法设立遗嘱信托。”即“遗嘱”可以设立信托,“遗嘱信托”也可以说是一种特殊类型的遗嘱。

简单来说,“遗嘱信托”就是通过遗嘱方式设立的信托,就是立遗嘱人基于对受托人的信任,将其部分或全部遗产委托给受托人,由受托人对这些遗产进行管理或处分,然后将这些遗产及收益,按照立遗嘱人生前确定的时间和方式,分配给受益人。

遗嘱信托在立遗嘱人去世时生效,委托人是立遗嘱人,信托财产是立遗嘱人的某项或者全部遗产,受托人是立遗嘱人生前指定管理信托财产的那个人或者机构,受益人是立遗嘱人生前指定的遗嘱受益人。信托收益的分配方式是立遗嘱人根据遗产类型、金额和管理难度,委托人的诚信度和管理能力,受益人的年龄能力和喜好需求等实际状况,而在设立遗嘱时明确设计好的。

遗嘱信托结合了遗嘱和信托的双重功能,对财产传承的个性化方案设计,有着极为重要的作用和意义。(见图 3 - 1、图 3 - 2)

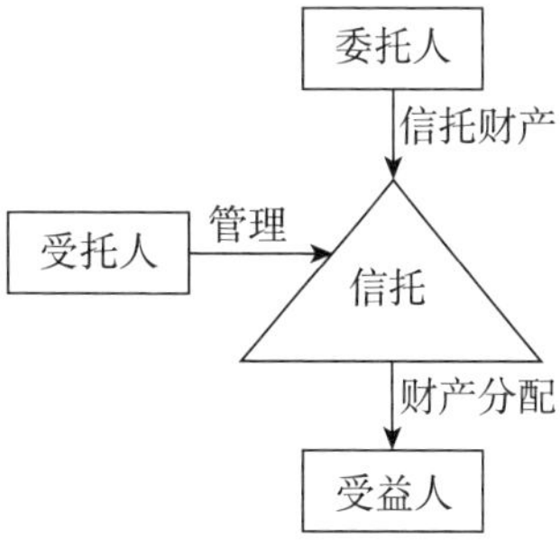

图 3 - 1 信托基础架构

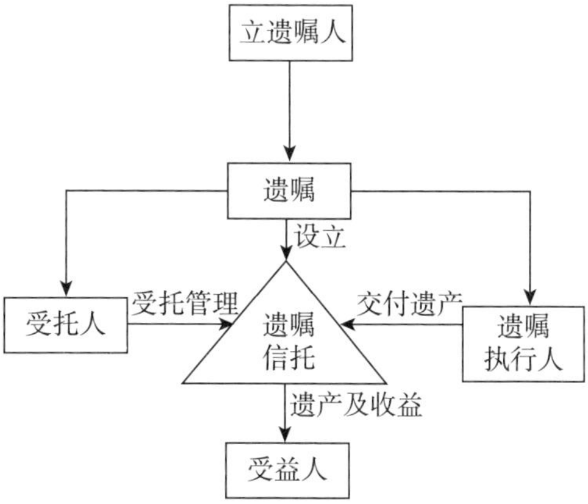

图 3 - 2 遗嘱信托基础架构

二、遗嘱信托的优势

遗嘱信托,相较于遗嘱、遗赠,适用范围更宽泛,灵活度更高,能更科学地进行财产管理和传承。

(一)对遗产的持续控制与保值增值

实务中,常见遗产继承人不具备足够的管理能力,不适合直接管理遗产的情况。设立遗嘱信托,通过引入信托架构,将遗产交由管理机构或者有管理能力的人进行管理,而不直接由继承人控制,一方面可有效避免财产的挥霍浪费,破除"富不过三代"的魔咒;另一方面也能最大限度地实现财富的持续传承,实现财富保值、增值。因此,遗嘱信托也经常被比喻为"从坟墓里伸出来的手",意味着立遗嘱人可以通过遗嘱信托,将遗产按照其意愿,在生前即做好相应的规划与安排。

戴安娜王妃就是充分利用遗嘱信托持续控制功能的名人之一。她在生前设立遗嘱信托,指定其母亲和姐姐作为遗嘱执行人和信托受托人,在她死后以信托的形式管理财产,待两位王子到合适年龄再将信托财产转移给他们。戴安娜王妃利用遗嘱信托,保证了遗产在合适时机进行传承,以免两位王子在未成年或未具备管理财富的能力时就继承财产,而被有心人觊觎遗产的情况。

(二)财产的安全隔离作用

依据《信托法》的规定,信托财产既独立于委托人未设立信托的其他财产,也独立于受托人的固有财产,同时受益人只能受益,并不享有信托财产的所有权。因此,无论是委托人、受托人还是受益人,因他们的婚姻、继承、破产、债务、税负以及失能等方面所带来的风险,都将隔离于信托财产之外。而对遗嘱信托来讲,立遗嘱人委托受托人管理的遗产,既区别于立遗嘱人的其他遗产,也区别于受托人的其他财产,同时受益人只能在接受了受托人分配给其的财产收益后,才享有相应的权益,对受托财产本身并不享有所有权。对比遗嘱继承,遗产一定能被继承成为继承人的个人财产,就存在随着继承人人身或财产关系的变动而减值甚至消耗殆尽的风险。

(三)税务优势

英、美等西方国家早已征收遗产税多年,且遗产税的比例相当高,一度超过

50%,而遗嘱信托则是西方国家富人阶级合法避税的有效手段之一。目前,中国境内尚未征收遗产税,但随着经济和法律的发展,税务制度也会发生变化。假设日后遗产税相关规定出台,那么遗嘱信托或许将成为众多立遗嘱人实现合法避税、最大限度实现财富有效传承的工具之一。

三、我国遗嘱信托制度,需要注意的几个问题

(一)设立遗嘱信托,不可采用口头形式

设立遗嘱信托,需符合我国《信托法》及继承相关法律规定。根据我国《信托法》第8条的规定,"设立信托,应该采取书面形式",这意味着通过口头、默示行为或其他非书面形式设立的信托都不生效。因此口头遗嘱、录音录像遗嘱,虽然属于法定遗嘱形式,但不适用于设立遗嘱信托。设立遗嘱信托,必须通过自书、代书、打印、公证遗嘱的方式进行。

而英美法域国家,设立信托主要基于委托人的意图或者意思表示,来讨论信托是否成立。因此,相比英美法域国家,我国对于信托的设立更看重形式要件而非实质要件。

(二)遗嘱信托的受托人,特殊情况可以由受益人选任确定

遗嘱信托,是通过遗嘱的方式设立信托,指定信托受托人对遗产进行管理,让遗嘱指定的受益人受益。遗嘱人去世,遗嘱生效。此时,受托人如果同意接受委托,则信托可以顺利进行。如果受托人拒绝接受,或者没有能力接受委托时,该怎么办呢?

根据《信托法》的相关规定,如果遗嘱人在遗嘱中对于这种情况发生时,如何再选择受托人,做了明确安排的,就按照遗嘱安排的内容重新确立遗嘱信托的受托人;如果没有特殊安排,则可以由受益人另行选任受托人。当然,如果受益人是未成年人或其他限制民事行为能力、无民事行为能力人的,由其监护人代为选任。

而在英美法系国家的信托制度中,信托受益人通常无权指定受托人。我国信托制度的这一规定,实际上避免了由于受托人怠职或衔接不及时,导致信托无法实际施行的情况,保证财富的有效传承,最大限度地遵从立遗嘱人意愿,保障受益人的权益。

（三）遗嘱信托登记需要尽快推进

根据《信托法》的相关规定，对于信托财产，应当依法办理信托登记。而对于遗嘱信托，目前尚无明确的登记路径。基于此，遗嘱信托包括信托制度的落地实施，还没有大范围地普及。但新制度会带来新机遇、新希望，笔者相信会解决的。根据目前的实际情况，笔者建议如果设立自然人作受托人的遗嘱信托，可以采用公证处公证的方式，来间接起到登记备案的作用。本书第五章第九节中遗嘱规划综合案例中遗嘱信托设计，就是这样安排的。

（四）遗嘱信托税务需要尽快明确

遗嘱信托涉及两次财产转移——遗嘱信托生效后，财产先转移至受托人处，遗嘱信托终止后，财产又从受托人转移给受益人。根据现行税收制度，两次财产转移均应缴纳相应税款，当前实务亦未出台信托登记对应的税收减免或优惠政策，两次税负无疑增加了受益人行使受益权的税务成本。

（五）遗嘱信托与遗产管理的衔接

《民法典》继承编第 1145 条至第 1149 条明确规定了遗嘱管理人制度，包括遗产管理人的选任、职责、法律责任、报酬等方面内容。这对遗产管理和继承的有序实现，将起到极为重要的作用。

遗产管理人对遗产有管理的责任，遗嘱信托的受托人也有相应的遗产管理的责任，那么二者该如何衔接呢？

如果遗嘱没有指定遗嘱执行人，则由法定继承人做遗产管理人，他们通常事实上或者最容易掌控着遗产。此时如果让他们将遗产按照遗嘱信托的设定，转移给或交给受托人，现实中不免会存在争议。因此，笔者建议立遗嘱人如果设立遗嘱信托，则应当同步指定遗嘱执行人，以及提前做好有关财产的接管安排，以便做好遗嘱信托和遗产管理的衔接。

在财产接管安排中，立遗嘱人应当综合考虑前文所述关于遗嘱信托登记、税务等方面的问题，就财产如何办理登记过户、如何实际交接和有效控制、如何管理和分配受益等进行明确约定。

四、遗嘱信托，应该如何设立？

遗嘱信托对于普通人而言，略显陌生，但实际用途非常广泛，设立方式也并不复杂。

对于普通人而言,设立遗嘱信托的目的就是对遗产进行个性化的受益安排。之所以进行这种安排,通常原因是受益人(多为继承人)或其监护人某方面能力有限,需要给予财产权益上的特殊保护或限制。此时,遗产价值不是非常巨大;受托人往往是立遗嘱人最信赖的亲属、朋友或者专业律师;财产收益的分配安排,大多是分期给付,最后到达一定年限,就完全交付给受益人。则只需要设立《遗嘱》,同时与受托人签署《信托协议》即可。此外,别忘记前文所述,将遗嘱执行人、财产交付的衔接安排设置好。

对于家族资产量巨大的立遗嘱人而言,设立遗嘱信托的目的是给庞大的资产确定有资产管理能力的受托人,以保障财富的持续保值增值,保障家族子孙后代能够永续传递。这里兼顾了资产管理和民事目的。此时,除了设立《遗嘱》、与专业信托机构受托人签署《信托协议》外,对财产管理方式方法要求和对收益分配的条件方案限制等也都需要做更加详细的约定,也可能需要进行更多配套规划和签署更多配套协议文件。

随着《民法典》的出台,我国继承法和信托法之间,终于形成合力,共同托起"遗嘱信托"这颗灿烂的新星。遗嘱信托,给予每个人巨大的、个性化设置家庭传承方案的空间,也将深深地改变我们的传承观念,改变我们的生活。

第四节　遗嘱监护,延续不断的爱

常见的遗嘱内容是处分财产,包括本章第二节的遗嘱指定财产由受益人直接继承,还包括第三节将财产安排为遗嘱信托再分配给受益人。但是,遗嘱除了处分财产,其实还有很多作用,比如本节要说的"遗嘱指定监护"。

谈遗嘱监护之前,笔者先带读者了解一下"监护"的概念。

一、监护与监护人

监护制度起源于古罗马,设置的初衷是为了保护家族财产利益得到延续。后期监护制度的保护对象逐渐由财产向人转变。随着我国《老年人权益保障法》《民事诉讼法》《民法典》等法律的出台和相互配合,我国的监护法律体系和具体制度也日趋完善。只有完善的监护制度，才能正确解决我国人口老龄化导致的日益突出的养老问题、计划生育制度带来的抚养或扶养压力问题，以及一系列社会负担问题。同时，我国智障人士、精神障碍人士等特殊人群不断增多，个性化的抚养或扶养监护需求旺盛，这些都越发凸显出监护制度的重要性。

（一）“监护”的内涵是什么

根据《民法典》第 34 条的规定，“监护人的职责是代理被监护人实施民事法律行为，保护被监护人的人身权利、财产权利以及其他合法权益等。”

由此可见，监护就是对被监护人从人身、财产、行为三个层面进行监督保护。那什么样的人，需要监护呢？

最常见的是未成年人，其次就是不能或不能完全辨识自己行为的成年人。

对于未成年人，小于 8 周岁的，属于无民事行为能力人；8 周岁至 18 周岁（除了 16 周岁以上，能以自己收入为主要生活来源的，为成年人）的，属于限制民事行为能力人。这两个阶段都需要父母的监护。

对于成年人，如果因为先天残疾或者疾病意外等原因，导致心智精神损伤，不能或者不能完全辨识自己的行为，则属于无民事行为能力人、限制民事行为能力人，也需要人来监护。

（二）谁来做监护人

对于未成年人和需要监护的成年人，谁做他们的监护人，法律规定的很明确。

《民法典》第 27 条规定：“父母是未成年子女的监护人，未成年人的父母已经死亡或者没有监护能力的，由下列有监护能力的人按顺序担任监护人：（一）祖父母、外祖父母；（二）兄、姐；（三）其他愿意担任监护人的个人或组织，但是须经未成年人住所地居民委员会、村民委员会或民政部门同意。”

《民法典》第 28 条规定：“无民事行为能力或者限制民事行为能力的成年人，由下列有监护能力的人按顺序担任监护人：（一）配偶；（二）父母、子女；（三）其他近亲属；（四）其他愿意担任监护人的个人或者组织，但是须经被监护人住所地的居民委员会、村民委员会或者民政部门同意。”

以上法律的规定可以理解为法定监护，就是不管愿不愿意，只要是未成年人或者是无民事行为能力或者限制民事行为能力的成年人，都必须有人监护；不管愿不愿意,这些“法定监护人”必须按照法律规定履行监护责任。

二、遗嘱监护,我国监护制度的新尝试

从前面的法定监护规定可以看出,在无特殊约定的情况下,监护人资格将严格按照法律规定的顺序由相应有监护能力的人获得。除法定监护外,监护法律制度中还存在指定监护、协议监护、遗嘱监护、意定监护、兜底监护等形式,本文主要介绍分析的遗嘱监护,实际上可以归属于指定监护情形的一种。

“遗嘱监护”这一概念,首见于我国2017年出台的《民法总则》。《民法典》正式施行后,其第29条中规定:“被监护人的父母担任监护人的,可以通过遗嘱指定监护人。”

仔细分析此规定,可以发现遗嘱监护的几个要点:

(1)有遗嘱指定监护权的,只有被监护人的父母;

(2)被监护人只能是立遗嘱人的子女;

(3)法定监护和遗嘱监护可能同时存在。

比如,一个未成年孩子,他原本父母双全,母亲去世前通过遗嘱指定朋友担任孩子的监护人,此时孩子父亲的法定监护权仍然存在,那么父亲的法定监护与母亲去世后的指定监护就同时存在了。

简单总结,遗嘱监护,是指立遗嘱人在遗嘱中,指定除自己和配偶以外的第三人作为自己孩子的监护人的一种监护权设立方式。这一制度相对而言适用条件比较严格,但从另一层面也体现了遗嘱自由的原则,尽最大限度地尊重立遗嘱人的意思表示。也让立遗嘱人对孩子的监护之爱,从生前延续到去世后,而孩子也在这种被遗嘱监护人监护的过程中,持续感受到已去世父母的爱。

三、遗嘱监护的优势

既然孩子的另一个法定监护人还在,立遗嘱人为什么还要在遗嘱中指定其他人做孩子的监护人?笔者以一个团队经办案例进行解答。

艾小姐是独生女,与毕先生恋爱同居,非婚生育一子小毕。后二人因特殊原因分手。分手后,儿子小毕一直由艾小姐独自抚养。而毕先生很快与别人结婚,对小毕关心不多。艾小姐是独立女性,工作能力很强也积攒了很多财产。一次单位体检,艾小姐发现自己身患癌症,遂开始考虑设立遗嘱。

因为艾小姐父母身体很差,儿子小毕未来只能交给毕先生直接抚养。但是,艾小姐对毕先生抚养儿子小毕,真是不太放心啊。不仅是儿子的日常生活照顾,还有儿子继承了自己那么多财产,要是被毕先生乱花,岂不心痛?

艾小姐到底该怎么做呢?笔者团队崔律师给出了解决方案:艾小姐在《遗嘱》中指定朋友罗女士做儿子小毕的监护人,并明确监护人罗女士负责定期探望和了解小毕的生活状况和继承财产的保管、使用和支出情况。这样的安排,就可以对毕先生抚养照顾小毕和对小毕财产的使用情况进行监督,从而解决艾小姐的担忧。

从这个案例可以看出,遗嘱指定监护的确存在其现实价值,以下归纳遗嘱指定监护的特点和优势。

(一)对法定监护人形成制约

正如艾小姐的遗嘱指定监护安排,罗女士作为遗嘱指定的监护人,有了这个身份,就有权探望小毕,了解小毕的日常生活、学习情况,了解小毕财产的使用情况,从而事实上起到了监督、督促毕先生好好抚养照顾小毕,妥善处理和使用小毕继承得到的财产的作用。

(二)保护无民事行为能力或限制民事行为能力的成年子女的权益

遗嘱监护的有关规定中,并没有明确被监护人是否一定为未成年子女。笔者认为,既然没有对被监护人的年龄及行为能力进行界定,那么无民事行为能力或限制民事行为能力的成年子女,同样可以成为遗嘱监护的适格被监护人。根据前述例子,假如小毕出生即患有先天性精神疾病且终身无法治愈,则其终身都属于无民事行为能力人。则,即便小毕已经年满18周岁,遗嘱指定监护依然有效。小毕的人身、财产权益仍然可以得到罗女士的监督保护。

(三)立遗嘱人财富得以有效定向传承

监护权包括对被监护人人身、财产的监护。通过遗嘱指定监护,除为了保障被监护人的人身安全与健康成长,另一个重要的作用,是对被监护人财产的监督保护。透过其本质,遗嘱监护,实际上也是为立遗嘱人财富得以有效向后代传承的一种保障手段。如前所述,如果没有通过遗嘱指定监护,那么法定监护人毕先生在艾小姐去世后,将基于法定监护权而实际掌握小毕所继承的遗产,此时如果毕先生将小毕的财产转移、挥霍等,小毕的财产权益将无法得到有效的保护。因为年幼的小毕没有能力去维权,长大后的小毕碍于父子情分恐怕也难下决心去维权。如此,艾小姐的财产就无法真正传承给小毕。

四、应该考虑设立遗嘱监护的情形

对于非婚生育、夫妻离异、夫妻双方罹患重疾等特殊人群而言,通过遗嘱指定监护人,可以有效保护后代人身权益,也更好地保障立遗嘱人财产的有效定向传承。

虽然相较于意定监护的普适性,遗嘱监护的适用范围相对较窄。但遗嘱监护,实际上更着重于对立遗嘱人后代的权益保护,填补了法定监护对于特殊情况的措施应对空白,为监护人行使监护权提供了更多的选择和可能,遵循最有利于被监护人利益保护的原则。

五、设立遗嘱监护的方法

设立遗嘱监护,听上去很简单,就是设立一份合法有效的《遗嘱》,遗嘱中明确指定监护人,并说明监护职责即可。但不要忘记,任何涉及给第三人设定义务的遗嘱,都必须要提前征得第三人的同意。同意的方式,最好就是签署协议。

遗嘱指定监护的设立,最好由立遗嘱人和指定监护人共同签署一份《监护协议》,以明确:指定的监护人愿意承担监护责任、监护职责的内容、具体行使监护责任的方式方法等。同时,笔者建议在协议中约定监护人的报酬。毕竟遗嘱指定监护人与被监护人之间并不一定存在亲缘关系,非法定监护人对被监护人本身并不负有监护义务。遗嘱指定监护,对于监护人而言,是额外附加的监护职责。根据权利与义务相统一原则,在监护人妥善履行职责的情况下,也应当向监护人支付一定的报酬,以调动监护人履行监护职责的积极性。

第五节 遗产管理人,遗嘱落地的保护神

遗嘱不仅可以处分财产、设定信托、指定监护,还能指定遗产管理人。这个“遗产管理人”可谓神通广大,不仅决定着遗嘱内容是否完备,还承接着遗嘱未来履行的重大使命。

一、遗产管理人制度

2021年1月1日《民法典》实施前,继承制度中并没有遗产管理人规定,仅原则性提到遗嘱执行人和遗产保管人。当时的遗产继承程序通常是:被继承人去世后,遗产在一个或各个继承人处保管;无论是否有遗嘱,均应先办理继承公证手续;之后凭《继承权公证书》去有关部门办理遗产过户和变更登记。实践中往往因亲属关系无法明确、遗产无法核查清楚、债权债务没有处理妥当等原因,事实上无法顺利办理继承公证,无法完成遗产继承。

2021年1月1日《民法典》实施后,新增了"遗产管理人"制度。即现在的继承程序应该是:被继承人去世后,先确定遗产管理人;遗产管理人负责清点遗产、管理遗产、偿还债务、缴纳税款、按遗嘱或法定方式确定遗产分割方案;然后办理继承公证手续,凭《继承权公证书》去有关部门办理遗产过户和变更登记。因为有了遗产管理人,遗产清点、债权债务处理、遗产继承办理更加顺畅。

遗产管理人制度,是遗产继承程序的规范化的必然选择。

二、遗产管理人的产生方式

《民法典》规定了遗产管理人的五种产生方式:

1. 遗嘱指定遗产管理人。遗嘱指定了遗嘱执行人的,遗嘱执行人即为遗产管理人。

2. 继承人推选遗产管理人。没有遗嘱执行人的,继承人应当及时推选遗产管理人。

3. 继承人共同担任遗产管理人。继承人未推选的,由继承人共同担任遗产管理人。

4. 民政部门或者村民委员会担任遗产管理人。没有继承人或者继承人均放弃继承的,由被继承人生前住所地的民政部门或者村民委员会担任遗产管理人。

5. 法院指定遗产管理人。对遗产管理人的确定有争议的,利害关系人可以向法院申请指定遗产管理人。

从前面所述的五种方式可以看出,设立遗嘱指定遗嘱执行人(遗产管理人)是最简单、方便、直接、有效的方式。如果没有遗嘱指定,现实中很可能存在的问题是,继承人之间如果就遗产处分有争议,则对于遗产管理人的推选也大概率达不成一致,那么此时他们就会同时成为遗产管理人。这种局面和没有遗产管理人是一样的,又会陷入彼此争议的死循环里。因此,笔者建议立遗嘱人一定要在遗嘱中指定遗嘱执行人。

三、遗产管理人的职责

《民法典》规定了遗产管理人应履行的六项职责:

1. 清理遗产并制作遗产清单;

2. 向继承人报告遗产情况;

3. 采取必要措施防止遗产毁损、灭失;

4. 处理被继承人的债权债务;

5. 按照遗嘱或者依照法律规定分割遗产;

6. 实施与管理遗产有关的其他必要行为。

从以上规定可以看出,遗产管理人具备独立的法律地位,在遗产继承程序中具有独立的法律职责。

一方面,遗产管理人应当积极处理遗产债务,这是必须履行的法律职责。既然是职责,如果遗产管理人履行职责时因故意或重大过失,给有关继承当事人造成了损失,是需要承担法律责任的。

另一方面,若基于被继承人的债权债务发生纠纷,被继承人的债权人也可以将遗产管理人列为被告。同理,遗产管理人可以起诉被继承人的债务人,追回债务。

四、为什么需要遗产管理人?

遗产管理人独立于继承人,不依附于继承人的委托和意思表示,相当于中立的第三方。如果他还是由遗嘱指定,说明立遗嘱人对其非常信赖。因此,在继承过程中,如果继承人之间有不同意见,遗产管理人发表的独立意见更容易被接纳,也可以起到居中调解作用。

此外,遗产管理人有清理遗产、处理债权债务、协助分割遗产的职责。由此,继承人就可以从烦琐的手续中脱离出来,将全部事务交由遗产管理人来处理,既能减少继承人因办理继承手续而与亲人产生的不愉快和摩擦,也能减少事实上无法顺利办理继承公证,无法完成遗产继承的情形。

因此，遗产管理人，对于减少继承争议、顺利推进继承程序，至关重要。

五、遗产管理人身份是否需要公证？

法律上并未规定遗产管理人需要进行身份公证。如果被继承人遗嘱指定律师担任遗产管理人，从理论上讲，律师事务所只要出具接受指定的确认书即可。

只是在现实中，如果有《遗产管理人资格公证书》，律师就有了名正言顺的"遗产管理人"身份证明，可以凭借它与有关机构，如银行、不动产登记中心、中国证券登记结算公司、市场监督管理局等，以及被继承人生前的债权人、债务人、未完成合同或诉讼的相对人等，进行接洽和交涉。有关机构和人员基于公证处的公信力，会更加容易信赖遗产管理人的身份，并依法配合遗产管理人履行职责。

六、遗嘱如何指定遗产管理人？

遗产管理人在遗产继承中作用非常巨大，是当之无愧的遗产大管家。这个大管家的人品、能力、专业操守等，都直接决定着遗产管理的水平高低。从前面的内容可知，如果没有在遗嘱中指定遗产管理人，则遗产管理人的产生本身就会存在争议。而且，如果是继承人共同担任遗产管理人，人多嘴杂意见不统一，恐怕难以顺利行使管理遗产的职责，几乎等于没有遗产管理人。

因此，在遗嘱中指定遗产管理人非常重要。具体该怎么做呢？

1. 在遗嘱中直接写明，指定某人做遗产管理人，并列明遗产管理权限。

2. 如果指定的遗产管理人，是律师事务所等专业机构或人士，应当由立遗嘱人与指定的遗产管理人签署《遗产管理人服务协议》，约定好具体服务事项、履职方式方法、遗产管理人身份确认方式、报酬支付等内容。

3. 遗产管理人，可以是一个人、一个机构，也可以是多个人，或者多个人组成的一个团队。

当然，最重要的是，这个遗产管理人一定是要有操守、有能力、值得信赖的人。这样才能真正落实好遗产管理人制度，让遗嘱中的各项安排得以履行。

第六节 遗嘱无效，别碰这些“坑”

辛辛苦苦写好一份遗嘱，最担心的莫过于遗嘱无效，导致遗嘱目标实现不了。

一、案例现场

一天，王先生找到笔者，手里拿着他刚去世的母亲生前留下的《见证遗嘱》。他想咨询：这份遗嘱是否具备法律效力？笔者团队帮助王先生梳理了他母亲的法定继承人情况及遗产情况：王先生的祖父母、外祖父母早年均已去世。王先生父亲比母亲早三个月去世，生前并未设立遗嘱。而王先生的父亲与母亲共生育四个子女，王先生是长子。同时，王先生的父亲还与婚外异性生育了两个孩子，均未成年，还在读书。王先生的父母婚后积累了不少财富，包括住宅五套、商铺两个、车辆三部，以及银行账户里的三百万元定期存款，而这些资产都登记在王先生母亲的名下。

王先生称，自父亲去世后，母亲的身体也越来越不好，而母亲多年来也始终对父亲出轨并与婚外异性生育子女一事耿耿于怀，她并不想将财产留给这两个非婚生子女。母亲在弥留之际，决定设立一份遗嘱，将名下的所有资产留给自己的四个孩子。当时母亲意识已经有点模糊，话说得不是很清楚，大家根据她前两天说过的意思，由大女儿代书了这份遗嘱，并读给她听，当时包括王先生在内的其他三个孩子均在现场，照顾王先生母亲的一名护士也在场，大家请护士也作为见证人在遗嘱上签了字。最后，因为母亲实在已经无力签字，由大女儿抓着母亲的手在遗嘱上捺手印。

二、律师分析

听完王先生的描述，笔者团队惋惜告知，该份遗嘱无效，恐怕无法如老人所愿了。无效的原因有多个：(1)王先生的母亲设立遗嘱时，处于弥留之际，意识恐已不清，其实是没有立遗嘱能力的。(2)法律有规定，见证人不能是遗嘱继承人本人担任。(3)遗嘱属于代书遗嘱，立遗嘱人必须在遗嘱中签名，即便按最低要求可以用“捺手印”代替签名,也必须由本人自己捺手印。前述第二、第三点都属于不符合遗嘱法定形式要件,任一点都会导致遗嘱无效。(4)王先生的母亲在遗嘱中处分了夫妻共同财产,其中依法应当属于王先生父亲的那部分,王先生母亲没有处分权,对此部分的处分无效。

三、律师建议

从上面的案例,可以看出,遗嘱是否有效,影响因素很多,包括立遗嘱能力、遗嘱形式、遗嘱内容等。为了让读者对遗嘱效力有更直观的理解,笔者总结出遗嘱无效的九个大“坑”,作为正确设立有效遗嘱的重要提示。

(一)第一大坑:立遗嘱人不是完全民事行为能力人

立遗嘱人在设立遗嘱时,必须具备遗嘱能力,即必须是完全民事行为能力人。对于无民事行为能力或者是限制行为能力人设立的遗嘱,无效。

常见情况是:因疾病、车祸等意外事件、年迈等情况,导致行为能力受限。

通常建议:老年人设立遗嘱时,适当保留近期的体检记录;对于曾患精神疾病、脑部疾病的人,设立遗嘱前可以做行为能力鉴定;对于立遗嘱能力可能会受到质疑的,最好把立遗嘱人设立遗嘱的过程做个录音录像,以便发生争议,可以用来印证立遗嘱人的遗嘱能力。

(二)第二大坑:遗嘱内容并非遗嘱人真实意思表示

设立遗嘱必须是立遗嘱人的真实意愿,假如设立遗嘱时受到他人欺诈或者胁迫,那么所设立的遗嘱无效。

实践中,有些老人设立遗嘱时,往往子女也在场。这种做法不可取。因为子女往往是遗嘱中的继承人,老人设立遗嘱时原本应该自己决定给哪个子女多些哪个少些。但若有子女在场,老人的意思表示难免会受影响,是否存在被子女诱导性欺骗或者胁迫,也较难查实。因此,这种情况下设立的遗嘱,效力认定就有可能出现问题。当然法律也规定,对欺骗、胁迫、妨碍遗嘱人设立遗嘱的继承人,情节严重的,会丧失继承权。

(三)第三大坑:设立遗嘱的形式不符合法律规定

遗嘱有六种法定遗嘱形式,分别是自书遗嘱、代书遗嘱、打印遗嘱、录音录像遗嘱、口头遗嘱、公证遗嘱。每种遗嘱都有不同的法律形式要件,未按法律规定的形式要件设立，遗嘱就会被认定无效。常见情形汇总如下：

1. 遗嘱落款没有注明年、月、日；

2. 见证人只有 1 人；

3. 见证人与继承人、受遗赠人存在利害关系；

4. 见证人没有全程参与遗嘱设立的全过程；

5. 共计 2 页的打印遗嘱，第 1 页没有签名；

6. 口头遗嘱并非在危急情况（无法以其他方式设立遗嘱）下做出；

7. 口头遗嘱作出后，危急情况消除，未重新以其他形式设立遗嘱；

8. 录音录像遗嘱中，遗嘱人忘了说日期；

9. 录音遗嘱中，没有说出见证人的姓名；

10. 录像遗嘱中，见证人没有在镜头内。

建议设立遗嘱前，一定要确保详细了解自己要设立的遗嘱形式，以及法律上的规定。若有疑问，千万要咨询专业的遗嘱律师。

（四）第四大坑：遗嘱内容被伪造或篡改

伪造的遗嘱，无效。被篡改的遗嘱内容，无效。不仅遗嘱本身无效，做出这些行为、情节严重的继承人，依法还将丧失继承权。

建议制作书面遗嘱时，遗嘱正文每一行字之间不要留太宽的间隔，正文与落款之间页也不要留太多空白。若空白不可避免，可插入“以下空白”或“（完）”等字样，防止被篡改或添加新的遗嘱内容。

（五）第五大坑：遗嘱中处分了他人的财产

如果立遗嘱人已婚，则立遗嘱人的财产多为与配偶共同所有。因此，如果不加区分地将财产都做了处分，那么其中属于配偶所有的那部分财产，对应的遗嘱内容就是无效的。类似情况常见的还有家庭共有的财产等。

笔者建议，为了避免这种情况出现，可以在遗嘱设立前作《夫妻财产约定》或者《家庭析产协议》，明确立遗嘱人的个人财产范围，再就个人财产做遗嘱处分。或者是在遗嘱内容中说明遗嘱处分的，是这些财产中“属于立遗嘱人个人所有的部分”。

（六）第六大坑：遗嘱中未保留“必留份”

什么叫“必留份”？《民法典》第 1141 条规定：“遗嘱应当为缺乏劳动能力又

没有生活来源的继承人保留必要的遗产份额。”比如,立遗嘱人要为年幼的子女、年迈的父母、胎儿等安排“必留份”。如果未安排“必留份”,将可能导致遗嘱中关于遗产分配的条款部分无效。

(七)第七大坑:遗嘱内容违反公序良俗

民事活动,要遵守公共秩序和善良风俗,设立遗嘱亦当如此。若遗嘱内容违背公序良俗,将面临无效的风险。

2021 年 5 月 3 日《中国证券报》黄灵灵报道了一篇《冲上热搜!深圳一男子遗赠保姆 4000 万房产,双方同居 17 年,法院终审判决赠与无效》的新闻,引发广泛讨论。新闻中,该男子设立遗嘱,将遗产给了婚外同居异性,该份遗嘱最终被法院认定为无效。

(八)第八大坑:危急情况后口头遗嘱的效力

口头遗嘱仅能在危急情况下做出,一旦危急情况消除,立遗嘱人可以用其他遗嘱形式,比如书面或者录音录像遗嘱的形式设立遗嘱的,原来危急情况下设立的遗嘱就无效了。

这一点容易被忽视,所以特别提示说明。

(九)第九大坑:非法定继承人接受遗嘱只有 60 天

遗嘱中将财产指定归非法定继承人的,这种形式叫“遗赠”,遗嘱指定的这个受益人叫“受遗赠人”。

立遗嘱人去世后,受遗赠人应当在知道受遗赠后 60 日内,作出接受或者放弃受遗赠的表示;到期没有表示的,视为放弃受遗赠。此时,遗嘱效力与“遗嘱无效”效果相同,遗产将按法定继承处理。

切记:上面这些“坑”,都踩不得。给读者一个建议,写完遗嘱之后,把遗嘱对着上面的内容核对一遍,发现踩“坑”的,马上调整。

第七节 遗嘱模板,送你一份干货

前面讲了很多关于遗嘱写法和内容方面的知识,下面再给读者一份遗嘱参考样板,供参考。

遗嘱(参考样板)

本人×××,身份证号×××××××××,现头脑清醒,为家庭和谐,设立遗嘱如下:

一、我去世后,我个人所有以及夫妻共同财产中属于我的部分,按如下方式处分:

1. 登记在我名下位于××××的房产(权利证书编号:××××),由×××继承。

2. 登记在我妻子×××名下、位于××××的房产(权利证书编号:××××),由×××继承。

3. 我名下开户行为×××,账号为×××的银行账户内的存款及理财,由×××继承。

4. 我妻子×××名下开户机构为×××,账号为××××的证券账户内资产,由×××继承。

5. 我名下车牌号为××××、发动机号为×××的车辆,由×××继承。

6. ××××年××月××日我出借给×××的30万元债权及利益,由×××继承。《借条》保管在居所卧室的家庭保险箱中。

7. 我和妻子×××曾经与朋友×××进行了一项投资,具体详见《投资协议》,该投资协议中的投资权益,由×××继承。《投资协议》保管在我办公室的工作保险箱中。

8. 我与妻子×××曾于××××年××月××日签署《夫妻财产约定》,对我持有的××××公司股权进行了约定,该公司股权无论发生怎样的变化,均归我个人所有。若我去世,我所有的该公司股权,由长子×××继承60%,次子×××继承40%,公司经营管理由长子×××负责,次子×××应全力予以配合。

9. 我名下所有游戏及第三方网络游戏平台账户内权益,由×××继承。

10. 家中现有珠宝首饰箱包名表,全部由妻子×××继承。

11. 我在××银行设有私人银行保险箱,里面保管有金条、名人字画,还有部分重要协议和文件。金条由×××继承,名人字画由×××继承,其余全部协议和文件交由遗嘱执行人清点保管,与妻子×××、长子×××、次子×××共同分析处理,凡可以追索或转化为财产权益的,财产权益由妻子×××、长子×××、次子×××平均继承,各继承三分之一。

12. 其他财产及财产权益,由妻子×××、长子×××、次子×××平均继承,各继承三分之一份额。

二、我去世后,我的丧葬后事由长子×××负责。

三、我已经对父亲×××、母亲×××在经济上给予了足够的支持和帮助,故不再对他们安排遗产继承。但请长子×××、次子×××,尽到对他们的养老赡养责任,负责安排他们的养老送终。

四、本遗嘱中继承人继承得到的财产属于其个人财产,不属于其夫妻共同财产。

五、本遗嘱的部分条款如果无效,不影响其他条款的效力,其他条款仍应履行。

六、若我儿子×××在本遗嘱生效时尚未成年,则我指定朋友×××(身份证号码××××)为我儿子×××的监护人。

七、我指定××××律师事务所作为我的遗嘱执行人,在我去世后履行遗产管理人职责。

八、本遗嘱共×××页,是我的真实意思表示,希望家人和睦,配合遗嘱执行人的工作,友好执行遗嘱,不要辜负我的期望。

立遗嘱人:

年　　月　　日

第八节 遗嘱必知小问答

一、哪些内容可以写到遗嘱里?

一般来说,只要不违反法律规定、社会公共利益和社会公德的内容,都可以写入遗嘱中,常见写入遗嘱的内容有:立遗嘱人和继承人生前的基本情况,比如,年龄、精神状态、继承人履行赡养义务的情况、分配遗产的初衷和想法等;遗产的分配和条件,遗嘱列明的遗产可以是收入、房屋、车辆、存款等,也可以是林木、牲畜、家禽、宠物,还可以是文物、图书、著作权或专利权中的财产权利,等等。遗产的分配方式可以是归继承人个人所有,也可以归继承人与其配偶共有。此外,还可以给继承人取得遗产设置条件,比如,需继承人年满 18 周岁方可继承;也可以对继承人作叮嘱和希望;再如,写明各继承人要尊重遗愿,按照遗嘱严格执行,亲属间要相亲相爱、家和万事兴等。

二、设立遗嘱,为什么要寻求遗嘱专业人士和机构的帮助?

实践中,经常有当事人拿着家里其他长辈作见证人签字的遗嘱过来咨询,询问怎样能实现遗嘱中的约定。

而经过询问,会发现遗嘱设立的时间、地点、环境、精神状况、在场人、见证过程等细节问题,往往经不起法律的推敲和检验,遗嘱最终被确认为部分无效,甚至全部无效的,不在少数。

因此,遗嘱必须满足法律规定的形式要件才能生效,而内容表述必须清晰准确没有歧义,才能真实反映遗嘱人的意思。因此所有人在设立遗嘱时,都必须谨慎对待。

律师以及有关专业遗嘱服务机构的专业人员,具备专业的遗嘱法律知识和丰富的遗嘱设立经验,除能作为见证人见证遗嘱设立外,还能在见证前为当事人提供遗嘱、继承方面的法律咨询,对遗嘱的成立要件、效力、形式以及后果等方面进行专业的解读,帮助当事人充分理解继承相关法律法规的规定,增强遗嘱的效力。在当事人设立了不符合事实和法律规定的遗嘱的情况下,见证律师和专业人员还可以协助当事人修改遗嘱,同时还能帮助避免遗嘱内容产生歧义,防止后续发生纠纷。

三、夫妻能够设立“共同遗嘱”吗?

首先,需要说一下什么是“共同遗嘱”。顾名思义,“共同遗嘱”,就是两个人一起、共同设立一份遗嘱,约定两人百年之后,所涉的财产如何进行继承。实务中,夫妻设立“共同遗嘱”的情形最为普遍。目前,我国继承相关法律中并没有明确规定“共同遗嘱”。从法律上讲,设立“共同遗嘱”并不违反法律的强制性规定,但是,“共同遗嘱”在实践中存在诸多争议,需要引起我们的注意。

首先,遗嘱确切的生效时间,存在争议;其次,如两个人去世时间相差较远,遗产将可能存在较长的产权空档期,容易发生权属纠纷;最后,晚去世的一方可能会因为某些原因而想撤销原有遗嘱。因此,一般情况下,不建议设立“共同遗嘱”。如夫妻双方有先后继承的需要,可以通过设立遗嘱特别条款,以及以其他法律文件配合的方式来达成目标。具体的方式和条款设定,建议咨询专业律师和有关专业遗嘱服务机构的工作人员。

四、遗嘱里能处分夫妻共同财产吗?

我国实行法定夫妻共同财产制,夫妻婚姻关系存续期间所取得的收入等财产,如果没有特殊约定,就属于夫妻共同所有。夫妻对共同所有的财产,有平等的处理权。

遗嘱是立遗嘱人对自己所有的合法财产进行处分的文件,但不能处分其他人的财产。因此,遗嘱中如果处分了夫妻共同财产,则夫妻共同财产中属于遗嘱人自己所有的部分,对应的遗嘱条款有效;属于配偶所有的部分,对应的遗嘱条款则无效。

建议在设立遗嘱时,应该明确说明,处分的是夫妻共同财产中属于自己个人所有的部分;也可以先签署夫妻财产约定,析出各自所有的财产后,再就其中属于自己的财产设立单独的遗嘱。

五、遗嘱中,能否把财产留给没有血缘关系的人?

《民法典》规定,立遗嘱人可以依法设立遗嘱,处分自己的个人合法财产,可以将个人财产指定由法定继承人的一人或者数人继承,也可以立遗嘱将个人财产赠给国家、集体或者法定继承人以外的组织、个人。

因此,立遗嘱人按照自己的想法,把财产给法定继承人以外的人,例如没有血缘关系的人,法律是允许的。那么法定继承人是谁?就是配偶、父母、子女、祖父母、外祖父母和兄弟姐妹。立遗嘱人把财产留给法定继承人以外的人,叫作遗赠,而这个可能获得遗产的人,叫作受遗赠人。

需要注意的是,继承开始后,受遗赠人要在知道自己受遗赠后的60日内,作出"接受"还是"放弃"这个遗产的明确表示。如果60日到期没有表态,则法律上会被认定为是"放弃",就不能再得到遗产了,所以一定要及时明确表态。

另外,遗赠的对象,不能违背社会公德和公序良俗,如果把遗产赠给婚外同居异性,则很可能被认定为无效。

六、遗嘱中,能否把财产留给婚外同居异性?

根据继承相关法律规定,完全民事行为能力人可以立遗嘱将个人财产指定留给法定继承人中的一人或数人,或者是赠给国家、集体或者法定继承人以外的组织、个人。因此,从法律角度,将遗产留给谁都是立遗嘱人的自由和权利。

但是根据我国《民法典》的相关规定,民事主体从事民事活动,不得违反法律,不得违背公序良俗。即民事活动,要遵守公共秩序和善良风俗。如果将遗产留给婚外同居异性,易被认定为是属于违反婚姻相关法律、损害正常家庭关系秩序、违背公序良俗的行为,因此,该部分遗嘱内容,很可能会被认定为无效。

七、遗嘱的内容,应该怎么写?

以自书遗嘱为例,遗嘱内容通常包含以下几个方面:

1. 题目

注明"遗嘱"。

2. 遗嘱人的身份信息

姓名、身份证号码一定要写清楚。

3. 设立遗嘱的原因

比如,为了家庭和谐,为了照顾某人,等等。

4. 财产清单

列明自己所有的财产信息,包括房产、公司股权、股票、车辆、存款、理财、投资、债权等，注明名称、地址、账号、金额、权属证号、有无设立担保抵押等。

5. 财产由谁继承

写明各财产由谁继承，继承多少份额。注意，一定要为缺乏劳动能力又没有生活来源的继承人保留必要份额。

6. 落款和日期

遗嘱人签名、写日期。

此外，根据实际情况，还可以写明遗嘱执行、争议解决、其他身后事务处理等内容。

八、立遗嘱的基本注意事项有哪些？

根据我国继承相关的法律规定，遗嘱分为自书遗嘱、代书遗嘱、打印遗嘱、口头遗嘱、录音录像遗嘱、公证遗嘱六种形式。每种遗嘱，都必须符合相应的法定形式要求。但是综合来讲，无论是设立何种遗嘱，都应当注意以下事项：

(1)清晰地表明立遗嘱人的身份及精神状态、继承人的姓名及身份。

(2)对遗嘱中涉及财产的名称、状态，应当描述清晰、准确。

(3)只能处分自己的个人财产，不能处分他人的财产。实践中，经常遇到财产尚在夫妻共同财产中，或由他人代持、与他人共有等情况，此时，一定要注意，只能处理这些财产中属于自己的那部分财产。

(4)明确各遗产的分配方案和比例。

(5)明确遗嘱的具体执行方式。

最后，温馨提示，遗嘱的拟定，是非常复杂且专业的事项，条件允许的情况下，建议您还是咨询专业的遗嘱律师，或有关专业遗嘱服务机构来寻求帮助，避免因遗嘱无效而带来争议。

第四章　遗嘱如何变更、撤销和保管

遗嘱的重要性,想必读者们都已经知道了。然而,是否立完遗嘱,并且确保了遗嘱本身的法律效力,就万事大吉了呢?有了合法有效的遗嘱,就一定能够使遗产按照自己的意愿进行安排和分配吗?答案是不一定的。因为每一个设立好遗嘱的人,都必须持续关注这三点:遗嘱的变更、撤销和保管。

第一节　遗嘱更新,为与时俱进的安排点赞

遗嘱必须随着现实情况的变化而及时更新,或定期检查,以保证遗嘱安排的明确性和可操作性。这不仅因为财产的种类、数量是动态变化的,更是因为立遗嘱人的心愿也可能会随着时间的推移而发生改变。

下面,笔者将为读者解读一宗因为遗嘱更新而引起的继承纠纷——老人本有自己的想法和意愿,奈何因遗嘱变更不当而难以实现。

一、案例现场

林奶奶有祖屋一间。林奶奶和已故的林爷爷育有林大哥、林二哥和林小妹三个孩子。2004 年,林奶奶重病一场,病中意识到身后事还未处理,放心不下。后经他人建议,林奶奶在所居城市的公证处设立公证遗嘱,念及林小妹没有住房,因此写明祖屋归林小妹所有,其他财产,如银行卡中的数千元存款等归林大哥和林二哥所有。之后林奶奶就把这份公证遗嘱交给林小妹保管。万幸的是,后来林奶奶身体痊愈了,也就没再提过遗嘱的事情。随着林奶奶年事已高,不便一人生活,故搬去与林大哥同住。

2013 年,祖屋遇上了拆迁。在家人商量之下,林奶奶在祖屋拆迁时选择了

现金补偿，未要拆迁的回迁房。2017年年底，林奶奶预感自己不久将离开人世，感念林大哥一家的妥帖照顾，将遗产重新做了分配，将房屋拆迁所得现金中的一半留给了林大哥，另一半由林小妹和林二哥平均分配。因为林奶奶不会写字，因此找了两位邻居作为见证人和代书人，立下了代书遗嘱，林奶奶在上面捺了手印，后交给林大哥保管。

2018年，林奶奶去世。处理完丧葬事宜之后，一家人开始商量林奶奶的遗产处理事宜。此时，林小妹主张祖屋的拆迁补偿款应归其所有，并拿出了林奶奶生前所立公证遗嘱。直到这时，林大哥和林二哥才知道此前这份公证遗嘱的存在，但他们并不认可这份公证遗嘱。林二哥认为，遗产应按照法定继承进行分配。林大哥却认为，林奶奶在临终前重新设立了代书遗嘱，写明了百年之后的拆迁补偿款的一半归其所有，应按这份最新的遗嘱为准。

兄妹三人因遗产分割的事宜争执不下，无法达成统一意见，后提起了继承诉讼，而亲情也在争执和诉讼中愈渐疏远。

二、律师分析

（一）遗嘱未更新，谁解其中意

本案属于典型的遗嘱未进行及时更新的情况。林奶奶所立的公证遗嘱距离其去世有14年的时间，在这期间，无论是祖屋遗产的形态，还是遗愿本身，都发生了转化和变更。未及时更新的遗嘱，即便其符合法律所规定的形式要件，具有一定的法律效力，但因其既可能无法保证遗嘱内容本身的顺利执行，又阻碍了新的遗产安排意愿与想法的落实，也就失去了遗嘱本身的实质意义。那么遗嘱该如何更新，才能确保林奶奶最后的遗愿实现呢？下面，笔者一一为读者“解其中意”。

1. 公证遗嘱，该怎么变更

以上案件的焦点问题在于：第一，哪份遗嘱才是有效的遗嘱；第二，遗产分配，应该按照哪一份遗嘱执行？

如果案例中的情况放在今天，林奶奶的愿望多半是可以实现的——《民法典》施行后，公证遗嘱的效力不再优先。如立遗嘱人同时立有多份遗嘱，且内容冲突的，则冲突的内容以最后一份遗嘱为准。那对于本案的情况，林奶奶先设立了公证遗嘱，后又设立了代书遗嘱，两份遗嘱对于祖屋或祖屋拆迁款的安排不尽相同，因此，如林奶奶所立代书遗嘱符合法律的形式要件，且能够证明其设立遗嘱时神志清醒、具备完全民事行为能力，则遗产安排应以代书遗嘱为准。

但是，穿越回 2018 年，《民法典》尚未施行，根据原《继承法》的规定，公证遗嘱的效力优先于其他形式的遗嘱。因此，如果林奶奶想要变更原公证遗嘱的内容，必须重新设立一份新的公证遗嘱才可达成。可想而知，上述案例的判决结果，法院会认可原公证遗嘱的法律效力。

如今，《民法典》取消了“公证遗嘱效力优先”的规定，是尊重立遗嘱人意思自治的体现，方便、简化了更新遗嘱的流程和方式。也暗含着，遗嘱的效力以“自证”为最高原则。笔者为《民法典》这一顺应了时代、与时俱进的设置安排点赞！

2. 遗产形态转化，必须提起重视

遗产中通常会包括立遗嘱人的所有财产处理及安排。而对一名普通人而言，其最重要的资产往往是房产。因此，遗嘱中对房产的处理安排是重中之重。

在本案中，林奶奶最重要的遗产是她的祖屋。虽然她已写明，祖屋的产权归林小妹所有。然而，因林奶奶去世前，祖屋就已经拆迁，所得仅为现金补偿款，遗产形态发生了转化。可以设想，该现金补偿款打到林奶奶已有的银行账户后，如与原来的现金财产混同使用，最后可能难以准确判断哪些现金款项是祖屋的拆迁补偿款，哪些是其他现金遗产，容易导致遗嘱产生歧义，为继承人留下难解之题，为亲情埋下隐患。

3. 遗愿变化，必须具体落实

如果林大哥所述属实，即林奶奶临终前表达过希望将遗产，或者一部分遗产留给林大哥的意愿。那么，这意味着林奶奶的遗愿与之前相比发生了变化。然而，这一变化并未通过合法有效的形式肯定下来，林大哥也就无法证明遗愿变化的事实。

按照林奶奶临终的这一愿望，至少希望一部分甚至较大部分遗产由林大哥继承。但就目前的情况而言，因为没有对遗愿的变化进行记录，也未重新设立合法有效的遗嘱，那么无论是按照法定继承，由继承人之间平均分配；还是按照遗嘱继承，可能由林小妹继承较多份额，林奶奶的意愿均会落空。可见，遗愿的变化，必须有所记录，最好是落实到遗嘱的变更上，才有可能真正实现。

4. 遗嘱更新，与遗嘱设立同样重要

遗嘱更新，不仅涉及家庭状况、婚恋状况变化造成的家族财产性质和分配变动，还涉及变更形态的遗产能否按照遗嘱人的意愿执行，甚至影响遗嘱内容能否顺利实施、继承人们的亲情关系会因此变得紧密还是疏离。在上述案件中，林奶奶去世前，意图通过新设遗嘱的方式变更遗产分配方案，却因不符合法律规定而未能如愿。遗嘱未能得到调整更新，最终反而造成继承纷争，亲人之间因此冲突顿生，关系就此疏远。

（二）更新遗嘱，需要征得谁的同意吗

在现实生活中，上述的林奶奶案件也许还有另外一面——许多老人也许不是真的不记得遗嘱这回事，而是想进行修改的时候，碍于各种原因，如遗嘱已保管在某个继承人处，出于害怕打扰继承人或担心子女拒绝承担赡养义务等原因，不敢修改。这最后的结果，就丧失了遗嘱其应有的意义。

那么，立遗嘱人更新遗嘱，是否需要告知继承人，或是征得他人的同意呢？

变更遗嘱是立遗嘱人的权利，不需要征得继承人或其他任何人的同意，只需遗嘱人头脑清醒、思维清晰，具备完全民事行为能力即可。变更遗嘱，笔者团队建议最好采用重新设立一份完整遗嘱的方式，因为这一方式最能够明确、清晰地表达遗嘱人的意愿，避免出现歧义，如果直接在原遗嘱上进行涂改、增删，很可能影响遗嘱效力的认定。基于此，如果某些老人出于继承人可能不同意的原因不敢更新遗嘱，或不便在原遗嘱的基础上修改的，可重新设立遗嘱，以更新财产分配安排。

三、律师建议

（一）立完遗嘱，别忘记遗嘱更新

通常来讲，笔者建议每三年至五年更新一次遗嘱。一是每三年至五年，家庭财产状况可能会有所变化和增加，相应地，遗产数额、种类也会随之变化。同时，经历三年至五年的时间，人的思想、认知动态也极有可能产生变化，对于遗产、家庭的安排未必还会跟立遗嘱时相同。因此，对遗嘱定期的检查和更新既是排查隐患，又是订正思想、恰当表达对家族财产安排、对家人流露真实情感愿望的美好渠道。

此外，除常规的每隔几年的遗嘱更新外，当家庭成员发生变化，如继承人有结婚、离婚，或家族有新生儿出生、老人去世、特别是继承人意外离世等情况时，遗嘱的内容和安排往往也会有所调整。鉴于此，当出现以上特殊情况/特殊事件时，也是复盘、更新遗嘱的一个合适时机。

（二）手把手教您，遗嘱如何更新

如前所述，更新遗嘱，最好采用重新设立一份完整遗嘱的方式进行。那么，更新遗嘱也必须同设立遗嘱一样，符合法律的形式要件与实质要件规定。根据我国《民法典》的规定，遗嘱分为自书遗嘱、代书遗嘱、打印遗嘱、口头遗嘱、录音录像遗嘱、公证遗嘱六种形式。每种遗嘱，都必须符合相应的法定形式要求。但是综合来讲，无论是设立何种遗嘱，都应当注意以下事项：

1. 清晰地表明立遗嘱人的身份及精神状态、继承人的姓名及身份。

2. 对遗嘱中涉及财产的名称、状态，应当描述清晰、准确。

3. 只能处分自己的个人财产，不能处分他人的财产。实践中，经常遇到财产尚在夫妻共同财产中，或由他人代持、与他人共有等情况。此时，一定要注意，只能处理这些财产中属于自己的那部分财产。

4. 明确各遗产的分配方案和比例。

5. 明确遗嘱的具体执行方式，或指定遗嘱执行人、遗产管理人等。

总体来说，切记遵守三个大的方面：第一，立遗嘱人适格。立遗嘱人须是完全民事行为能力人，能够做出自己的真实意思表示。第二，遗嘱内容合法合规。绝不能出现违反法律、违反公序良俗的内容。第三，遗嘱形式须满足本书所讲解的法律规定的形式要件。

最后，温馨提示，遗嘱的更新是非常复杂且专业的事项，条件允许的情况下，建议您还是咨询专业的遗嘱律师和专业遗嘱服务机构来寻求帮助，避免因更改的遗嘱无效而带来争议。

第二节　遗嘱撤销，尊重你的自我抉择

上一节提到，变更遗嘱的最好方法，是重新设立一个完整的遗嘱。读者可能有所疑问：如果不想设立新的遗嘱，只希望撤销原遗嘱或原遗嘱中的部分内容，是否可以操作？同时，如果立遗嘱人不主动撤销遗嘱，哪些情况可以导致继承人

丧失继承遗产的权利呢？具体情况，笔者要从程琴和黄蕾的两例真实案例说起。

一、案例现场

【案例一】 被撤销的遗嘱

走进律师的咨询室以前，程琴怎么也想不明白，为什么父亲明明白白不让姐姐继承的财产，姐姐仍然起诉来争夺。也非常担心，万一姐姐真的争到了，岂不是愧对父亲的遗愿和心意？

程叔叔和程阿姨生前有房产一套。两人生了两个女儿，程林和程琴。天有不测风云，程阿姨早早患病去世。次年，悲痛的程叔叔立下遗嘱，写明房产由程林和程琴继承。程叔叔在遗嘱上签名、捺手印，还找法律服务所出具了一份《见证书》。

然而，程阿姨离世后，家人之间的感情却渐行渐远，程琴的姐姐程林和程叔叔常常发生矛盾和冲突，以至于程叔叔一气之下，向法院提起诉讼，要求对房产一半的产权进行分割（程阿姨去世，房产属于程阿姨的一半产权应进行法定继承）。诉讼中，程林提交了程叔叔此前立的遗嘱，而程叔叔则当庭提交一份《郑重声明》反驳该遗嘱，该声明载明“我于 2015 年 11 月 18 日曾立遗嘱一份，是在程林和她丈夫精心设计的圈套操纵安排之下而写的，直到他们把我强行赶出家门，才知道受骗上当……现特声明此前所立遗嘱作废，郑重决定我个人的财产与程林毫无关系，程林不得享有其任何继承权。”该声明亦由程叔叔亲笔书写，并存档于某律师事务所。后法院作出判决，判令分割房产，要求程林搬出，并由程叔叔给付程林房屋补偿款 1 万余元。

此后程琴与程林相安无事。直到 2019 年的一天，程叔叔因“突发意识不清”入院，并医治无效后于同月去世。没过多久，程琴就被姐姐告上法院，要求按照程叔叔所立遗嘱继承遗产。被起诉后，程琴六神无主。团队律师在询问了程叔叔所做《郑重声明》时的精神状态、查看了《郑重声明》文件并作出效力分析后，告知程琴，程叔叔在此前诉讼中作出的《郑重声明》已经否认了姐姐的继承权，法律应该尊重被继承人的意志和愿望，父亲的意愿大概率可以实现。果然，法院的判决最终认定了《郑重声明》的效力，排除了姐姐程林的继承权。

读者朋友一定有所发现,因为程叔叔出具了一份重要的声明,才成功地撤销了此前设立的遗嘱。那么问题来了,变更遗嘱,到底需要作出多么正式的行为,或者是写出怎样内容的文件,才能够达到撤销的目的?让我们在后文继续探讨。

【案例二】 继承权丧失了吗

黄辉和黄蕾是亲兄妹,但妹妹却把哥哥告上法庭。到底是为什么?

2019年的某天,黄辉和黄蕾86岁的母亲陈英因多器官功能衰竭在汕头市某医院死亡,陈英的父、母、丈夫均先于其死亡。

母亲去世后,妹妹黄蕾拿出母亲生前所立的遗嘱,希望按照遗嘱内容继承。遗嘱写道:“在我百年归老后,广东××新材料有限公司、广州××医药有限公司及惠州××新材料有限公司等关联公司的股权依法属我个人所有的部分及我有权继承的份额全部由我女儿黄蕾一人继承。我指定曾武为本遗嘱的执行人。本遗嘱是我在神智清醒的情况下自愿订立的,是我的真实意愿,任何人不得干涉。”遗嘱有广州市某公证处公证出具的公证书。然而,哥哥黄辉却拒不同意妹妹的要求,认为妹妹黄蕾虐待母亲,已丧失继承权,无权继承遗产。妹妹无奈诉至法院。

经查明,黄蕾曾因盗窃,于母亲患病住院期间被处以行政拘留5日。法院认为,黄辉抗辩,因黄蕾存在“遗弃被继承人的,或者虐待被继承人情节严重的”的情形而丧失继承权,但自2018年8月起至被继承人陈英死亡,均是由黄蕾陪伴左右,且黄蕾于2018年11月26日将被继承人送至××县人民医院住院救治。虽然黄蕾在被继承人住院期间,曾因盗窃被处以行政拘留5日,但并未导致被继承人因此得不到治疗或置被继承人无人照料的境地,明显不属于“遗弃被继承人的,或者虐待被继承人情节严重的”情形。因此,黄辉要求撤销涉案公证遗嘱于法无据,不予支持。

事实上,妹妹黄蕾虽然存在违法行为,但并未因此而丧失继承权。那么,什么行为才是法律规定的,丧失继承权的情形呢?下文中,笔者将一一讲述。

二、律师分析

(一)撤销遗嘱,要注意方式方法

撤销遗嘱,无论是撤销此前所设立的全部遗嘱内容,还是撤销部分遗嘱内容，均是对生效遗嘱的一次“推翻”。与设立遗嘱一样，“推翻”遗嘱，在法律上也有着较为严格的要求。通常来讲，撤销遗嘱的方法有以下几种：

1. 拟定文件，明确撤销

读者可能已经从案例中获得启发——撤销、撤回遗嘱，最好拟定一份文件形式的声明、申明等。需要注意的是，拟定这份文件时，遗嘱人必须具有完全民事行为能力，也就是意识、神志处于清醒状态，且文件中须表述清楚，明确撤销此前的哪一份遗嘱，或是撤销哪一位、哪几位继承人的继承权，最后落款签名、捺手印，注明年、月、日。

在案例一中，程叔叔即以拟定《郑重声明》的形式撤销了此前所立的遗嘱。

实务中，还有一点尤为重要，即撤销的形式，是否按普通的单方声明就可以？对此，笔者建议，按照设立遗嘱的形式来办理，更为稳妥。即该声明要么全部手写，如同自书遗嘱一般；要么找两个适格的见证人见证，按照代书或打印遗嘱的方式设立，甚至可以到公证处，办理一份公证的撤销声明。之所以如此建议，是因为撤销内容中，必然会涉及原本属于被撤销人那一部分资产如何重新分配的问题。该问题的处理，实质上就是一份新的遗嘱内容。也正是基于此，笔者也更加建议，以设立一份新的遗嘱形式来撤销原有旧遗嘱会更好。

2. 销毁遗嘱，形式撤销

销毁遗嘱是否可以达到撤销遗嘱的目的呢？当然可以，但需要注意的是，如果采用此种方法撤销遗嘱，一定要确保遗嘱被全部销毁，没有备份，无他人知晓遗嘱存在。

3. 设立新遗嘱，视为撤销

《民法典》第 1142 条第 3 款规定，“立有数份遗嘱，内容相抵触的，以最后的遗嘱为准。”因此，如果新设遗嘱与原遗嘱内容完全不同，也就可以视为对原遗嘱的撤销。

4. 实施与遗嘱意思相反行为，实质撤销

需要着重强调的是，遗嘱人在生前实施的某些与遗产相关的民事行为，如将遗嘱中的遗产出售、赠与他人、捐赠等行为，可能会被认定为以实际行动撤回遗嘱。《民法典》第 1142 条第 1 款、第 2 款规定：“遗嘱人可以撤回、变更自己所立的遗嘱。立遗嘱后，遗嘱人实施与遗嘱内容相反的民事法律行为的，视为对遗嘱相关内容的撤回。”因此，遗嘱人可能因其所实施的与遗嘱意思表示相反的行为,实质上撤销自己所立的遗嘱。

(二)哪些情况下,继承人丧失继承权

讲完了立遗嘱人主动"撤销"遗嘱,我们再来看一看,如果立遗嘱人没有撤销遗嘱,而继承人做出某些行为,依法丧失了继承权,同样会导致遗嘱不执行的效果。

在案例二中,哥哥黄辉主张妹妹黄蕾因盗窃被行政处罚拘留5日属于舍弃、虐待被继承人,然而从妹妹一直照顾被继承人的情况来看,其并未置被继承人于不顾,且其被拘留并未导致被继承人因此得不到治疗或置被继承人无人照料的境地,明显不属于"遗弃被继承人的,或者虐待被继承人情节严重的"的情形。那么,继承人怎样的行为会丧失继承权呢?

《民法典》第1125条第1款规定:"继承人有下列行为之一的,丧失继承权:(一)故意杀害被继承人;(二)为争夺遗产而杀害其他继承人;(三)遗弃被继承人,或者虐待被继承人情节严重;(四)伪造、篡改、隐匿或者销毁遗嘱,情节严重;(五)以欺诈、胁迫手段迫使或者妨碍被继承人设立、变更或者撤回遗嘱,情节严重。"

从根本上来讲,法律所规定丧失继承权的行为,均是继承人严重侵害被继承人以及其他继承人利益、妨害遗嘱顺利执行的行为。作为惩罚,从事该等行为的继承人除被剥夺继承人资格外,情节严重的,还可能受相关刑事处罚。须注意的是,法律也极为尊重被继承人的意愿、鼓励犯错继承人的改过自新,因此《民法典》第1125条第2款还规定:"继承人(不包括受遗赠人)有前款第三项至第五项行为,确有悔改表现,被继承人表示宽恕或者事后在遗嘱中将其列为继承人的,该继承人不丧失继承权。"须注意的是,如果是受遗赠人有前述违法行为的,即使遗嘱人事后表示原谅,也将丧失继承权。

三、律师建议

关于遗嘱的撤销以及保管安排,笔者还有以下的建议分享给读者。

(一)遗嘱去与留,安排要明确

遗嘱对于遗产的分配,对于家庭的财产传承、家人间的亲情维系至关重要。因此,遗嘱是保留还是撤销,或者遗嘱的哪些内容需要撤销,必须明确。否则,带给家人的可能会是无尽的烦恼和争议。

《民法典》出台后，公证遗嘱的效力优先规则被取消。因此，在2021年1月1日以后，无论立遗嘱人此前设立的是哪一种形式的遗嘱，想要撤销时，仅需满足单方法律行为的一般生效要件即可，也就是以前述拟写撤销声明的方式均可达到撤销遗嘱的效果。有一种情况提请注意，对《民法典》出台以前所设立的公证遗嘱，是否需要通过公证方式进行撤销尚有争论。保险起见，建议公证撤销。

另外，笔者并不建议读者采用销毁遗嘱的方式进行撤销、撤回，主要是由于以灭失情形销毁遗嘱，必须要达到完全、彻底的销毁，且不能留有备份，否则撤回的效力存疑。

（二）遗嘱内容，是否要提前告知继承人

在实践中，诸多遗嘱撤销案件，都是因为立遗嘱人提前将遗嘱交给继承人，或者将遗嘱内容告知继承人之后，继承人后续做出不恰当的行为，导致立遗嘱人改变了自己的想法。那么，到底要不要提前告知继承人遗嘱内容呢？笔者认为，告知与否各有利弊，无法“一刀切”地进行回答，提前告知，可能会使遗嘱较为妥帖地被保管执行，但也可能改变继承人行为方式的预期，有些继承人可能会因有了遗嘱好逸恶劳；不提前告知，则要另行规划遗嘱妥当保管方式，以期在遗嘱人离世后能够被顺利发现和执行。

第三节 遗嘱保管，你想象不到的重中之重

遗嘱保管，看似只是一个遗嘱储存、存放的“简单”行为，但背后却有很多读者意想不到的问题和隐患。比如，遗嘱由谁来保管，能够保障遗嘱人去世后，遗嘱被依愿公开？比如，遗嘱由某一继承人知悉并保管，是否会影响这位继承人对遗嘱人的照顾和心态？比如，被隐藏的遗嘱，最终会对继承造成怎样的困扰、对继承人造成怎样的伤害……下面讲述的张女士家的麻烦事，就和遗嘱保管有关。

一、案例现场

张女士和罗先生本有一个幸福而富足的家庭。在与张女士结婚之前，罗先生有过一段婚姻并生育了一个女儿罗文茜。与张女士结婚后，二人又生育了儿

子罗文麟。事情的转折,发生在罗先生的突然离世之后。

2018年的一天,罗先生在下班途中突发心脏病猝死,留下张女士、两个孩子以及年迈的母亲无所依靠。葬礼结束后,张女士还未回过神,却收到了已经成年的罗文茜的起诉状,要求按照法律继承父亲的遗产。但是,罗先生到底有多少财产呢?据初步统计,光是房产,就覆盖了国内的几个城市,还有股票、股权、基金、银行存款以及信托资产等金融资产。由于罗先生突然离开,其资产并未得到详细的梳理和规划,家人也并不完全清楚,又涉及诸多城市、领域,案件进展因为遗产调查困难,一拖就是两年。

最终,在排查罗先生银行流水的过程中,律师发现,罗先生在银行有一个保险箱。出于清查遗产的考虑,经过不懈的努力坚持,张女士成功申请法院开启保险箱。然而让人惊讶的是——保险箱内,赫然存放着罗先生事先写好的遗嘱,详尽列出了遗产的分配方案。此后法院还查明,此遗嘱一式两份,另一份交予罗文茜保管,其他继承人根本不知道这份遗嘱的存在,也不知道保险箱的存在。

张女士非常伤心,也非常气愤。也许罗文茜认为该份遗嘱为其保留的遗产少于法定继承份额,所以两年来一直隐瞒藏匿遗嘱;与此同时,因为遗嘱管理不善,也造成了不少经济损失,伤害了本应融洽的亲情。

二、律师分析

遗嘱保管,相比于遗嘱设立、变更等,常常是读者没有进行过多关注,从而疏于考虑的一个环节。然而,恰恰是这个环节,决定了遗嘱到底能否被公之于众、能否被执行、能否实现遗嘱人的意愿。为使读者重视遗嘱的保管、储存,笔者将结合张女士的案例,重点提示读者以下两点。

(一)保管不当,遗嘱形同虚设

设立遗嘱有两大重要目的:一是财产传承;二是对亲人的嘱托。特别是对于财产形式较多的家庭,遗嘱中对于财产的梳理本身就尤为重要——毕竟除了立遗嘱人之外,很少有其他人能明确掌握立遗嘱人的财产及财产线索。而自己离世之后,家庭可以和睦、兴盛,应该是每一个立遗嘱人最希望看到的。但这一切的一切,都是以遗嘱的妥当保管为前提的。只有先恰当地保管遗嘱,在立遗嘱人去世之后,遗嘱才能够按照遗嘱人的愿望公诸于世,且得到执行。

在上述案件中,罗先生的遗嘱保管在女儿罗文茜手里,本以为可以顺利执行，没成想却被罗文茜隐瞒藏匿，导致遗嘱形同虚设。因此，从结果来看，罗先生的遗嘱属于典型的保管不当，延误了遗嘱的实现。好在最终打开了保险箱，遗嘱重见天日。设想一下，如果律师没有最终发现银行流水中的秘密，如果没有成功申请打开保险箱，如果罗文茜直接将遗嘱销毁了，罗先生的遗愿和安排都无法让家人们知悉和遵守。可见遗嘱的恰当保管，再重视也不为过。

（二）藏匿遗嘱要追责

根据《民法典》第 1125 条的规定，继承人有“伪造、篡改、隐匿或者销毁遗嘱，情节严重”的，将丧失继承权。在该案中，罗文茜的行为属于典型的“隐匿遗嘱”，并且导致了延误遗产继承，甚至妨害遗产管理的严重后果，应被追究相应责任。

三、律师建议

在上述案件中，遗嘱由某一继承人保管的情况下，出现了藏匿、隐匿的严重后果。那么，遗嘱是否可以交给继承人保管呢，或者还有什么其他的保管方式？笔者将逐一列出主要的遗嘱保管模式，并加以分析。

方式一：由立遗嘱人自己保管

这种方法比较常见，遗嘱人把遗嘱藏在自己认为隐蔽，且在去世后可以被继承人找到的地方，比如压箱底、藏鞋底等。但这一方法仍有不利之处，比如，万一遗失或者去世后没有被发现，也就等于没有设立遗嘱。另外，万一生前无意间被家人看到内容，也容易引发家庭矛盾。

很多企业家也是自行保管，存放到银行保险箱，这样虽然遗失的可能性小，但很难在继承发生的第一时间被发现、被找到，容易误事。

方法二：由继承人、亲人保管

继承人保管遗嘱势必会提前知道遗嘱内容，可能会在一定程度上影响继承人的心态，比如，认为获得遗产天经地义，对立遗嘱人反而没那么用心照顾和感恩；比如，知道自己早晚会获得财产，变得不思进取、不懂得奋斗拼搏。即便立遗嘱人后来变更遗嘱，也未必能亡羊补牢，还容易进一步引发新旧继承人之间的冲突；比如，知道自己分得的遗产少于法定继承而隐匿、拒不透露有遗嘱……

如果遗产由非继承人的其他亲人保管，依旧存在家庭矛盾、继承人提前知晓等潜在隐患。

方法三：遗嘱执行人保管

遗嘱执行人是立遗嘱人为了便于遗嘱未来的执行和遗产管理，而专门指定的人。他保管遗嘱显然合情合理，这样也方便其第一时间启动宣读遗嘱、查点遗产等遗产管理和继承职责。

方法四：由公证处保管

公证处保管遗嘱，通常对需要保管的遗嘱会有一些具体要求，实践中还未能大面积铺开。

方法五：由专业的遗嘱库、遗嘱保管机构进行保管

这是近年来逐渐兴起的专业遗嘱设立、保管一站式服务机构。某些遗嘱库，配有专业的律师团队把关遗嘱设立，还有专业的设备和场地进行登记保管，更设立严格的提醒、查询和提取条件。这种保管方式，未来或许会成为一种趋势，以及大众普遍的选择。

需要注意的是，遗嘱保管可以委托第三方；但遗嘱人去世之后，遗产的利用、管理、家族的延续和兴旺，最终还是要落在继承人头上。因此，教育和培养继承人，始终是立遗嘱人不可忽视的重任。

遗嘱中，常常可以见到“家和万事兴”“家人和睦”“相亲相爱”等对亲人们的美好祝愿。然而，祝愿无法单靠遗嘱实现，继承人的家庭、家族观念，财富观念应该从小教育，潜移默化地传递家人友爱和谐的家庭理念、正确的财富观念，对继承人的为人、学识、能力不懈培养和教育，才能真正达成遗嘱人的愿景。

第四节　遗嘱必知小问答

一、遗嘱应该怎样保管？

遗嘱保管，通常有五种方式，具体参见上一节“律师建议”部分的介绍。

二、立完遗嘱，想要变更怎么办？

变更遗嘱是立遗嘱人的权利，不需要征得继承人或其他任何人的同意。变

更遗嘱时，遗嘱人应该具备完全民事行为能力，就是要头脑清醒、思维清晰。变更后的遗嘱内容，不能违反法律规定或侵犯社会公共利益。并且，变更遗嘱一定采用符合法律规定的形式。

立有数份遗嘱，无论何种遗嘱形式，内容相抵触的，以最后的遗嘱为准。变更遗嘱，建议最好采用重新设立一份完整遗嘱的方式；如果单就原遗嘱的部分内容进行变更，那么一定要在变更内容的描述中，表达清晰准确；千万避免，在原遗嘱上直接进行修改，这容易引发效力争议。

三、立遗嘱，需要告诉家人吗?

根据我国继承相关的法律规定，立遗嘱人可以设立遗嘱处分个人财产，通过立遗嘱将个人财产指定由法定继承人中的一人或者数人继承，也可以遗赠给法定继承人以外的人。任何人没有权利干涉立遗嘱人立遗嘱的自由。

因此，立遗嘱是每个人自己的权利，不需要经过他人同意，包括法定继承人和家人，也不需要一定告诉家人。如果担心生前立有遗嘱，去世后家人不知情，无法执行遗嘱的，也可以考虑告诉合适的家人，或者在遗嘱中指定遗嘱执行人并且提前告诉这个执行人，也可以将遗嘱保管在遗嘱专业机构等有保管资质和通知提醒服务的地方。

第五章　遗嘱规划如何做

第一节　遗嘱规划:写遗嘱≠遗嘱规划

通过前面章节的解读和介绍,相信读者对于遗嘱内容如何撰写、如何设立遗嘱,有了较为清晰的认识。那么,是不是了解了这些,就能把遗嘱规划做好呢?答案是否定的。下面从遗嘱人想要设立遗嘱开始,直到最终完成目标的全过程,做个分析。

遗嘱人设立遗嘱前,都会先问自己:我的财产传承目标是什么?然后,梳理清晰家庭财产架构和清单;之后,根据家族财富中具体每一项资产、每一个继承人的情况,做不同的遗嘱安排。下面总结几条遗嘱规划的通常原则。

一、合法性原则

对于全球布局的资产,重点考虑是否需要设立符合资产所在地法律的遗嘱,之所以如此,是因为资产在哪里,将来这些资产的继承,即所有权变更和交付,就要在哪里进行。而办理这些手续,就必然会涉及和使用当地的法律法规和办事流程。不管是哪里的法律法规和办事流程,在有遗嘱的情形下,办理继承的第一步,就是确认遗嘱的效力。而遗嘱的效力,则需要根据遗嘱人的经常居住地法律、国籍国地法律、资产所在地法律等进行多方面综合评估。因此,在设立遗嘱前,务必要联合当地律师和本地律师共同研讨,确定既符合各地法律要求,又能简化继承办理手续的遗嘱规划方案,最终设立合法有效的遗嘱。

二、多元化原则

对于不同类型的资产,可以分别采用不同的形式设立遗嘱。对房产、股权、收藏品等价值较高、变动性不大的资产,可以优先选择设立公证遗嘱和律师见证遗嘱(遗嘱形式上,属于代书遗嘱或打印遗嘱);对银行存款、基金股票等流动性较大的资产、投资、权益及其他没有明确权属证明文件的资产,可以选择做自书遗嘱。这样安排,可以兼顾大额财产安排无争议、小额或灵活财产安排随时调整。

三、针对性原则

设计遗产分配方案,要考虑不同继承人、不同情况的变化。遗嘱方案设定时,务必充分考量每个继承人的个性化需求、不同情况。比如,将书画资产分配给喜好书画的继承人,投资和股票分配给有理财头脑的继承人,房产等固定资产分配给缺少住房的继承人等;还要考虑设立遗嘱后,财产未来可能发生变化、继承人也可能变化,从而做出一些扩展性安排。比如,遗嘱内容条款要有"其他财产如何继承"的兜底性条款,也要有"如果继承人去世,本该由其继承的财产再由谁继承"等安排。

四、个性化原则

设计遗嘱方案,还要针对遗产、继承人、传承目标的个性化需要,考虑遗嘱信托等更多法律工具。如果传承目标是延续百年,而非单纯地由继承人继承;如果继承人尚且年幼、根本无能力打理可能继承的财产;如果财产还处于他人代持或不确定状态;如果继承人之间矛盾敏感、料定无法统一办理继承手续;如果需要安排继承的股权,公司经营决策权与分红等经济利益分配希望不一致……现实状况和需求各有不一,单纯的遗嘱条款"某某财产由某某继承",显然不能顺利达成遗嘱人的愿望。

五、操作性原则

设立遗嘱时,应充分考虑遗嘱的未来执行。遗嘱的设立,内容再精妙,如果最终无法履行或者履行出现重大困难,也会让遗嘱的目的无法达成。因此,在遗嘱中设立遗嘱执行人,对遗嘱履行的各种可能性做出预先评估,在遗嘱中明确遗嘱执行人的具体权限和义务,梳理不同情况下的履行路径,以及继承过程中继承人之间发生争议的解决办法,非常重要。

笔者以团队遗嘱设立法律服务的标准流程为例,让读者细致了解为企业家设立遗嘱可能涉及的相关工作。

第一步:私密咨询,包括:(1)沟通当事人基本情况和目标;(2)讲解遗嘱的类型、内容、程序、更新、保管、执行等相关法律知识;(3)给予设立遗嘱的初步方案建议。

第二步:民事行为能力鉴定,针对:(1)超过60岁以上老人;(2)有精神、神经、脑部疾病史;(3)自愿要求进行鉴定的人。

第三步:尽职调查,包括:(1)核实当事人身份;(2)核查当事人资产权利、资料信息;(3)制作当事人《个人/家族大事记》;(4)制作当事人《家族关系图》;(5)制作当事人《公司股权架构图》;(6)制作当事人《财产清单》及附件;(7)制作当事人《家庭资产负债表》。

第四步:确定遗嘱方案,包括:(1)当事人询问笔录;(2)陪同人员询问笔录;(3)见证亲属询问笔录;(4)与当事人商讨确定遗嘱方案;(5)律师告知遗嘱更新、保管、执行等注意事项;(6)签订《遗嘱方案确认书》。

第五步:制作遗嘱文件,包括:(1)《遗嘱》及附件;(2)《愿望清单》;(3)《幸福留言》;(4)《遗嘱履行告知书》;(5)《公司章程条款修改建议》;(6)《股东协议修改建议》;(7)《股东会召集和决议建议》;(8)《意定监护协议建议》;(9)《养老协议建议》;(10)《民事信托协议》;等等。

第六步:设立遗嘱,不同形式遗嘱采用不同流程:(1)自书和见证遗嘱的设立,包括:①进入杜芹律师团队遗嘱密室;②开始录音、录像;③立遗嘱前个人声明;④制作自书/律师见证遗嘱;⑤出具律师遗嘱见证书。(2)公证遗嘱的设立,包括:①预约、准备设立公证遗嘱所需文书及资料;②协助赴公证处设立公证遗嘱。

第七步:遗嘱更新和保管提示,即律师定期提示当事人遗嘱保管和对遗嘱进行更新。

为了完成立遗嘱人的家庭财产传承目标,遗嘱与其他财富管理方法、工具的协同配合,非常重要。遗嘱只是财富管理和传承的工具之一,它同样不能解决所有问题,与其他工具的完美配合,才能让它真正发挥系统联动功能。为了说明这个重点,笔者以曾经经办的案例,来给读者做个解释。

【案例】 被推翻重做的企业家遗嘱

一位企业家骆总,找律师写遗嘱。最初要求就写一个概括性的遗嘱,说财产的四分之一给哥哥,剩下部分给妻子、儿子各二分之一。律师跟他解释了概括性份额遗嘱,将来在分割时可能出现的估值难、分配难等问题,他愣了一下。律师又问他,为什么给哥哥四分之一,难道哥哥比父母还重要?据律师了解,他父母健在,哥哥只是公务员,并未参与过他的公司经营。经验告诉律师,他背后另有隐情。他犹豫再三,最后终于完整地告知了他的真实状况和想法。

原来两年前的一次不谨慎,他有了一个婚外女儿。他真的很喜欢这个女儿,但对女儿的母亲非常不放心,所以希望把财产给哥哥,让哥哥慢慢转给女儿。至于父母,他平时已经给予很多物质照顾,就不再安排。而妻子和儿子,他怀有愧疚之情,所以份额多过女儿。妻子和儿子都还不知道他有婚外女儿这件事。

那么问题来了,这样一份遗嘱,能被顺利履行吗?

律师告诉他,这份遗嘱被顺利履行的概率真的很低。对妻子而言,知道这种背叛和伤害,却无法向他宣泄,太残忍了;对女儿而言,没有情感沟通的伯伯,真的是最值得依赖和信任的人吗?万一伯伯继承了财产却不给女儿怎么办呢?……因此,这个安排漏洞重重,必须全盘重做。

最后,律师帮骆总分层次、分目标地解决了问题。

第一,基本保障。底线是无论任何情况下,妻子、儿子、女儿可以维持现在的生活质量、孩子可以有宽松的海外教育基金。这部分用国内大额保单和海外信托来满足。女儿的保险和信托单独设立,金额较高。

第二,境内财产传承。主要是房产、股票、代持股权和一些私募股权投资,这部分通过遗嘱进行分配。不同财产,分设在不同遗嘱中。房产和股票,采用公证遗嘱;代持股权,做律师见证遗嘱,同时让代持股人与骆总补充签订了《股权代持协议》,约定好继承人作为实际股权持有人的权利义务,并同步更改公司章程;私募股权投资等,因为变数较大,做自书遗嘱,方便根据实际情况随时进行更新。因给女儿设立了大额保单,遗嘱中未给女儿留有份额。将来,万一女儿情况暴露,再考虑根据实际情况做遗嘱调整。

第三,境外财产传承。由财产所在地的联盟律师协同完成,分别在当地设立遗嘱、保险、信托。这部分资产继承需要在保证遗嘱效力的情况下,同时确保符合当地法律、税务规定并可顺利执行。

细心的读者可能会发现,遗嘱与股权代持协议、公司章程做了配合,与不同财产管理的法律金融工具做了配合,也与境外的遗嘱等工具做了配合。事实上,结合前文所述笔者在设立遗嘱法律服务流程中的内容,它还可能与移民、婚姻协议、意定监护协议等做配合。因为这些都是家族财富管理传承系统中必须通盘考量的工具和做法。

遗嘱,是对企业、家庭、家人责任的体现和爱护,也是对家族财富永续的规划和安排,还是对家族财富管理传承能力的检测。因此,真正的遗嘱设立,不是单纯写一份遗嘱,而是做一项遗嘱规划。接下来的几节,笔者将对遗嘱规划中最常应用的几个法律工具和事项做逐个介绍。

第二节　夫妻财产约定:遗嘱规划第一步

遗嘱处理的财产,应当是立遗嘱人自己所有的、合法的私人财产。立遗嘱人不能在遗嘱中处分他人的财产,如果处分了他人所有的财产,该条款就会无效。所以,在设立遗嘱前,明确界定自己个人所有的财产,确定遗嘱要处分的财产范围,是非常重要的第一步工作。

我国实行法定夫妻共同财产制。也就是说,夫妻间如无特别约定,婚后双方的收入、劳动所得、投资经营取得的财产,都属于夫妻共有。这里的"特别约定",仅指夫妻签署的书面《夫妻财产约定》,口头约定没有用。

财产属于"夫妻共有"。这种共有,是不分份额、不分彼此地"共同共有",并非各自50%份额的"按份共有"。这种共同共有体现在法律上就是,只有在法律规定的情形下,才有可能将共同共有的财产进行分割。这些情形包括:

(1)离婚。这不难理解,因为夫妻共同财产存在的基础消失,财产自然要进行分割。

(2)签署夫妻财产约定。这也容易理解,既然夫妻财产本就属于共同所有,夫妻二人之间经过协商,当然可以对其财产权利归属进行处分和约定。

(3)夫妻一方严重违反夫妻义务或侵犯对方财产权利。这包括:一方有隐藏、转移、变卖、毁损、挥霍夫妻共同财产或一方伪造夫妻共同债务等严重损害夫妻共同财产的行为;一方的父母等负有法定扶养义务的人患重大疾病需要医治,另一方不同意支付相关医疗费用。毫无疑问,以上行为,若还不能分割夫妻共同财产,将对受害方造成权利损害。而夫妻共同财产制度的本意,其实是为了保护夫妻双方对共同财产享有同等的权利。因此,特殊情况下,可以分割才是公平合理的。

(4)死亡。夫妻一方死亡,显然需要对夫妻共同财产进行析产分割,确定属于去世一方的遗产范围,才能进行继承。

根据以上分析可知,设立遗嘱的人如果已婚,则其在进行遗嘱规划时,必须考虑清楚自己所要安排处分的财产,是否包含在夫妻共同财产中?是否在对方名下?将来一旦进行遗产处理时,是否可能给配偶带来麻烦等。因此,在实践中,对于家庭资产比较复杂的情况,夫妻共同商量处理,是必须的。那么,怎样商量好呢?

最便捷的一种方式,是在设立遗嘱前,夫妻双方签署《夫妻财产约定》,明确约定哪些财产归属于立遗嘱人个人,哪些财产归属于配偶个人。然后,立遗嘱人就可以将明确属于自己个人所有的财产,列入自己的遗嘱中进行处理。这样,既可以避免将来继承发生时,继承人之间要进行夫妻财产析产的麻烦,也可以避免对配偶的财产权益造成影响。

实践中,有人认为,为了设立遗嘱进行夫妻财产约定,不利于夫妻团结,建议夫妻设立共同遗嘱。那么,夫妻能否设立"共同遗嘱"呢?

笔者不建议这种操作。一方面,很多人对"共同遗嘱"有误解。事实上,法律上没有"共同遗嘱"这个概念。"共同遗嘱"即便设立了,是否有效,完全是比照《民法典》继承编中有关于遗嘱的形式要件等规定来进行判断的。现实中很多"共同遗嘱"会存在效力上的争议。比如,共同遗嘱由夫妻中的一方进行书写,另一方仅仅是在遗嘱落款处进行签名,那么这份遗嘱能否被认定为是夫妻两个人的"自书遗嘱"呢?显然只签名未书写内容的一方,不符合自书遗嘱的"自书"要求。另一方面,遗嘱内容中通常都是共同的意愿安排。比如,任何一方先去世,遗产不做处理或者都先归属于另一方。待另一方也去世后,遗产再归子女等。那么问题来了,如果一方去世了,另一方希望变更共同遗嘱中的这种安排,希望对夫妻财产中属于自己的部分进行单独的处分,是否可以呢?再如,双方签署了共同遗嘱后,都没有去世,但其中一方又单独设立了一份自己的遗嘱,是否有效呢？这就演变成“共同遗嘱”的终极难题：是尊重捆绑在一起的“共同意愿”，还是尊重独立的“个体意愿”呢？凡此种种，“共同遗嘱”看似和谐，实则隐患重重。

如果夫妻双方，已经就前述“共同遗嘱”的方方面面和诸多疑难问题，都进行了深入探讨，并最终达成一致的话，那么，其实“设立遗嘱的同时，签署《夫妻财产约定》”是最简单明了、直达目标的最佳安排。

那么《夫妻财产约定》如何与《遗嘱》进行配合签署呢？

通常做法是：双方根据实际情况确定财产归属，草拟《夫妻财产约定》，然后打印三份出来，双方共同签字写日期。夫妻双方各自保管一份《夫妻财产约定》原件。接着，立遗嘱人在《遗嘱》中，列明夫妻何时何地签署《夫妻财产约定》以及约定的基本情况，再对归属于自己的财产做继承安排。千万切记，设立好遗嘱后，要将一份《夫妻财产约定》原件与《遗嘱》原件同时进行保管。

当然，如果是做公证遗嘱，那么《夫妻财产约定》可以一起做公证，这样更加稳妥。至于《夫妻财产约定》该怎样写，详见笔者给出的参考模板。

附：夫妻财产约定（参考模板）

夫妻财产约定

男方：×××，身份证号：×××

女方：×××，身份证号：×××

男女双方于××××年××月××日登记结婚，××××年××月××日生育一子×××。现双方经过坦诚沟通和认真协商，就夫妻财产作如下约定：

1. 登记在女方名下的位于深圳市×××的房产，归女方个人所有，剩余房贷及利息由女方个人承担；登记在男方名下的位于深圳市×××的房产，归男方个人所有，剩余房贷及利息由男方个人承担。

2. 双方持有的深圳市×××有限公司股权，归男方个人所有，女方于××××年××月××日前办理股权变更登记手续，变更手续所需费用由男方承担。公司现有以及未来的所有债权债务、经营风险、股东责任等均由男方个人负责和承担。

3. 女方名下×××证券×××账户内资金，以及女方名下银行存款，归女方个人所有；男方名下×××证券×××账户内资金，以及男方名下银行存款，归男方个人所有。

4. 各自名下的车辆，归各自所有。

5. 各自的工资收入、经营所得、投资所得、受赠所得、继承所得等，归各自所有。各自收入和财产转化形成的新财产，依然归各自所有。

6. 双方确认无夫妻共同债务。各自经手的债务，均属于其个人债务，由其个人承担。

7. 本协议由双方自愿签订,不存在任何胁迫、欺骗等情形。双方头脑清醒,对于签订本协议后,将导致双方财产权属和利益的变化,引发相应的法律后果和责任均非常清楚。

8. 本协议所约定财产,均为双方合法财产,约定目的为共建和谐家庭生活,不存在任何逃避法律责任、转移资产的行为。

9. 本协议一式贰份,男女双方各执壹份,具有同等法律效力。本协议自双方签字之日起生效。

(以下无协议正文)

男方: 女方:

年 月 日 年 月 日

第三节 遗嘱+保险=美好组合

《民法典》继承编中,遗产管理制度做了较大调整,继承周期可能明显拉长。

一方面,从被继承人去世开始,需要先确定遗产管理人,再由遗产管理人处理被继承人生前债权、债务、税务问题、分割遗产,然后到继承人完成所有遗产的接收和过户手续,整个过程变得更为有序,但步骤也变得更多。

另一方面,遗产管理人制度作为2021年1月1日才开始实行的新制度,很多人尚未足够熟悉和了解这些制度和手续变化,也会导致现实中继承办理会相对缓慢。

还有,假如继承人就遗产管理人认定存在分歧,或者所有法定第一顺序继承人(无法定第一顺序继承人,则需要法定第二顺序继承人)无法配合遗嘱指定受益人(含遗嘱继承人、受赠人)办理继承权公证手续,则继承需要走诉讼程序。新继承制度背景下,诉讼程序可能面临先确定遗产管理人诉讼,再进行债权债务纠纷诉讼和析产诉讼,最后进行继承诉讼。而诉讼中为了查明遗产范围、继承身份关系、解决分割方式和份额的争议,比之其他诉讼会更费时间和精力。

如此,无论是非诉方式的公证继承,还是诉讼继承,都将面临一个相对漫长的过程。

那么,在这个相对漫长的过程中,依靠被继承人的收入才能维持生活品质和学业的继承人,该怎么办?那些需要周转资金的被继承人名下公司的运营,该怎么办?……很多时候,遗产看上去是很美,实际却是享用不到的财富。因为,在继承未完成前,这些遗产未经所有继承人或者遗产管理人的同意,是不能够单独由某一个继承人进行处置的。由此就会导致实践中的一个难题:为了继承这些财产,需要额外的资金支持来进行继承手续的办理,以及诉讼、生活、学习、经营的继续。

那么,这个"额外的资金支持"从哪里来呢?

保险,就有个不同寻常的特点,可以巧妙规避继承手续的烦琐。因为,保险金不属于遗产,不需要走继承程序,也不需要偿还债务、税款,而是直接由保险公司发放给指定的保险受益人,归指定受益人个人所有。这个指定受益人,可以用这些款项去做自己想做的任何事情,包括生活、工作、交律师费处理遗产、进行诉讼、出借给被继承人的公司用于经营,等等。由此,如果"继承人"就是这个"指定收益人"会怎样?被继承人生前购买一份人寿保险,指定某个"继承人"作为受益人,待其去世后,这个"继承人"就可以以"受益人"的身份得到一笔保险金,这个"继承人"就可以用该保险金,来支付继承其他遗产的继承手续所需相关费用,承担被继承人去世到继承完毕期间的生活、工作、经营等。这样就能够避免继承人在继承办理过程中缺乏现金流的尴尬。

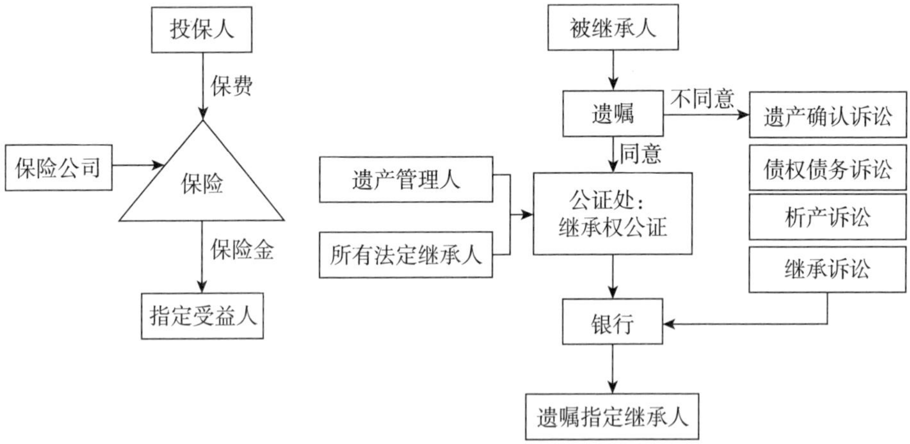

图 5-1 保险与遗嘱继承流程对比

除此之外,保险还是实现个性化财产传承的重要工具。投保人将自己的财产用作购买人寿保险的保费,待自己身故后,由指定受益人取得保险金。这种操作，相当于投保人把自己的个人财产，通过保单，转化成自己身故后留给受益人的保险金。这个过程，虽然财产金额和性质发生了变化，但总体而言，实现了将生前财产传承给受益人的目标。如果将不同继承人均设置为保险受益人，针对不同继承人的情况，设置不同的受益份额，就可以实现不同的财产分配方案；如果多个继承人之间彼此有矛盾，为其中一些特殊继承人购买保险，让其通过获得保险金的方式得到财产，而不是将其列为遗嘱继承人，就可以避免继承争议的发生。

综上，保险早已脱离“意外发生时的经济保障”这一单纯的基本功能，成为家庭财产传承的重要工具之一。它与遗嘱的综合规划统筹，可以解决现实中的诸多问题，让传承更加落地。

下面总结一下需要用到保险的遗嘱规划情形。

第一，需要保密传承资产时。

如果是遗嘱或者法定继承，办理手续需要走规范的继承程序，这些程序需要所有法定第一顺位继承人的参与。因此，对其中某个继承人的继承安排，其他继承人都会知晓。而如果通过购买人寿保险的方式传承财产给某个继承人，不需要其他人参与就可以直接办理提取保险金的手续，可以间接起到保密作用。

第二，希望继承人直接取得财产、不受其他人干扰时。

用财产购买人寿保险，将继承人设为保险受益人，继承人将来就可以直接从保险公司取得财产，不受其他任何人，包括其他继承人、被继承人生前债务的债权人、税务机关等的影响。

第三，继承人随时都需要现金流时。

如前所述，继承手续无论是非诉还是诉讼手段，都需要一个相对漫长的周期。在此期间，保障继承人拥有适量的现金，方便生活、学习、工作、经营、办理继承手续、还债、交税，从而平稳度过继承期间的经济拮据，是非常有必要的。

第四，没有放心的财产传递人时。

继承的办理，需要较复杂的程序。如果继承人因为年龄尚小、能力不足等原因，难以妥善处理继承手续时，一个值得信赖的财产受托人、遗产管理人就是必要的。而若没有这些值得信赖的人呢？把财产交给保险公司（买保险），待去世后,让保险公司把财产交给继承人(支付保险金)的这种模式中,保险公司以其法律保障较高、信用度较好的特点,恰好解决了这一信任难题。

第五,现金资产较多,考虑避免未来的遗产税时。

我国遗产税目前尚未立法,但根据税收基本原理和社会发展的状况,遗产税的立法是迟早的事情。减少遗产规模,适当配置多种传承方式,比如保险,是规划统筹的必然考量之一。

当然,保险也有其局限性。一方面它只是起到适当的传承功能,而且每个具体的个体购置人寿保险的额度是有限的;另一方面它传承的,只能是现金类资产,对于股权、房屋、珠宝名画等其他类型资产,无法涵盖。所以,在遗嘱规划当中更多的是运用它与继承对比所表现出来的提取便捷、直达目标所衍生出来的功能,让其作为所述各种情形下遗嘱规划的功能补充和利用。

综上,遗嘱规划时,别忘了分析研判继承人个性化传承的需要以及继承发生后手续办理等复杂情况,综合运用保险,这个虽不是万能的,关键时刻却是能命中靶心的好搭档。

第四节　遗嘱与信托:相辅相成的一对

在进行遗嘱规划时,信托经常会配合应用到。前面第三章第二节讲到"遗嘱信托",当时是从遗嘱内容的角度阐述。本节从遗嘱规划的角度,将"信托"作为一项独立的法律工具,更加全面地给读者做一个介绍。

一、家族信托

我国《信托法》从 2001 年正式颁布,但实际运用到人们的生活中,还要从"家族信托"开始。

2012 年,平安信托发售了中国内地(大陆)首单家族信托。深圳一位 40 多岁的企业家以人民币 5000 万元资金设立信托,合同期限 50 年。根据约定,信托委托人将与平安信托共同管理这笔资产。因为保密的原则,该单家族信托的具体细节没有披露。但结合信托法,可以简单分析如下:这位深圳企业家设立的这个家族信托,就是将自己所有的 5000 万元资金委托给平安信托公司管理(至于新闻里说到委托人将与平安信托共同管理,应该理解为是按照这位企业家委托人的管理目标和意向,由受托人平安信托实际管理)。这些资金的本金和收益将在50年期间,逐渐给到受益人;这位企业家是家族信托的委托人,而受托人是平安信托公司,委托管理的信托财产是人民币5000万元资金,而信托受益人应该是这位企业家根据家族情况指定的人,应该包括他的家族内部成员,也就是子女等家人;信托期限为50年。至于,受益人获得收益的方式、比例等,这位企业家委托人应该根据家族内部的实际情况、各受益人的需求,进行个性化的安排。

首单"家族信托",打开了高净值客户设立家族信托的大门。但真正推动家族信托的大发展,是银保监会信托部向各地银监局下发的《关于加强规范资产管理业务过渡期内信托监管工作的通知》(信托函〔2018〕37号),简称"37号文"。其中,官方首次明确提到家族信托的概念:"家族信托是指信托公司接受单一个人或者家庭的委托,以家庭财富的保护、传承和管理为主要信托目的,提供财产规划、风险隔离、资产配置、子女教育、家族治理、公益(慈善)事业等定制化事务管理和金融服务的信托业务。家族信托财产金额或价值不低于1000万元,受益人应包括委托人在内的家庭成员,但委托人不得为唯一受益人,单纯以追求信托财产保值增值为主要信托目的,具有专户理财性质和资产管理属性的信托业务不属于家族信托。"

简单总结一下官方的意思:夫妻一方或双方,可以设立家族信托,受托人为具有资格的信托机构,受益人不能仅为设立人本人,必须包括家族其他成员,资金门槛1000万元以上;信托设立需以家族财富管理和传承为目的,非以理财和资产管理为目的。实践中,委托人对信托公司如何管理财产会提出自己的要求,甚至可以聘请投资顾问公司持续参与投资决策,这些安排,将财产管理与传承目的有机地结合在了一起。(见图5-2、图5-3)

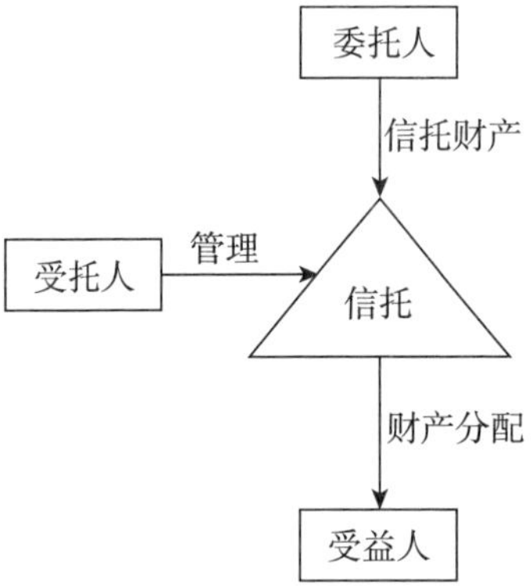

图5－2 家族信托基础架构

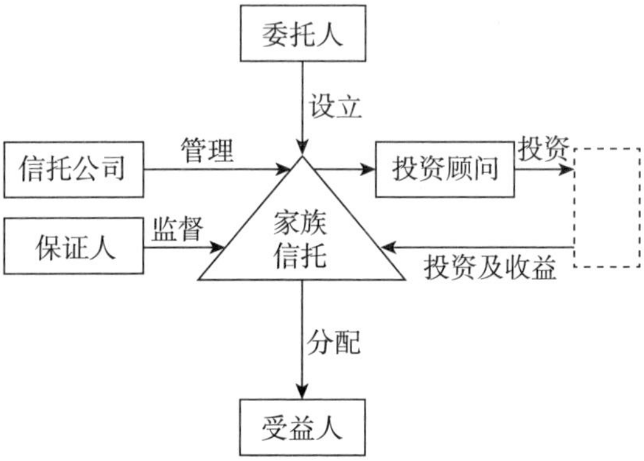

图5－3 家族信托升级架构

由此,家族信托成为不方便直接继承时,具有遗嘱替代性的最佳传承方法,也成为高净值客户进行遗嘱规划时,可以配合使用的重要法律工具。

二、生前信托和遗嘱信托

信托有多种分类方法,比如依据受益人的不同,分为自益信托、他益信托;根据信托机构受托的目的,分为营业性信托、民事信托。而对于传承规划,最重要的一种分类方式为:按生效的时间。

依据信托生效的时间是在去世前还是去世后,可以将信托分为两种:"生前信托"和"遗嘱信托"。生前信托,是委托人以信托合同方式(国外也有其他方式),生前设立并且在设立时即生效的信托。信托是否有效,以符合我国《信托法》的规定为标准。遗嘱信托,是委托人,也就是立遗嘱人以遗嘱方式生前设立但在去世后才生效的信托。它需要同时符合"遗嘱有效""信托有效"这两个标准。

前面说到的"家族信托"属于生前信托,它是在委托人开始设立时就生效。受益人一般是包括自己在内的家族成员。假设委托人发生意外身故,则信托收益的分配将发生变化,变化后信托收益如何分配,一般是依据信托合同中的约定。有些合同,直接约定由其他受益人平均分配,有些可以追加其他新出生的家族成员作为新的受益人。总之,用信托财产来保障自己家族内部成员可以衣食、教育、创业无忧,但不能直接获得受托家族财产,从而避免挥霍、受骗、不当管理、不当使用等情况的发生。委托人尽最大努力,将受托家族财产安全保管下来,福泽家族成员更久。

考虑到家族信托的好处,近年来设立家族信托的人越来越多,但远未达到预期。笔者曾与很多客户讨论过设立家族信托,但客户似乎不愿意埋单。究其原因,如果是管理财产,他们更相信自己,既然能积累出不菲的财富,投资能力自然是有的。同时,既然自己还在世,想怎么照顾家人怎么给到家人财产收益,自己说了算岂不是更好?用不着委托给信托公司来操作。以上内容,往往成为他们拒绝做家族信托的理由。但笔者进一步询问:如果去世了,自己无法打理财产,孩子年幼或者没有你那般打理财产的能力,甚至耳根子软容易上当受骗,你不放心把大量财产放他手里怎么办?此时,他们才会悠悠地说,那时再做信托吧。

此时,他们说的,其实就是"遗嘱信托"了。

关于遗嘱信托,是通过设立遗嘱并签署信托协议的方式来完成。生前这些受托财产仍然属于遗嘱人(委托人)所有,由其进行控制和管理。一旦遗嘱人去世,这些财产也就是遗产,才会转化为受托财产进入到信托里面,由受托人进行管理,收益再依据遗嘱和信托协议设定的方案,定期分配给指定的家族受益人。

香港影星梅艳芳曾经就设立了一个著名的信托。因其母亲好赌,她为了不让母亲挥霍遗产,就将自己的财产设立了一个信托,每月给到母亲几万元生活费。后来她的母亲为了突破收益分配的限制,还进行了诉讼。很多人以为梅艳芳设立的信托是遗嘱信托,其实不完全对。因为梅艳芳是在去世前就已经设立好了信托,然后陆陆续续将财产转到信托中去,包括去世后所有的遗产。所以,这个信托是贯穿了生前和死后,与生前信托、遗嘱信托都有相似之处。

因此,严格来说,无论生前信托,还是遗嘱信托,本质都是信托。只是遗嘱信托,作为《民法典》专门列入的一个法律工具,逐渐开始展现出其特有的作用。遗嘱信托可以由自然人,也可以由机构做受托人。第三章第二节讲到笔者团队做的一个"遗嘱信托"案例,就是自然人做信托。当然,目前信托公司做遗嘱信托的案例也在逐渐增多。

三、民事信托

说到这里,有人也许会问,家族信托,生前信托,可以以自然人做受托人吗?答案是肯定的。下面以笔者团队经办的一个案例为例进行讲解。

【案例】 哥哥与弟弟间的信托

哥哥是家中长子,事业有成、能力了得,弟弟、妹妹们能力平平,日子过得也普通。忽有一日,弟媳哭哭啼啼来找哥哥,说要离婚。哥哥详细一问,才得知弟弟最近不务正业,而且开始打麻将,弟媳因为怕弟弟输钱,就想把弟弟账户上仅剩的50万元存款拿过来由自己保管,但弟弟死活不同意。看着哭哭啼啼的弟媳,一脸不屑的弟弟,再看看两个幼小的侄子,哥哥犯了难,于是找到笔者团队的曹律师。曹律师给他们出了一个主意:50万元既不放到弟弟账户,也不放到弟媳账户,而是放到哥哥专门开设的一个银行账户,由哥哥帮助保管,哥哥也可以适当用这些资产投资,但保证本金不亏。然后,哥哥每月给弟媳打款5000元,作为弟弟一家四口的生活费。弟弟、弟媳都认可哥哥的为人和能力,所以都没有意见,家庭矛盾就这么轻松解决了。

后来曹律师告诉哥哥,这就叫"民事信托"。弟弟和弟媳是委托人,哥哥是受托人,受托管理的财产是50万元存款,信托收益每月分配给一家四口使用,然后拟定了一份《民事信托协议》,由哥哥、弟弟、弟媳共同签署。

说到这里,很多人可能会说,这就叫信托?没错,信托本来就是可以很简单。当受托的财产足够多,受托人足够专业变成信托机构,也就变成了家族信托。而信托如果变为去世后生效,就演变成遗嘱信托。如此,信托的概念就彻底清晰了。

不过,可能有人还会说,民事信托可以是自然人做受托人,显然受托财产的规模不会太大,如果财产比较多,委托个人管理的确不放心,但设立家族信托门槛又不够,该怎么办呢?那么保险金信托,可能是这些人可以选择信托的入门级产品。

四、保险金信托

保险金信托,有些国家或者地区,也叫人寿保险金信托、人寿保险信托,是指以保险金或保单受益权作为信托财产,由委托人和信托机构签订信托合同,当保险合同约定的保险金赔偿或给付条件满足时,保险公司将保险金交付给信托机构,由信托机构依照信托合同进行管理,并按约定方式与时间将信托财产及其收益交付给信托受益人。它是保险和信托的有机结合体。

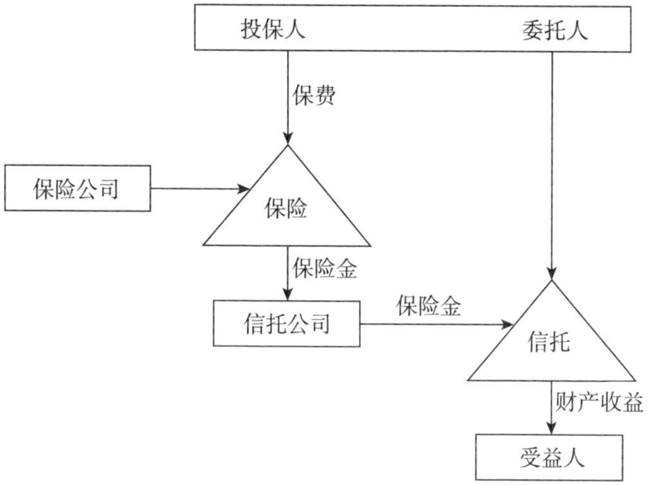

图 5-4 保险金信托示意图

2014 年 5 月,中信信托和信诚人寿正式推出的第一款保险金信托产品。委托人用 200 万~300 万元保费,购买一份保额 800 万元的人寿保险。如果发生理赔,则 800 万元理赔金就将进入信托,中信信托将对这 800 万元理赔金进行管理,并按照约定方式将理赔金和收益分配给委托人指定的受益人。

现在,很多保险公司和信托机构都相继推出多款保险金信托产品,可以设置保险金信托的门槛也越来越低。一般保险金信托的保额要求是不低于 500 万元,个别保险金信托产品还有低至一二百万元的。这只是保额要求,那么对应缴纳的保费金额更低。因此,相当于大大降低了设立信托的门槛。目前这种"保险+保险金信托"的组合方案,也变得越来越普遍,算是法律工具灵活应用的很好范例。

同时,对于家族信托的门槛,也在逐渐降低,可以满足更多有信托需要的人们。那么是不是说,信托就可以完全自由广泛地应用呢?

五、信托的局限

我国信托制度的发展远远不及欧美,因为原本信托制度就是海外舶来品。前面更多讲的是信托的功能,假如站在信托制度本身的特点"财产独立性和隔离性"来说,还有一些实践中的问题需要解决。

比如税务问题,设立信托后有关受托财产转移登记时,财产管理增值分配等流转时，这些过程中该如何收税，还缺少很多规定。实践中，受托财产是房地产、公司股权需要变更登记时，因为并无关于“信托”的专门税务制度，就只能按照正常交易流转的税率标准来交税，由此就引发多重缴税、税负过高等问题，这也成为不动产、公司股权作为信托财产的发展障碍。

还有登记问题。比如前面的哥哥、弟弟民事信托案例，依据《信托法》，民事信托应当办理登记。只有登记了，这些信托财产才能和受托人自己个人的财产做区分，信托财产成为独立隔离的财产。可现实中，民事信托并没有这个登记机构，案例中基于财产金额不大以及亲属关系良好，所以信托违约的风险系数不高。但如果受托财产金额巨大、委托人受托人的信赖没有亲情维系，发生信托违约怎么办？或者受托人的债主查封了受托财产，怎么处理？

还有其他需要法律细致规定的很多内容，不再赘述。也因此，信托这个工具，有其好处，但也有其局限。

所以，在进行遗嘱规划过程中，如果发现遗嘱人的财产并不适用于全部以遗嘱的方式传承的话，需要综合运用好保险、信托、保险金信托、生前赠与等各类法律工具。没有哪一种工具是完美的，也没有哪一种工具是可以解决所有问题的。融会贯通，取长补短，综合运用，就是本章“遗嘱规划”最想、最需要告诉读者的。

第五节　遗嘱与意定监护：完美绝配

很多人看这一节的题目，可能会觉得奇怪，讲遗嘱就讲遗嘱呗，为什么还要讲意定监护呢？

从价值角度来看，遗嘱设立主要是解决立遗嘱人去世后，自己的财产如何处分的问题。既然“去世时”这种情况下的财产安排可以想到，那么，“去世前”因意外或疾病导致失能失智，这种情况下的财产安排是否也应该考虑到呢？没错，应当考虑，但现实中立遗嘱人往往遗漏这一点，这也就是笔者一定要写这一节的原因。

当一个成年人因意外事故或者疾病，导致无法辨识或者无法完全辨识自己的行为时，法律上叫作无民事行为能力人、限制民事行为能力人。此时，这个人已经丧失了自主行为的能力，也丧失了对自己的身体和财产进行保护和管理的能力，只能由他的法定监护人来帮他的忙。他的法定监护人是谁呢？

《民法典》第 28 条规定，由下列有监护能力的人按顺序担任监护人：(1)配偶；(2)父母、子女；(3)其他近亲属；(4)其他愿意担任监护人的个人或者组织，但是须经被监护人住所地的居民委员会、村民委员会或者民政部门同意。

假如这些法定监护人没有能力或者不愿意照顾他的身体、管理他的财产、代理他的各项事务，怎么办呢？或者出现“琼瑶的困境”怎么办？

2015 年，琼瑶的再婚丈夫平鑫涛先生被确诊为血管性失智症。在丈夫失智前，曾向琼瑶和子女(平鑫涛先生与前妻所生)吐露自己的心愿：希望自己最后能够“潇潇洒洒地离去”。当面对医疗方案的抉择时，平鑫涛的子女坚持要求进行各种医疗救治措施来延续父亲的生命，而琼瑶认为这样做对丈夫来说是一种身心的折磨，违背了丈夫的真实意愿。双方由此产生巨大的矛盾。

琼瑶的这种困境，简单地说就是不同法定监护人之间，因观念不同，可能对不同事情的处理产生不同意见，包括身体照顾事项中的医疗方案选择、财产管理事项中的财产打理方式等，这样必然影响被监护人的人身和财产权益。

那么，对前述法定监护可能存在弊端的情况下，能否提前指定由自己信赖的、有能力的、最懂自己的人，让其在自己万一成为无民事行为能力人或限制民事行为能力人时，做自己的监护人，照顾自己的身体和财产、打理自己的事务呢？

答案是肯定的。2015 年 4 月修正的《中华人民共和国老年人权益保障法》第 26 条首次提出了老年人的意定监护制度。2017 年 10 月 1 日施行的《中华人民共和国民法总则》第 33 条将意定监护的适用人群范围扩大至所有具有完全民事行为能力的成年人，有力地保障了孤寡老人、独居人士、失独父母、心智障碍人士、精神及遗传病医学需求者、肢体残障人士等丧失或者部分丧失民事行为能力的人群能够有所养、有所依。2021 年 1 月 1 日实施的《民法典》第 33 条延续了原《民法总则》关于意定监护的规定，“具有完全民事行为能力的成年人，可以与其近亲属、其他愿意担任监护人的个人或者组织事先协商，以书面形式确定自己的监护人，在自己丧失或者部分丧失民事行为能力时，由该监护人履行监护职责。”

由此，每个立遗嘱人，均可以通过意定监护制度，指定自己未来的监护人，并在与未来监护人签署的《意定监护协议》中，明确自己对身体照护、医疗方案、财产管理、代理事项的具体要求和做法，从而最大限度地确保自己在无民事行为能力或限制民事行为能力时,依然可以依照自己的意愿,对财产做事先安排。

关于意定监护的适用情形,汇总如下:

1. 婚姻危机夫妻,避免法定监护和自己意愿的对立;

2. 再婚等家庭情况复杂者,防止法定监护人之间意见不统一引发矛盾;

3. 失独父母、孤寡老人、独居人士等没有或缺少法定监护人的人,提前指定监护人或者监护机构,解决养老问题;

4. 同性伴侣,彼此指定对方成为意定监护人,从而有合法身份及依据,在另一半发生意外或疾病时给予照顾;

5. 所有设立遗嘱和规划财产传承的人,均应同步考虑意定监护,避免财产处分的空白期。

第六节　遗嘱与医疗预嘱:可以嘱托我的生命吗?

医疗预嘱对很多人来说,都还比较陌生,先说说什么是"医疗预嘱"?

医疗预嘱,也叫生前预嘱(Living Will)、预立医疗指示(Advance Medical Directives),指患者本人在清醒时对自己未来可能涉及的医疗问题事先做出选择,以便将来自己不能做决定时,使当时的医疗决策符合自己的意愿。

医疗预嘱的内容,主要包括两方面:一是指定医疗决策代理人,二是预先决定在疾病终末期或特殊情况下是否使用生命支持医疗。当然,现实中,也包括在何种情况下,进行何种医疗方案,比如是进行手术治疗,还是保守治疗,等等。

实际上,上一节就说到作家琼瑶的丈夫平鑫涛先生,在最后的治疗阶段该选择采用何种医疗手段的问题。平鑫涛先生只是口头有过表述,但没有做出正式的医疗预嘱。这也是琼瑶与平鑫涛子女出现重大分歧和矛盾的原因。假如平鑫涛先生生前做过明确的《医疗预嘱》,医生是否就可以直接据此进行救治,无须征询家属意见呢?

这个问题的答案,必须看法律的规定。看法律是不是承认"医疗预嘱"的效力?目前世界各国对于"医疗预嘱"的态度各异,相应法律规定也各不相同。

先来看美国。2005 年美国发生了一起著名的医疗案,主角是泰利·斯基亚沃(Terry Schiavo)。她 1990 年因医疗事故陷入植物人状态,虽然能自主呼吸,但是只能凭借喂食管维持生命。她的丈夫不愿意看到她这样“毫无生机”痛苦地活着，起诉请求拔去她的胃食管，但泰利的父母强烈反对。马拉松式的诉讼过程中，泰利被两度拔除胃食管。最终，法院拒绝泰利父母要求重新插上胃食管的请求。正因为此案，引发了关于美国“医疗预嘱”的立法。目前美国有三十多个州通过了《自然死亡法案》(Natural Death Act)。只要那里的人愿意，都可以通过签署“医疗预嘱”，按照个人意愿选择病危或临终时要或不要哪种医护治疗方法，使用或不使用生命支持系统。当然，设立医疗预嘱需要两个见证人见证等必要条件。

再来看我国台湾地区。2019 年我国台湾地区正式施行“病人自主权利法”，此举确认了“医疗预嘱”具有“法律效力”，使得医师能够在充分的“法律依据”下尊重患者的选择。该规定的适用范围相当狭窄，仅当患者处于病痛末期、不可逆转的昏迷状况、永久植物人状态、极重度失智的状态下，才可以接受或拒绝仅维持生命治疗、人工营养及流体喂养或其他医疗照护、善终等方案，但是对于治疗方案，患者不得通过“医疗预嘱”进行选择。

最后看我国大陆地区。迄今为止，我国大陆地区并没有关于医疗预嘱的法律规定。换言之，我国并不认同医疗预嘱的法律效力。也就是说，医生不能单纯凭借患者提早预设的医疗方案，对患者进行治疗。而是需要征询患者监护人和近亲属的意见。其实之所以关于医疗预嘱的立法没有出台，主要是基于医疗发展、人性伦理、道德风险等多重原因。人的生命权是最重要的权利，不能将其权利的灭失(生死)让渡给别人。现实各地医疗水平不均衡，人的决定也可能随时变化，而医疗预嘱一旦适用就不可逆，即生命没有了，无法重来。因此，面对医疗预嘱，必须慎之又慎。

但是，必须看到，每个人对自己的医疗和救治方案还是应该有着充分的自主性和决定权的，这与“医疗预嘱没有法律规定”之间的冲突，该如何解决呢？

将本节“医疗预嘱”与上一节“意定监护”相结合起来，会不会有灵感出现呢？假设平鑫涛先生在生病前，与琼瑶签署一份《意定监护协议》，指定由琼瑶做自己未来的意定监护人。同时平鑫涛亲笔书写一份《医疗预嘱》作为《意定监护协议》的附件，约定让意定监护人琼瑶将来按照医疗预嘱中的内容，为自己确定医疗方案。有了这样的安排，将来面临平鑫涛先生救治方案的抉择时，因为琼瑶是平鑫涛先生的意定监护人，医生就只需征询琼瑶一人的意见。而琼瑶作为意定监护人，应当遵守《意定监护协议》和《医疗预嘱》的内容。所以，琼瑶只需要按照《医疗预嘱》内容给出救治建议即可。由此，虽然法律不直接认可《医疗预嘱》的效力，但《医疗预嘱》完全可以通过意定监护人行使职权来间接实现。从而最大限度地保护、尊重和达成了被监护人的医疗意愿。

说到这里，读者就可以理解本节内容的重要性了。当然，研究遗嘱规划，就是需要将生死之间的事情进行理性思考和妥善安排。医疗方案、生命健康规划，很多时候，比财产本身的传承规划安排更重要。更何况，更多时候这两者是相辅相成的。真正的遗嘱规划，都会将立遗嘱人、多个继承人之间的身体、医疗、财产等监护和管理问题，同步进行考量。笔者团队，曾经协助一位客户陈先生设立过这样一份遗嘱。

陈先生事业有成家底丰厚，但家里妻子多病，共有两个儿子，其中大儿子陈甲天生自闭，生活无法自理。为了综合考虑大儿子陈甲未来的身体照护和医疗问题，陈先生最后设立了这样一个遗嘱条款：陈先生去世后，二儿子陈乙要负责监护和照顾大儿子陈甲，如遇医疗决策，按照陈先生夫妇预先为大儿子设定好的《医疗预嘱》内容进行。陈甲有品质地生存年限越长，陈乙依据遗嘱信托所获得的收益份额就越多。

读者会发现，遗嘱规划，综合运用遗嘱、监护、信托、医疗预嘱等多种法律工具或文件，将遗嘱人以及各继承人之间的身体、财产、传承目标等互相关联和衔接，从而尽可能地达成立遗嘱人的传承意愿，这正是遗嘱规划的核心所在。

补充一些内容，关于“医疗预嘱”的有关民间机构探索一直在持续。2013 年 6 月，由中国医学科学院北京协和医院、首都医科大学复兴医院、航天中心医院、中国医学论坛报社、北京市天元律师事务所发起，受北京市卫生局主管、经北京市民政局批准正式登记注册的公益社团组织“北京生前预嘱推广协会”成立。协会推行“尊严死”“医疗预嘱”“我的五个愿望”“缓和医疗”四个宗旨。感兴趣的读者可以借这个协会窗口，多了解一下医疗预嘱，也有利于对生命和死亡观念的理解。遗嘱从来不是单纯的财产传承，更包括精神和观念的延续，医疗预嘱有助于双方面的同步推进。

第七节　遗嘱规划与养老安排

说到遗嘱规划，所有的立遗嘱人必然需要考虑到自己从设立遗嘱开始到离世期间，自己的生活安排。笔者将之浓缩为四个字——养老安排。

我国之前实行独生子女政策，人口增长放缓，人口老龄化加速。国务院第七次全国人口普查数据显示，我国60岁及以上人口的比重达到18.7%，其中65岁及以上人口比重达到13.5%。同时，我国的人口红利也逐渐消失。因经济发展和观念原因，国人生育意愿大幅下降。尽管后来放开鼓励二胎，现在又放开三胎，但我国人口出生率继续走低的态势仍未逆转。2019年出生人口1465万，比2018年减少58万，人口出生率10.48‰，比上年下降0.46个千分点。

这就导致社会养老问题势必成为我国即将面临的严峻挑战。在这样的社会背景下，每个人的个人养老问题，将会面临哪些具体挑战呢？先从笔者经历的深圳都市频道《第一现场》对笔者的一次采访事件讲起。

这个采访事件的主人公是蔡老太，她和老伴儿何伯共同生活了二十多年，没有办理结婚登记手续。蔡老太没有子女，何伯和前妻有个儿子何晓，但并没和他们一起生活。6年前何伯去世，蔡老太便开始了一个人的独居生活。虽然寂寞，但好在蔡老太原本是聪明能干之人，自建了两栋房，现在面临拆迁市值已经过亿元，每月租金收入丰厚，生活还是非常舒适惬意的。但这种局面，从她1年前生病开始，发生了逆转。何伯的儿子、蔡老太的外甥纷纷前来争抢蔡老太，希望蔡老太和自己一起生活。于是出现了记者们关注的大新闻：何伯的儿子砸门入室，强行抱走蔡老太，而蔡老太的外甥称蔡老太被虐待丧失民事行为能力要求做鉴定。争夺战从蔡老太的家里，再到医院，再到电视台，再到法院……他们究竟抢的是蔡老太的赡养权，还是抢的蔡老太背后的亿万家产呢？

《第一现场》郭记者冒着酷暑来采访笔者，希望就其中的法律问题一探究竟。笔者也真是替蔡老太着急：您独自一人生活，守着这么一大笔财产，就没有想过如何保护这些财产的安全，如何用这些财产规划好自己的养老生活，一旦将来离世该如何处理这些财产吗？

蔡老太年事已高，父母早已身故，没有配偶，膝下也无儿女，像她这样的孤独老人现在并不少。人吃五谷杂粮，难免有生病的时候，此时谁能帮忙端茶倒水，谁能帮忙送医院跑前跑后？人有旦夕祸福，万一遇到意外事故，谁能帮忙处理，谁又能当机立断做出是否手术的判断？蔡老太的情况，就是因为疾病生活上无法自理，才有了何伯的儿子与外甥都来争夺照顾她的权利。也许有人说争夺照顾权，总要好过病在家中无人理吧。但实际上，她完全可以将自己的养老生活，提前做好规划。

通常养老方式分为三种，一是家庭养老，就是主要依赖自己的家人或亲友，在自己需要养老照料时，由家人或亲戚朋友负责。二是社会机构养老，就是由养老院等第三方专业的养老机构，来负责自己的养老照料。三是混合养老方式，家人、社区、养老机构等，协同负责共同进行。比如常见的居家养老，老人在家中居住，自行购买专业养老服务项目，社区配合进行登记接洽。

无论哪一种养老方式，核心解决的都是“谁做老人的监护人”？

前面第五节讲述“意定监护”时，我们说过老人的法定监护人顺序为：(1)配偶；(2)父母、子女；(3)其他近亲属；(4)其他愿意担任监护人的个人或者组织，但是须经被监护人住所地的居民委员会、村民委员会或者民政部门同意。

老人可以与其近亲属、其他愿意担任监护人的个人或者组织事先协商，以书面形式确定自己的监护人，也就是通过《意定监护协议》确定监护人。

蔡老太有无配偶？虽然何伯与她生活多年但并未办理结婚登记，其是否构成事实婚姻，取决于他们共同生活的时间是在 1994 年 2 月 1 日以前还是以后。以前承认事实婚姻，以后婚姻法修改不再承认事实婚姻。构成事实婚姻，则何伯是蔡老太的配偶。不构成事实婚姻，则何伯不是蔡老太的配偶。

蔡老太有无父母子女？蔡老太自己年事已高，父母早已去世。至于何伯的儿子能不能算是子女，首先要看何伯是不是蔡老太法律上的配偶，如果是，那么再看何伯的儿子是否与蔡老太何伯共同生活，是否与蔡老太形成具有抚养关系的继母子。如果是，则何伯的儿子是蔡老太法律上的“子女”，当然可以成为蔡老太的法定监护人。

当然，蔡老太如果不认同法定的监护人，最好的方式是自己确定一个信赖、感情好的其他亲戚，或者朋友做自己的监护人。

要知道，作为蔡老太的监护人，需要对蔡老太的日常生活照料、治病医疗方案、财产保管保护、借贷侵权等民事行为，做全方位的安排和管理。蔡老太相当于将自己的养老生活、生老病死都托付给了这个监护人，所以监护人的选择至关重要。

万一蔡老太找不到可信的亲戚朋友，做自己的监护人，怎么办呢？蔡老太可以选择，自己信赖的专业养老机构或者由居民委员会、村民委员会做自己的监护人。

需要解释的是，监护人并非一定是要与老人共同居住在一起的人。实践中，监护人可以通过购买家政服务、安排入住有专业照护能力的养老院等方式，履行对老人的赡养安排和监护。当然具体这些实际的养老方式，老人是否喜欢和愿意，老人可以提前向监护人提出要求和希望。监护人应当在尽量满足老人意愿的前提下，安排好老人的养老生活。

说到这里，有人可能会问：不对啊，赡养监护全是责任和付出，为什么要抢啊？那就不得不继续说说，赡养人，究竟在法律上享有什么权利？这个权利主要和继承制度有关。

假设蔡老太生前没有设立遗嘱，也确定没有祖父母、外祖父母、父母、配偶、子女、兄弟姐妹，那么蔡老太去世后，蔡老太的财产会怎么分割呢？

因为没有遗嘱，遗产应该按照法定继承。第一顺序法定继承人是父母、配偶、子女，第二顺序法定继承人是兄弟姐妹、祖父母、外祖父母。这些继承人，蔡老太都没有。而蔡老太事件发生时，法律还未将兄弟姐妹的子女列入代位继承人的范围。所以蔡老太的财产，在蔡老太去世后，无人继承。无人继承的财产如何处理？法律规定，归国家所有；如果死者生前是集体所有制组织成员的，归所在集体组织。但是，法律还规定，对继承人以外的，依靠被继承人扶养或者对被继承人扶养较多的人，可以分给适当的遗产。这个规定没有附加任何前提的，也就是无论是否有法定继承人，无论财产是否属于无人继承，都可以适用这个规定。适当分得遗产的份额，也没有任何附加限制，也就是“适当分得”的财产份额可以多于或少于法定继承。在财产无人继承的情况，甚至可以是分得全部的财产份额。

因此，对蔡老太来说，如果生前有这么一个人一直关心、照料、赡养她，即便这个人没有被法律规定或者蔡老太本人指定为监护人，这个人都有权适当分得遗产。而适当分得遗产的份额，上不封顶，甚至可以是分得全部。

实践中有很多这样的案例。深圳曾有一个案例，无人继承的遗产，最终生前照顾被继承人的人分得30%的份额，其余70%的份额归国家所有。中国裁判文书网中，亦有多宗“无人继承的遗产全部归照顾被继承人的那个人所有”案例。

蔡老太的新闻事件，其反映出来的是抢夺照顾、赡养的权利，实际也包含着争夺背后“适当分得遗产权”的可能。对蔡老太来说，财产越大，养老安排越复杂。正如有人说，没钱人的烦恼只有一个就是没钱，而有钱人的烦恼就有很多。对于蔡老太而言，她应该如何正确进行养老安排呢？笔者做如下建议：

第一，应该尽快确定自己希望的养老方式。

蔡老太应该仔细想一下，自己是希望亲属照料进行家庭养老，或是敬老院等机构进行专业养老，还是独自居家配合专业养老服务的方式养老。这需要根据自己的亲属关系状况、喜好、社区实际情况、财务状况、实现的可能性等综合确定。

第二，应该尽快确定自己的实际赡养人、监护人。

如果是家庭养老，那么希望谁在身边照顾。这个照顾自己的人，是否能够担当起监护人的职责？如果是养老院进行养老，那么希望在哪个养老院，是否额外指定一个监护人监督养老院对自己的赡养，还是同时将养老院设定为自己的监护人？如果是居家综合养老方式，那么谁做自己平日的照顾人、谁做监护人？

总之，应该将实际养老生活中照料赡养人，以及因疾病或意外自己无能力自主决策时的监护人，提前确定好。这两个人，可以是同一个人，也可以是不同的人。

第三，签署《养老协议》《意定监护协议》。

侧重养老生活安排的事宜，可以通过《养老协议》或者《赡养协议》，也可以通过《遗赠扶养协议》来进行安排。

而侧重监护职责的事宜，可以通过《意定监护协议》来进行安排。

以上协议，内容上难免会有互相交叉，或者互为补充。但无论怎样，总体内容上，都应当对赡养监护人的赡养和监护行为做好约定，包括如何对养老生活方式做选择、如何安排养老资金的保管和使用、如何支付赡养和监护报酬等，同时可以对养老监护人的行为设定监督人和监督方式，监督人可以是公证机关、有关组织、其他自然人等，监护方式可以是提交赡养监护日志、定期向监护人汇报等。通过对养老方式的原则、赡养监护人权利义务的明确、多角色的责权利互相制约等，来达到对自身养老和财产权益安排的适当平衡。

第四，进行财产传承安排，设立《遗嘱》等传承文件。

养老安排本身，就必须与自己的财产规划同步进行。像蔡老太这样资产丰厚的人，不会因为钱不够而限制养老规划的空间。相反，规划完毕养老和监护，蔡老太还有很多财产剩余。为了避免别有用心的人对这些资产觊觎，给自己带来麻烦和烦恼，应当提前对资产进行传承安排。最简单的方式，是设立遗嘱，在自己去世后将财产留给自己希望的人，比如曾经帮助照顾过自己的人、需要自己关照的人等；或者捐赠设立慈善基金会，救助那些自己关注的领域等。

如果财产有了未来归属的安排，对蔡老太而言，也许烦恼会减少很多，也更加容易过上安宁的晚年。

假如不是蔡老太这般财富丰厚的人，对于普通人，或者有特殊需求情况的人，安排养老又该注意什么呢？笔者总结如下几点：

1. 子女众多，可以提前商量确定具体的赡养安排

可以几个子女轮流赡养；也可以固定居住在某一个子女家庭，其他子女支付赡养费；亦可以子女们共同分担赡养费，在养老机构进行养老；等等。

2. 必要时提前确定意定监护人

如果是再婚家庭，或者子女众多的家庭，建议提前设定意定监护人，避免不同法定监护人之间意见不统一，造成困扰和矛盾。

3. 通过设定居住权，确保以房养老方案的实施

如果只有一套房产，希望以房养老，那么建议与养老机构进行商讨，在房产中设定居住权，确保自己在去世前有权一直居住在该房产中。该居住权属于物权性质，任何人均无权剥夺和侵犯。这不仅确保了老人生前养老居住问题，同时将房产除生前居住权外的其他权益转化成可以提供给老人的养老服务。

4. 没有法定赡养人，可以通过《遗赠扶养协议》确定赡养人

实践中专业养老机构还不是那么完善和发达，一些孤寡老人或者子女不孝顺的老人，希望由某个个人或者组织为自己养老送终，只要这个赡养顺利完成，自己愿意去世后把财产送给这个个人或者组织。那么，签署《遗赠扶养协议》就是最适合的，也是必须的。

《民法典》第1158条规定，自然人可以与继承人以外的组织或者个人签订遗赠扶养协议。按照协议，该组织或者个人承担该自然人生养死葬的义务，享有受遗赠的权利。

遗赠扶养毕竟发生在没有血缘关系或血缘关系比较疏远的人之间，因此，协议内容的约定需要非常谨慎。一定要明确约定好双方的权利义务，设定一些养老服务期间越长得到利益更多的条款（以对冲早去世早得到遗产的道德风险），也可以考虑设定协议履行监督人。至于被赡养老人的监护权，是否需要给到这个赡养人或机构，需要综合考量：一方面，需要考虑赡养的实际履行方便，以及法定赡养人对实际赡养人的对抗；另一方面，也要考虑实际赡养人权利过大所可能产生的道德和法律风险。

5. 养老规划的同时，必须规划好生前财产管理，去世后遗产分配，以及彼此之间的衔接

养老安排，关乎日常生活、身体照护、医疗方案、财产管理和传承，这其中哪一样都离不开财产的配合使用。因此，综合运用保险、信托、遗嘱、遗产管理人等各项法律工具，规划好财产，让财产为养老服务，为品质生活服务，为幸福晚年服务，为安心传承服务，才能真正实现“财产”应有的价值。

第八节　跨境遗嘱规划：财产在境外，怎么立遗嘱？

随着我国社会经济的不断发展，人们财富的不断积累，越来越多的高净值人士将投资及财富管理的目光投向海外，资产分布境内外多地的情况越发多见，类型包括但不限于房产、土地、存款等。财产所在地的多样化、财产类型的复杂化，进一步加大了高净值人群对遗嘱规划的难度。下面说的赖女士的例子，就非常典型。

赖女士是一名“创一代”，早年间她在内地创业并赚取了属于自己的第一桶金，后来因未成年女儿张小小的教育在我国香港特别行政区（以下简称香港），便与丈夫张某经常香港、内地两边跑，目前仍是内地公民身份。她还有一个哥哥赖甲和一个弟弟赖乙。赖女士名下在内地有多套房产，并投资持有数家公司股权。近年来，在香港也购置了属于自己的住宅、豪车，并拥有数百万元的

存款。

2021年年初，赖女士体检后，发现自己罹患乳腺癌。尽管发现得早，目前只是初期，但患上癌症对于赖女士的身心，无疑是一个沉重的打击。通过朋友，赖女士联系上了笔者团队，希望通过设立遗嘱，对名下的资产进行重新规划安排，以保障家人的生活、孩子未来教育的品质。

实际上，像赖女士一样在中国内地及香港均有资产的人并不少见。这一类人群，往往更需要妥善进行遗嘱的设计及规划，更需要专业人士予以协助。就涉港继承而言，内地的继承法律制度与香港的遗产管理制度有着较大的差异，这直接导致遗嘱规划设计的难点增多、难度加大。通俗地讲，香港遗产管理制度与内地继承法律制度存在以下几点显著差别。

1. 遗产制度不同

香港并不存在“遗产继承制度”，而是“遗产管理制度”。在遗产管理的过程中，不管有无遗嘱，遗产管理人的选任是必经程序，且遗产管理人处于绝对的掌控主导地位。被继承人去世后，由遗产管理人先取得被继承人遗产的相关处分权益，经过清算（包括支付继承相关费用、清偿债务、税务等）、管理等法定程序后，再将剩余的财产权益，依据遗嘱或者法律规定，通过特定的方式，分配给相应的受益人（继承人）。

内地实行“遗产继承制度”。被继承人去世后，有遗嘱按遗嘱继承，没有遗嘱按法定继承办理。虽然《民法典》出台后，也增加了“遗产管理人”这一制度。但其是否是继承手续中的必备角色，职责和权限边界具体在哪里，很多细节尚未明确。但有一点是肯定的，它不如香港遗产管理人那般有实权，它更多作用在于规范、引导、促进继承的办理。

正因为两地遗产制度不同，对于赖女士而言，必须考虑位于不同地域的财产，将来可能需要经过怎样的程序才能最终到达继承人手中？这些程序的办理难度、周期长短、成本大小等，能否被将来的继承人所承受？这些对赖女士而言都至关重要。依据答案不同，赖女士可能需要在遗嘱规划时，同步考虑将资产转移至适当的法域，以便将来继承可以适用适当的法律。当然，在未完成资产转移前就发生继承的极端情况，也需要在遗嘱中做提前安排。

2. 遗产管理人的选任规则不同

香港法例中对于遗产管理人的选任，也是约定优于法定。有遗嘱执行人的，由遗嘱执行人担任遗产管理人。无遗嘱执行人或无任何遗嘱执行人能够或者愿意担任职责的，则可以由配偶、子女、父母、兄弟姐妹按优先次序来申请担任遗产管理人。此外，针对不同情形，也存在不同的细化规则，如香港对于遗产管理人的最低年龄要求为21岁，人数不得超过4人，且像赖女士的继承人中有未成年子女的情况下，那么遗产管理人至少要有2名以上，等等。

内地依据《民法典》的规定，继承开始后，遗嘱执行人（通常在遗嘱中明确指定）为遗产管理人；没有遗嘱执行人的，继承人应当及时推选遗产管理人；继承人未推选的，由继承人共同担任遗产管理人；没有继承人或者继承人均放弃继承的，由被继承人生前住所地的民政部门或者村民委员会担任遗产管理人。

综上，两个"遗产管理人"在法律地位、职责权利、产生方式等方面均存在巨大差异。由此，赖女士如果在设立的遗嘱中指定了"遗产管理人"，那么这个人，究竟是按照香港还是按照内地法律确定的职责进行履职呢？这是赖女士遗嘱规划中不容忽视的重大问题。赖女士有必要在不同法域分别设立遗产管理人，或者在不同法域设定不同的遗产管理人权限，并预设不同法域遗产管理权限冲突解决和职责衔接。

3. 法定继承顺位、遗产分配规则不一

在内地，法定继承分为两个顺序。第一顺位为父母、子女、配偶，第二顺位为祖父母、外祖父母、兄弟姐妹。同时还设有代位继承人，子女的代位继承人为直系晚辈血亲，兄弟姐妹的代位继承人为其子女。关于遗产分配规则，各继承人继承遗产的份额基本均等。当然，代位继承人有多个时，是共同继承被代位的继承人原本该继承的那一个份额。其他特殊情况下继承份额的不同，详见本书其他有关章节。

而在香港，无遗嘱情况下的继承，根据不同的情形，将分为八种遗产受益顺序，其中，被继承人的叔伯姑舅姨也可能成为遗产受益人。配偶处于绝对优势地位，配偶存在与否将极大影响被继承人的其他近亲属的遗产受益份额。具体遗产受益顺序及份额情况，见表5－1。

表5-1 香港遗产受益顺序分配

<table>
<tr><th>受益顺序</th><th>有权继承的受益人(继承人)情况分类</th><th>受益(继承)
顺序及份额</th></tr>
<tr><td rowspan="3">1. 配偶；
2. 子女或其后嗣；
3. 父母；
4. 兄弟姐妹(全血亲)或其后嗣；
5. 兄弟姐妹(半血亲)或其后嗣；
6. 祖父母、外祖父母；
7. 叔伯姑舅姨(与父母全血亲)或其后嗣；
8. 叔伯姑舅姨(与父母半血亲)或其后嗣</td><td>(1)仅有配偶，无第2顺位至第4顺位的亲属</td><td>仅有配偶，无子女或其后嗣、无父母、无兄弟姐妹（全血亲）或其后嗣
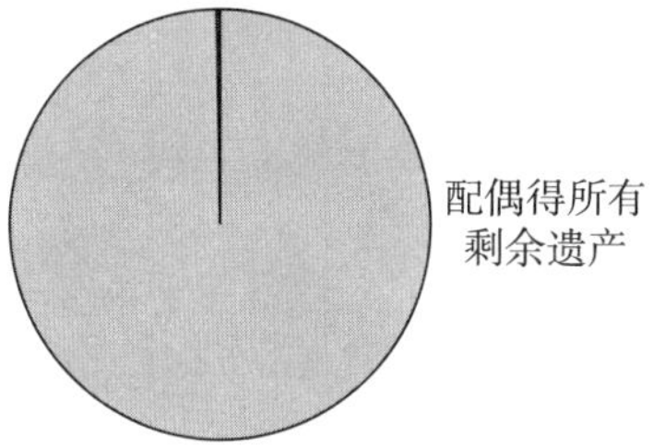
</td></tr>
<tr><td>(2)配偶+子女或其后嗣</td><td>有配偶、子女或其后嗣的情况
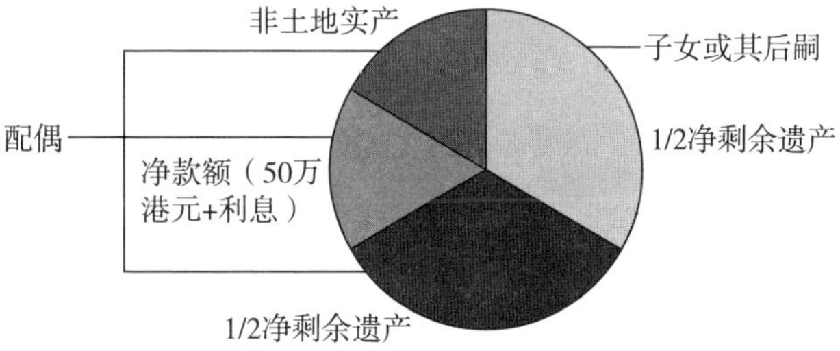
</td></tr>
<tr><td>(3)配偶+父母</td><td>有配偶和父母，无子女及其后嗣的情况
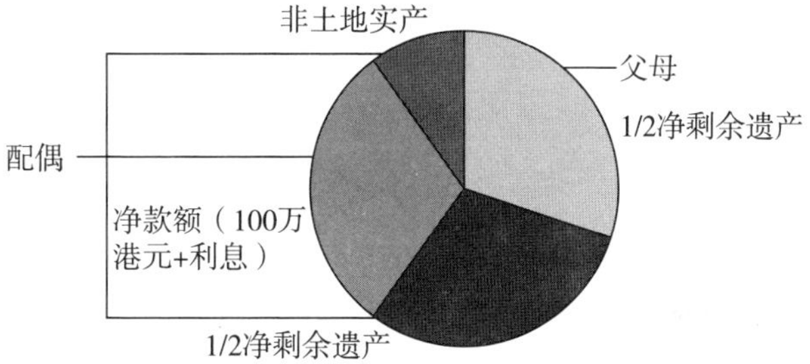
</td></tr>
</table>

续表

<table>
<tr><th>受益顺序</th><th>有权继承的受益人(继承人)情况分类</th><th>受益(继承)
顺序及份额</th></tr>
<tr><td rowspan="4">1. 配偶;
2. 子女或其后嗣;
3. 父母;
4. 兄弟姐妹(全血亲)或其后嗣;
5. 兄弟姐妹(半血亲)或其后嗣;
6. 祖父母、外祖父母;
7. 叔伯姑舅姨(与父母全血亲)或其后嗣;
8. 叔伯姑舅姨(与父母半血亲)或其后嗣</td><td>(4)配偶 + 兄弟姐妹(全血亲)或其后嗣</td><td>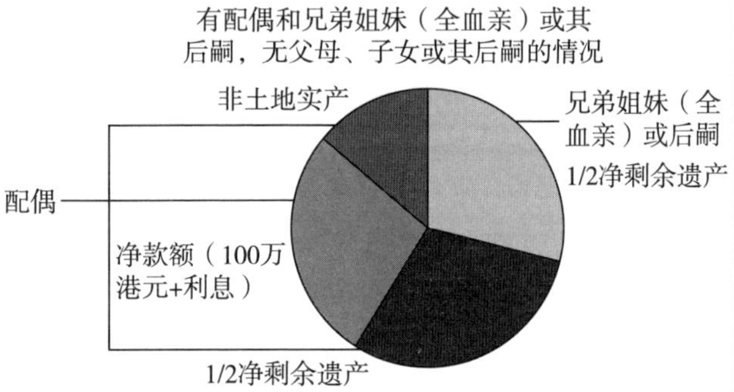</td></tr>
<tr><td rowspan="3">(5)无配偶,仅有第2顺位至第8顺位的亲属</td><td>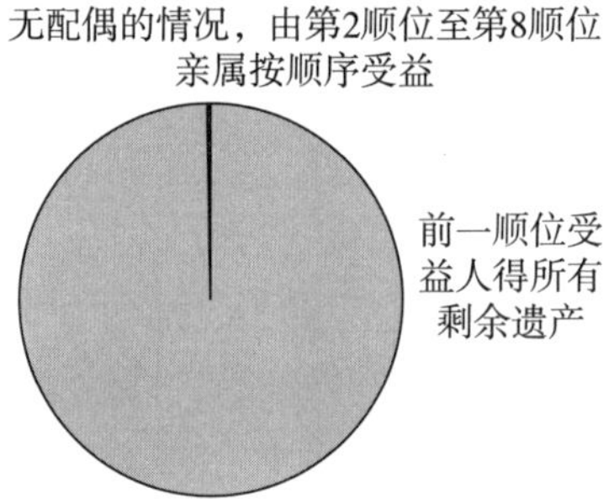</td></tr>
<tr><td>七个顺序,无前才有后,即七类亲属按顺序享有受益权,没有前一顺序的人,后一顺序的人才有受益权。比如,无子女或其后嗣,才能轮到父母受益;无子女或其后嗣,亦无父母,才能轮到兄弟姐妹(全血亲)或其后嗣,依此类推</td></tr>
<tr><td>同一顺位的人,平分全部剩余遗产</td></tr>
<tr><td colspan="3">注:1. 剩余遗产:指支付各项费用、清偿各项债务后的遗产;净剩余遗产,是指剩余遗产扣除非土地实产,以及净款额后的遗产。
2. 非土地实产:无遗嘱者死亡时遗留的以下指定财产:(1)居所内的物品、园艺物品及家畜;(2)汽车及附件;(3)非金钱或贷款抵押物(securities for money);(4)非专用或主用于专业或业务</td></tr>
</table>

像赖女士家的情况，如果她去世，生前未设立遗嘱，则：假如她的丈夫在世，她的父母、兄弟姐妹、祖父母/外祖父母、叔伯姑舅姨，均不能分得遗产；假若她的丈夫先于她离世，赖女士的遗产，将依据"子女、父母、兄弟姐妹、祖父母/外祖父母、叔伯姑舅姨"的先后顺序进行分配。前一顺序受益人存在的，后面顺位的人就不能分得遗产。

通过对两地法定继承顺序和受益份额的比较，引出一个最重要的问题：赖女士是希望自己的财产，按照某一种法律规定的方式，进行遗产分配呢？还是希望按照自己的意愿，进行分配呢？毫无疑问，赖女士并不愿意按法定方式分配，更不愿意按自己并不熟悉的其他法域的法定方式分配，而是希望按照自己的意愿进行分配。由此，遗嘱规划势在必行。

4. 遗嘱效力认定标准不同

通常遗嘱是否有效，应该从遗嘱设立人的资格、遗嘱形式是否符合法律规定、涉外遗嘱法律适用这三个角度来看。

(1)立遗嘱人是否具备遗嘱能力。

内地继承制度和香港遗产管理制度，针对立遗嘱人遗嘱能力的判定规则并不相同。香港法律中关于遗嘱能力的认定不同于内地法律，例如，精神病患者不一定意味着没有遗嘱能力；未成年人成为已婚者、船员、服役人员等特定情况下，也会被视为具有设立遗嘱的能力；再如，签署遗嘱时无遗嘱能力，但满足例外情形时，也可以推定为有效。内地与香港对于遗嘱能力认定的不同规定，将对遗嘱效力的认定产生相应影响。

(2)遗嘱形式是否符合法律规定。

在内地，遗嘱的设立需要符合法律规定的形式要件，否则将导致遗嘱无效。遗嘱形式共有自书、代书、打印、录音录像、口头、公证六种。

香港的遗嘱分类跟内地不同，包括正式遗嘱、正式遗嘱的例外、特别遗嘱、共同遗嘱、自订遗嘱等，遗嘱无效、撤销、变更内容等规定与内地亦有所不同。

(3)涉外遗嘱效力认定的专门规定。

在遗嘱和继承存在涉外因素时，无论是香港还是内地，均有自己关于涉外遗嘱效力认定的规则。这些规则本身就可能不相同，同时，这些规则有的有明确法律规定，有的需要依靠既往案例，有的也许还处于空白，十分复杂。比如，依据内地的《涉外民事关系法律适用法》，对遗嘱的设立方式和遗嘱效力的认定，两者适用的法律很可能不完全一致。也正因如此，有可能出现内地法律认定遗嘱有/无效，而香港法例的认定结果相反的情况。

因此，赖女士在规划遗嘱方案的过程中，一定要考虑遗嘱设立形式、效力认定、法律适用问题，应当兼顾遗嘱设立地法律、遗嘱继承办理地法律，让遗嘱效力以及继承办理，尽量同时符合两地的法律规定，并在遗嘱内容中，提前设定好两地相关手续和资料衔接内容。如果因跨法域导致遗嘱将来履行存在障碍，则应在设立遗嘱的同时，变通考虑转移资产所在地，运用保险、信托等其他法律工具进行传承规划。

5. 遗嘱内容设计不同

鉴于内地与香港两地遗产继承制度的不同，在设计遗嘱内容的时候也必须要小心注意，防止遗嘱条款无效。例如，在内地，依据《民法典》及相关司法解释的规定，被继承人中如果存在特殊情况，如生活有特殊困难又缺乏劳动能力的，应当为他们保留适当的遗产份额；如遗嘱人以遗嘱处分了国家、集体或者他人财产的，该部分遗嘱内容无效；而香港遗产管理制度中，立遗嘱人婚姻关系的解除或被撤销，将影响已设立遗嘱中对于配偶权益相关条款的效力，等等。

由此，赖女士设立遗嘱时，也必须考虑香港和内地不同法律对于遗产处分的特殊法律规定，避免在遗嘱内容上，出现无效条款，最大限度降低遗嘱争议、确保赖女士意愿得以实现。

前述以我国内地、香港法律为例，阐述了跨法域遗嘱规划时需要考虑的必要内容。跨法域遗嘱规划相当复杂，涉及两地法律对于遗嘱、继承、涉外法律适用等多项复杂内容，现实中更有其他不同法域并无法律适用安排、司法互认，或其他必要法律和程序衔接制度和规则，因此更为复杂。所以，笔者建议，涉及多个法域适用的问题，比如，资产跨法域、立遗嘱人或未来的遗产继承人/受益人的身份涉外、有关资产的权益安排跨法域等，必须由内地律师与其他法域律师协同进行安排。对赖女士，最终笔者团队与香港律师组成跨法域遗嘱规划律师团，共同为赖女士提供法律服务，帮助其在内地、香港分别设立了遗嘱，同时还安排了信托、保险，并且协助其找到税务筹划机构同步进行了税务规划。

最后，笔者团队对于跨法域遗嘱规划，再强调几个小贴士：

1. 为了避免各继承人对各地遗产的安排不知情或者产生争议，也为了避免多个法域对遗嘱的效力或遗产管理人的指定等提出合理质疑，立遗嘱人在设立完遗嘱后,可以书写一份《遗嘱说明》或者《致家人的一封信》等文件,对财产继承的总安排作出罗列和解释,同时还可以把对家人的希冀和感情写入,延续家族情感。

2. 因不同法域的法律规定不同,故不同遗嘱中对于“赠与”“信托”“夫妻共同财产”等关键词语的描述,要慎重权衡使用。

3. 遗嘱中要设立遗产管理人,负责和协调遗产未来继承办理。

4. 规划不同地域财产的有关信托、保险、提前转让、转移财产等传承规划。

第九节　综合遗嘱规划案例:一脉相承的目标和智慧

2021 年 2 月刚过完年,在笔者团队的设计指导下,在深圳公证处公证员的公证下,42 岁的李女士终于完成了设立遗嘱信托的愿望。这是《民法典》中的新制度“遗嘱信托”,首次在深圳公证处落地亮相!与此同时,笔者团队还协助李女士完成了遗嘱监护、保险金信托、意定监护的设立!

李女士设立“遗嘱信托”“遗嘱监护”“保险金信托”“意定监护”的具体操作,是怎样的呢?

一、操不完心的母亲,放心不下年幼的女儿

2021 年 2 月刚过完年,42 岁的李女士就急匆匆赶到笔者的办公室。“杜律师,我想请您帮我做一份遗嘱!我需要尽快能办妥!”……律师告诉她,慢慢讲,不要急。李女士逐渐平复下来,讲述了自己的故事。

李女士是独生女。几年前与前夫离婚,独自抚养年幼的女儿,近些年积攒了不少家产。由于一直忙于事业,李女士也没有再婚。平时主要由自己的父母和聘请的保姆一起照顾女儿的日常生活起居,而李女士则主抓女儿的教育。近年来,父母日渐年老,身体也大不如前,经常三天两头往医院跑。而她自己,在最近的体检中,各项指标也不甚如意。加之工作性质需要到各地出差,意外随时有可能出现。以上种种,无不让她担心以后的事情。

父母已年迈、女儿尚且年幼,万一自己突然离世,父母和女儿的生活,女儿的

教育,该怎么办?虽然自己积攒了不少的财富,但他们老的老,小的小,即使遗嘱指定所有遗产由父母和女儿继承,他们都没有能力打理这些遗产,怎么办?女儿的父亲已经再婚,他对女儿一直不冷不热,自己离世后,他真的会用心照顾和教育女儿吗?万一女儿继承了高额遗产,作为法定监护人的他,能否将这些财产全部用于女儿的生活、学习、未来的事业支持上?李女士逐一向律师述说了她的不安与不放心。

一开始,李女士希望以上所有的担忧,都用一份遗嘱来解决。在经过律师细致专业的答疑解惑后,李女士发现,事情远没有她想象中的那样简单。

二、遗嘱规划配套监护、保险、信托,为伟大母亲保驾护航

律师在经过与李女士进行充分、彻底的沟通后,结合李女士资产的实际情况,为李女士设计了一整套的财富传承规划方案,逐一解决李女士的担忧和潜在需求,从而巧妙地解决上述难题。这些统筹规划,包括遗嘱、指定遗嘱执行人、遗嘱指定监护人、遗嘱信托保险金信托、意定监护安排、监护协议等。

(一)设立"遗嘱",作为最基础、最保底的传承文件

李女士的资产里,价值较高的,是几套房产。此外,还有车辆、私募股权投资、现金类金融资产。因此,为了在李女士去世后,这些资产能顺利办理相应的变更登记手续,基础的遗嘱文件,必不可少。

(二)设立"保险金信托",保证遗产继承完成前,父母和女儿能拥有稳定与有品质的教育和生活

由于遗产继承手续办理的繁杂,即使李女士的遗嘱中写明其遗产由父母和女儿继承,但从李女士去世到最终完成交付,恐怕需要不少的时间。而在此期间,家里的保姆费、房贷、车贷、孩子日常教育、家庭日常生活等各方面开支,都是一笔不小的金额。虽然可以提前给付给到父母,但又担心父母年老容易被人欺骗……

为此,律师建议李女士到保险公司设立一份保险金信托。该保险以李女士作为投保人和被保险人,受益人选择为保险金信托。在李女士不幸身故后,保险金会自动进入保险金信托中,信托可以按照李女士预先的设定,每月定期逐步向父母、女儿支付一定金额的款项。由此,父母和女儿就可以用这笔款项,支付日

常生活的各项开支,以维持和李女士在世时一样的生活和教育品质。

(三)设立“遗嘱信托与民事信托”,保证遗产能持续传承并安全

为解决李女士所担忧的“父母年老、女儿年幼,无法管理好那么一大笔遗产,而女儿的父亲有可能不会妥善保管”等情况,同时考虑到李女士的主要资产是“房产、车辆、私募股权、银行存款”等内容,也考虑到李女士可流动资产的金额不多,办案律师最终建议李女士可以设立“遗嘱信托”。恰好,李女士有一位非常要好的闺蜜,张女士。而这位张女士,除了值得信赖外,还是一位经验丰富的理财规划师。

因此,律师在为李女士拟定遗嘱文本时,将李女士的所有遗产,设立了一份遗嘱信托。写明李女士去世后,其所有遗产由张女士作为受托人进行管理和分配。同时,让李女士和张女士共同签署了一份《民事信托协议》,协议中对受托人的权利义务等做了详细的规定。通过这样的安排,在李女士去世后,张女士将负责管理李女士的遗产,并将管理的遗产及对应的收益,按照《民事信托协议》中李女士提前设定的时间和方式,分配给三个受益人:李女士的父亲、母亲和女儿。遗嘱信托的目的是:请张女士“守住”遗产,按时给李女士的父母和孩子生活费、学费、医疗费,待李女士的女儿30岁时,再将财产全部交付给她。

(四)设立“遗嘱监护”,监督和保障女儿未来能健康成长

李女士的第三个担忧,是女儿的父亲不会用心教育和照顾好女儿,更担心他利用女儿法定监护人的身份,来损害女儿从李女士处继承来的遗产。

为了解决李女士的这份担忧,律师帮助李女士引入了“指定监护人”。同样地,在遗嘱文本中,增加了一个指定监护人条款:在李女士去世后,指定李女士的另外一位闺蜜,王女士,来担任女儿的监护人。这位监护人,有权管理和监督女儿教育资金的使用,有权监督女儿取得遗产的使用和保管。在女儿重大生活决策和教育决策方面,也需要征求王女士的意见。当女儿父亲出现不适当行为时,王女士亦有权进行干涉与纠正。

(五)设立“遗嘱执行人”,确保上述遗嘱规划顺利执行

由于在遗嘱中设了遗嘱信托、遗嘱监护,为了保障受托人能快速、顺利地取得相应遗产并履行职责,办案律师亦建议李女士在遗嘱中设立遗嘱执行人。当

继承开始后，遗嘱执行人能快速反应，清理遗产以及债权债务，协助受托人尽快取得和管理遗产，将遗产转化成信托财产，从而开始信托财产的管理以及收益分配。

（六）设立“意定监护”，保障自身的人身与财产安全

李女士自身的人身与财产安全，最初她没有考虑到，是律师在与李女士分析交流地过程中，指出了潜在的风险，帮助李女士逐渐意识到遗嘱规划中需要重视的这个问题。

根据监护相关的法律规定，李女士的法定监护人首要就是父母和女儿。但父母年老，女儿年幼，根本无法履行好监护人的职责。直白一点，他们连自己都照顾不好，哪里还能再照顾好因疾病或意外而突然失能失智的李女士呢？而李女士其他近亲属，是可以信赖之人吗？有多少亲属是几年都不来往，或者只是泛泛之交，李女士能放心将自己的人身和财产交付他们吗？显然不能。

因此，律师建议李女士也需要为自己设立一个值得信赖且有能力的监护人。这位监护人，一方面，能在李女士因疾病或意外失能失智时，照顾好李女士，帮助李女士得到良好的治疗和享受高品质的生活，监管好李女士的财产，确保这些资产不会出现损害、减损等情形；另一方面，在李女士失能失智的情况下，这位监护人也能合理利用和使用李女士的资产，来供养李女士的父母和女儿，确保他们的生活和教育品质不会下降。

三、联合公证处，共同为李女士的传承规划“赋能”

在律师专业细致的讲解和精心准备下，最终，李女士接受了律师的全部传承规划建议，并在律师的协助下，到公证处办理和签署了相关的法律文件。

关于“遗嘱信托”“遗嘱指定监护”“意定监护”等方案的设立，是否必须经过公证处的公证才有效呢？答案是否定的。

法律没有规定，设立信托（包括遗嘱信托）、指定监护、意定监护必须经过公证处公证。李女士的这几份文件，理论上也不必经过公证程序。因为，相关的法律，只规定必须书面形式。所以，不管是设立遗嘱信托，还是意定监护，通过书面遗嘱形式、书面协议形式即可。

既然如此，律师为什么还是建议李女士通过公证的方式设立遗嘱，签署信托协议和意定监护协议呢？因为，目前“遗嘱信托”“遗嘱指定监护”“意定监护”还

鲜为人知，虽然《民法典》把它们带入大众视野，但还需要很多像今天的案例，来不断示范和普及。未普及之前，公证程序会让“遗嘱信托”“遗嘱指定监护”“意定监护”的设立增加仪式感和信赖感，也间接产生“登记”和“公示”的作用。同时，相关义务人在未来开始履行职责时，绕不开公证处的有关手续办理。提前与公证处对接，对公证处尽快建立相关事项执行时与继承、监护证明等方面的衔接手续，非常重要。

综上多种法律工具共同运用，使笔者团队为李女士做出了完善的传承规划方案。为便于读者理解，将李女士的传承规划方案，如图 5－5 所示：

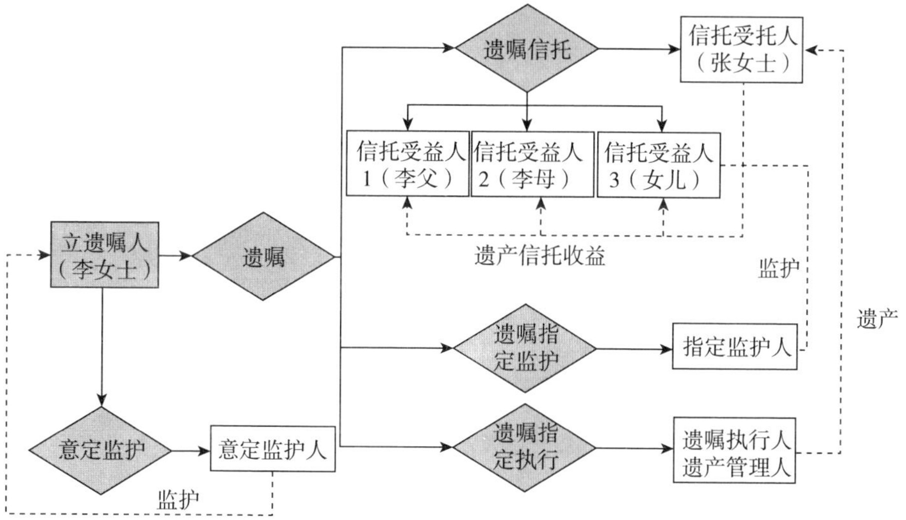

图 5－5 深圳首例公证“遗嘱信托”方案设计

当李女士拿齐所有公证书的时候，她心里的大石终于落下。她多次对办案律师表示：“我终于可以睡安稳觉了。”每当这时，笔者团队的各位律师们，在欣慰的同时，却又觉得身上的担子更重了。因为，不论是遗嘱，还是家族财富传承规划，都是在传递着设立人自己毕生的努力和满腔的爱意。财富传承规划，丝毫马虎不得。

第十节　遗嘱必知小问答

一、没有财产，就不需要立遗嘱了吗？

虽然我国法律对遗嘱的相关规定，主要是为了规范个人去世后财产如何处理的问题。但没有财产，不代表不需要设立遗嘱。

现代社会，随着监护、信托、遗产管理人等法律制度的建立和完善，这些与财产既有相关性，又有独立价值的法律安排，也逐渐需要通过遗嘱进行设立。

同时，遗嘱内容，还可以包括对个人身后事务处理的要求、对家风和家族精神的凝练总结和传承期望、对亲人的关爱表达、期许和嘱托。

二、只有一个子女，就不需要设立遗嘱了吗？

一个没有设立遗嘱的人去世后，遗产并不当然全部归子女所有，而是归所有法定第一顺序继承人共有。法定第一顺序继承人包括配偶、子女、父母。因此，如果希望把更多甚至全部遗产，都留给自己的独生子女，就需要设立遗嘱。

需要补充提示的是，如果子女已婚，在子女与其配偶无特别内部约定的情况下，子女通过法定继承得到的财产，属于子女与其配偶的夫妻共同财产。所以，如果希望子女继承的财产归子女个人所有，也必须要设立遗嘱。

三、没有子女的人，该怎样安排养老和财产？

这个问题比较大，每个人的思想不一样、家庭情况不一样、资产状况不一样，养老的安排会存在很大区别。在这里，简单提示几项常见的安排。

第一，确立意定监护人。也就是与自己信赖的人签署一份《意定监护协议》，指定由他作为自己未来的监护人。在未来自己因疾病或者年老失能失智时，由指定的这个监护人来照顾自己的生活、保管自己的财产、签署医疗方案，代理自己的各项民事活动，等等。

第二，签署遗赠扶养协议。遗赠扶养协议是指遗赠人和扶养人之间签订的协议，扶养人对遗赠人进行扶养，承担遗赠人的生养死葬的义务，遗赠人则将自己的一部分或者全部财产在其去世后赠与扶养人。通过签订该协议，可以为自己找到扶养人进行养老。

第三，财产适度配置保险。对于老年人，尤其是没有子女的老年人来讲，身体健康得到保障，是养老最应该优先考虑的问题。因此，建议购买合适的医疗健康保险，以降低养老资金风险，保障医疗，当然这个需要提前安排。

第四，提前设立好遗嘱。如果没有设立遗嘱（含遗赠），又没有法定继承人以及法律规定可以适当继承财产的人，则被继承人的遗产归国家或者集体所有制组织所有。因此，对于拥有财产、但没有子女以及其他继承人的老年人来说，如果对财产还有其他安排考虑，那就一定要提前设立遗嘱（含遗赠）进行安排。

四、遗赠扶养协议，是怎样的协议？

根据法律规定，自然人可以与扶养人签订遗赠扶养协议。按照协议，扶养人承担该自然人生养死葬的义务，享有受遗赠的权利。这个扶养人可以是自然人信赖的远房亲戚和好友，也可以是集体所有制组织或其他组织和机构。

协议签订后就具有了法律效力。扶养人应当恪守义务，不得擅自变更或撤销协议。被扶养人也不得将协议中约定遗赠给扶养人的财产，用遗嘱或其他方式处分给其他人。被扶养人无正当理由不遵守协议，致使协议解除的，应偿还扶养人已支付的供养费用。

此外，继承开始后，遗赠扶养协议的效力最高。我国民法典规定，继承开始后，按照法定继承办理；有遗嘱的，按照遗嘱继承或者遗赠办理；有遗赠扶养协议的，按照协议办理。

第六章　遗嘱继承怎样办理

第一节　亲人去世:我该怎么做?

对于大部分人来说,奋斗一生,努力积累财富,最朴素的心愿也不过是希望家人能够过上幸福美好的生活。所以,笔者相信,当亲人寿终正寝或者因疾病、意外不幸去世了,家人妥善处理好他们的身后事、和平地处分他们遗留下来的财产,也是让他们心愿能够得到实现、延续的一种方式。

亲人去世后,他们遗留下来的财产,到底需要怎么处理?为此,笔者制作了一个遗产继承的流程图,以供读者们理解和参考。(见图6－1)

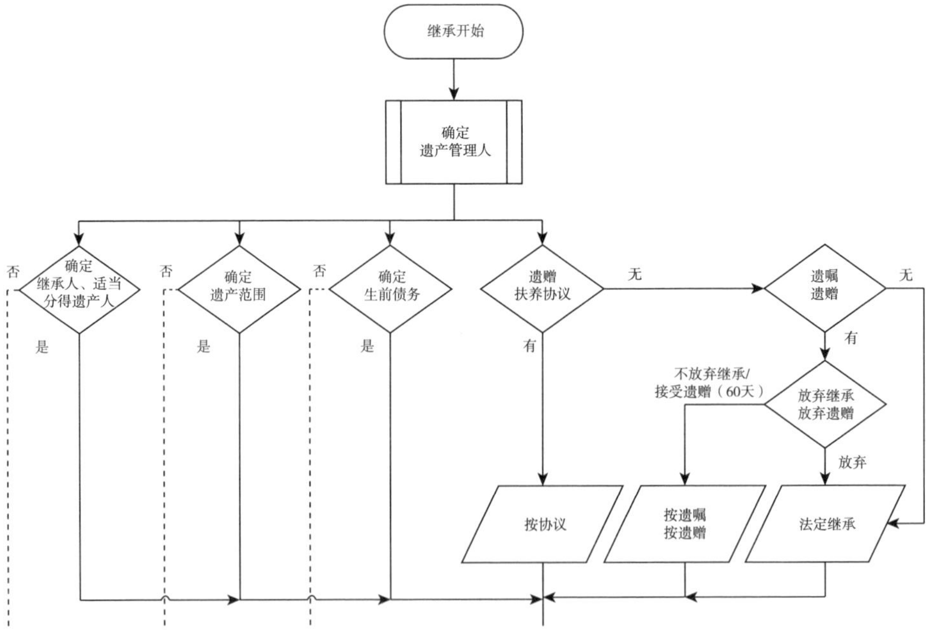

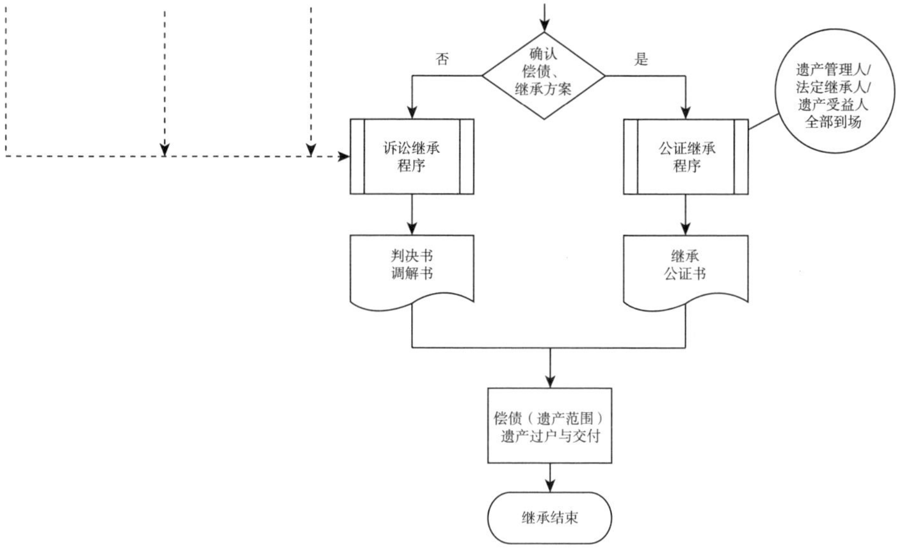

图6－1　遗产继承流程

一、确认被继承人有无遗嘱或者遗赠扶养协议

依据《民法典》的规定，遗产取得的方式包括法定继承、遗嘱继承，以及凭遗赠扶养协议取得遗产。

第一，被继承人生前与他人签署遗赠扶养协议的，按照协议办理。

第二，被继承人生前立有遗嘱的，按照遗嘱继承或者遗赠办理。

第三，既有遗嘱或遗赠，又有遗赠扶养协议的，则优先按遗赠扶养协议办理。

第四，没有遗嘱或者遗赠扶养协议的，或者有下列情形之一的，遗产中的有关部分按照法定继承办理：

1. 遗嘱继承人放弃继承，或者受遗赠人放弃受遗赠；
2. 遗嘱继承人丧失继承权，或者受遗赠人丧失受遗赠权；
3. 遗嘱继承人、受遗赠人先于被继承人死亡或者终止；
4. 遗嘱或遗赠扶养协议因部分条款无效所涉及的遗产；
5. 遗嘱或遗赠扶养协议未处分的遗产。

二、确认有无遗产继承争议

如各继承人对遗产范围、遗产分配方式和比例等内容达成一致意见，遗嘱继承人、受遗赠人分别对遗嘱、遗赠扶养协议的内容表示无异议的,则可以办理继承公证手续(又称继承权公证手续)。部分地区的行政机构针对部分类型的遗产,比如房产,也可以接受所有继承人、受遗赠人到现场签署相关协议,办理遗产变更登记和过户手续。具体办理流程和所需资料,可以咨询遗产当地的相应产权部门。

如对前述内容有异议,或者部分继承人、受遗赠人不配合办理继承公证手续,导致继承公证手续无法办理的,则其他继承人、受遗赠人可以向法院提起诉讼,法院经审理会对遗产继承争议作出判决,或各继承人又能在诉讼中达成一致的,可以做出调解书。法定继承人、遗嘱继承人、受遗赠人依据判决书、调解书等资料办理遗产过户和交接手续。

三、办理公证继承手续

(一)办理人员及所需资料

所有第一顺序继承人,包括父母、配偶、子女共同到公证处办理继承权公证(如无第一顺序继承人的情况下,由第二顺序继承人,即兄弟姐妹、祖父母、外祖父母办理),公证处出具《继承权公证书》。对到场办理的人员,需要提示的是:

1. 如某一方继承人放弃继承遗产或者未被分配到遗产,且无法到场作出声明的情况下,可以提供《放弃继承权声明公证书》。

需要说明的是,根据深圳市部分公证处继承权公证的办理要求,如被继承人生前已办理《公证遗嘱》的,该《放弃继承权声明公证书》有可能不是必备资料,未分配到遗产的继承人也有可能无须到场办理。具体到各地的要求,要详细咨询当地的公证员。

2. 如某一方继承人已逝世,则需要提供资料证明亲属关系以及死亡情况,包括亲属关系凭证、死亡证明(或者户籍注销证明,由村委会或居委会、公安机关开具的证明、人民法院宣告死亡的判决书等)、火化证明等。如未保存前述资料的情况下,则查询方式参考如下:

(1)亲属关系凭证,资料查询方式为:

A. 先查找出生证、户口簿、户口档案中有无显示亲属关系的内容;

B. 如前述方式查询不到的情况下,前往该继承人生前居住地所在的居委会、村委会开具亲属关系证明,再由当地公安机关加盖公章。

(2)死亡证明、户籍注销证明、火化证明资料查询方式先后如下：

A. 通常情况下，先前往该继承人户籍地所在的公安机关查询；

B. 如前述方式无法查询的情况下，可到该继承人生前居住地所在的居委会、村委会开具证明；

C. 如前述方式还查询不到的情况下，可以考虑到该继承人生前所在单位，或者去世时所在的医疗机构、殡仪馆等机构搜集相关信息；

D. 前述方式均无法查询的情况下，根据笔者的案件办理经验，还可以考虑到墓地拍照，搜集该继承人出殡的照片、录像、证人证言等信息。

（二）办理公证继承的区域

如办理包含不动产的公证继承，则建议在不动产所在地的公证处办理，同时可以在该不动产所在地的公证处一并办理动产的继承公证。根据笔者的办理经验，部分不动产登记中心有可能对异地的《继承权公证书》不予认可。

如仅办理动产的继承公证，则可以在被继承人生前户籍所在地或者主要遗产所在地的公证处办理。

办理《继承权公证书》所需材料清单参考如下：

1. 死亡证明（如医疗机构的死亡通知书、法医学死亡鉴定书、人民法院宣告死亡的判决书等）、火化证明、户籍注销证明；

2. 财产证明，如房地产证、车辆登记证、存款凭证、公司营业执照及章程、股票证明（证券公司的股票清单证明）等；

3. 继承人的身份证、户口簿；

4. 与被继承人的亲属关系凭证：户口簿、结婚证、出生医学证明，公安机关或村委会、居委会、被继承人或继承人所在单位出具的证明材料，其他能够证明相关亲属关系的材料等；

5. 遗嘱；

6. 夫妻财产协议书（如有）。

（三）办理继承权公证的费用

各地公证处办理费用有些许不同，其中深圳市内的继承权公证费用参见表6－1：

表 6－1　深圳市内的继承权公证费用参考

受益总额	公证费计算公式
50 万元(含)以下	受益总额 ×0.8%
超过 50 万元至 200 万元(含)	受益总额 ×0.3% ＋2500
超过 200 万元至 500 万元(含)	受益总额 ×0.1% ＋6500
超过 500 万元至 1000 万元(含)	受益总额 ×0.07% ＋8000
超过 1000 万元的	受益总额 ×0.065% ＋8500
例如,继承人受益额为 1200 万元,公证费＝1200 万元 ×0.065% ＋8500＝16300 元	

(四)办理《放弃继承权声明书》公证的区域、所需材料清单、费用

1. 办理区域:一般在放弃继承权人住所地或经常居住地的公证处办理,其他区域能否办理,可以咨询相应公证处。

2. 所需材料清单参考如下:

(1)死亡证明(如医疗机构的死亡通知书、法医学死亡鉴定书、人民法院宣告死亡的判决书等)、火化证明、户籍注销证明;

(2)所放弃的财产证明,如房地产证、车辆登记证、存款凭证、公司营业执照及章程、股票证明(证券公司的股票清单证明)等;

(3)放弃继承人的身份证、户口簿;

(4)与被继承人的亲属关系凭证:如户口簿、结婚证、出生医学证明,公安机关或村委会、居委会、被继承人或继承人所在单位出具的证明材料,其他能够证明相关亲属关系的材料等。

3. 办理公证的费用各地标准不一,请查询当地公证处的收费标准。深圳市内公证处办理《放弃继承权声明书》公证费用参考:430 元。

四、凭借《继承权公证书》《放弃继承权声明书公证书》等资料到相应机构办理产权变更和交接手续

需要提示的是:办理房产继承手续所需的资料中,根据 2016 年 7 月 5 日施行的《司法部关于废止〈司法部、建设部关于房产登记管理中加强公证的联合通知〉的通知》的内容,《继承权公证书》不是继承房产的必备文件,但实践中各不动产登记中心的适用情况不统一。因此办理房产继承过户所需资料,请提前咨

询当地的不动产登记中心。就深圳市不动产登记中心办理房产继承过户手续,笔者于2020年7月经咨询后,收到答复如下,整理供读者参考:

1. 以继承的方式办理房产过户,如果提交了《继承权公证书》,最快可以在3个工作日内完成过户手续。

2. 但深圳市不动产登记中心同时也表示,可以不提交《继承权公证书》,但程序上会比较复杂,耗时较久,受理登记前还是需要全部法定继承人共同到场提供以下材料:

(1)所有继承人的身份证、户口簿或其他身份证明;

(2)死亡证明(如医疗机构的死亡通知书、法医学死亡鉴定书、人民法院宣告死亡的判决书等)、火化证明、注销户口证明;

(3)所有继承人与被继承人之间的亲属关系凭证,比如户口簿、结婚证、出生医学证明,公安机关或村委会、居委会、被继承人或继承人所在单位出具的证明材料,其他能够证明相关亲属关系的材料等;

(4)房产证或者不动产信息单;

(5)遗嘱;

(6)夫妻财产协议书(如有);

(7)放弃继承的,应当在不动产登记机构办公场所,在不动产登记机构人员的见证下,签署放弃继承权的声明。

五、其他提示

(一)为什么会存在"不能仅凭《公证遗嘱》直接办理继承权公证"的情况?

有些读者可能有疑惑,为什么遗嘱继承人不可以仅凭《公证遗嘱》直接办理继承权公证?为什么还要通知其他继承人?笔者分析原因如下:

第一,公证处无法判断该《公证遗嘱》是否为被继承人的最后一份遗嘱。

根据《民法典》的规定,《公证遗嘱》的效力不再优先于其他遗嘱。如被继承人立有数份遗嘱,且内容相抵触的情况下,则会以被继承人设立的最后一份遗嘱为准。基于此,公证处需要通知其他法定继承人到场作出声明或者提供其他书面声明,以确认该《公证遗嘱》是最后一份遗嘱,以此作为办理继承权公证的依据。

第二,遗嘱继承人负有通知义务。

依据《民法典》第1150条的规定,“继承开始后,知道被继承人死亡的继承人应当及时通知其他继承人和遗嘱执行人。”继承开始的通知直接影响其他继承人权利的行使与放弃,包括继承人范围的确定,继承人、受遗赠人作出接受与放弃的意思表示等。因此,遗嘱继承人具有通知其他继承人和遗嘱执行人的义务。

第三,需要审查清楚是否有给特殊人士保留“必留份”“预留份”。

依据我国继承制度的立法精神,继承制度还须发挥遗产的扶养功能和维护基本家庭伦理的功能。因此,法律规定了被继承人生前在立遗嘱时应当为“缺乏劳动能力又没有生活来源”的继承人保留必要的遗产份额,比如尚在读书的未成年人。此外,在遗产分割时,应当保留胎儿的继承份额。

第四,给其他法定继承人留有行使诉权或审查撤销《公证遗嘱》的机会和时间。

如出现了以上任一所述情形,任一方继承人对遗嘱内容、继承人的范围、遗产范围、未保留特殊人士的份额产生争议的,该方有权就争议事项向法院提起诉讼,或者要求审查清楚《公证遗嘱》的真实性、程序合法性等。

(二)遗嘱继承人可以凭《公证遗嘱》直接办理遗产过户手续吗?

部分遗嘱继承人误以为凭《公证遗嘱》就可以直接办理遗产过户,取得遗产。但实践中,大多数机构的办事程序上,要求继承人提供《继承权公证书》进行办理。同时也有一些机构,如前所述的“房产过户手续”,虽然已经有继承人无须提供《继承权公证书》的相关规定,但部分地区的不动产登记中心存在适用规定不统一或者程序上还是需要放弃继承人到场签署声明的情况,导致对于能否直接办理房产过户有着不同的判断。

笔者认为,不动产登记中心或者其他机构在判断“哪一份遗嘱是最后一份遗嘱”的问题上有一定的局限性,所以才需要公证处先行确认继承权,出具《继承权公证书》。因此,为避免程序拖延和耽误时间,建议先办理继承权公证程序,再以此办理遗产过户手续。

第二节 法定继承人:外甥子女、侄子女可以继承吗?

为更好地实现和保护个人私有财产在家族内部流转,让“肥水不流外人田”,《民法典》继承编将被继承人的兄弟姐妹的子女,即外甥子女、侄子女纳入了代位继承人的范围。下面,笔者将带领读者一一解释法定继承人、代位继承人以及遗产分配原则。

一、如何确定法定继承人?

依据《民法典》第1127条的规定,被继承人去世后,在法定继承的情形下,首先由被继承人的第一顺序继承人继承,第二顺序继承人不继承;在被继承人没有第一顺序继承人的情况下,则由第二顺序继承人继承遗产。

首先,第一顺序继承人包括:

1. 配偶,包括经婚姻登记形成的夫妻、形成事实婚姻关系的夫妻。其中事实婚姻关系,依据最高人民法院《关于适用〈中华人民共和国民法典〉婚姻家庭编的解释(一)》第7条的规定,是指1994年2月1日之前,男女未办理婚姻登记但以夫妻名义共同生活形成的关系。

2. 子女,包括婚生子女、非婚生子女、养子女、有扶养关系的继子女。

3. 父母,包括生父母、养父母、有扶养关系的继父母。

4. 对公婆尽了主要赡养义务的丧偶儿媳,或者对岳父母尽了主要赡养义务的丧偶女婿。

其次,第二顺序继承人包括:

1. 兄弟姐妹,包括同父母的兄弟姐妹、同父异母或者同母异父的兄弟姐妹、养兄弟姐妹、有扶养关系的继兄弟姐妹。

2. 祖父母、外祖父母。

其中上述扶养关系,依据《民法典》及相关司法解释、案例,是指被继承人对继承人有实际的抚养教育或赡养,包括生前全部或部分承担继承人的抚养教育或赡养费用、对继承人给予生活上的照顾和关怀、对继承人的抚养教育或赡养达到一定的期限等情形。

二、如何确定代位继承人?

(一)代位继承的发生原因

代位继承的发生原因为被代位继承人先于被继承人死亡,主要分为两种情况:一种是被继承人的子女先于被继承人死亡;另一种是被继承人的兄弟姐妹先于被继承人死亡。

需要说明的是,被继承人子女的直系晚辈血亲,比如被继承人的孙子女、外孙子女在代位继承时,是以第一顺序继承人的身份参与继承。而被继承人的兄弟姐妹作为第二顺序继承人,其子女,即被继承人的外甥子女、侄子女在代位继承时,是以第二顺序继承人的身份参与继承。简言之,被继承人兄弟姐妹的子女,只有在没有第一顺序继承人继承,也没有被继承人子女的直系晚辈血亲代位继承的情况下,才能根据法律规定进行代位继承。

(二)代位继承人的范围

代位继承人的范围包括:

1. 被继承人子女的直系晚辈血亲,包括被继承人的孙子女、外孙子女、曾孙子女、外曾孙子女等,都可以代位继承。代位继承人不受辈数的限制,但是以辈份大者优先,也即在被继承人的孙子女代位继承的情况下,曾孙子女不发生代位继承。

此处的子女,除了婚生、非婚生子女之外,还包括养子女、已形成扶养关系的继子女。需要说明的是,被继承人的养子女,以及已形成扶养关系的继子女的亲生子女也可代位继承;被继承人亲生子女、养子女,以及已形成扶养关系的继子女的养子女也可代位继承。

2. 被继承人兄弟姐妹的子女,即被继承人的侄子女、外甥子女。此处的兄弟姐妹,除了同父母的兄弟姐妹之外,还包括同父异母或者同母异父的兄弟姐妹、养兄弟姐妹、有扶养关系的继兄弟姐妹。与子女的代位继承人不受辈数限制所不同的是,兄弟姐妹的代位继承人只有一辈,即兄弟姐妹的子女。再往下,比如兄弟姐妹的子女的子女,则无代位继承权。

(三)代位继承人一般只能继承被代位继承人有权继承的遗产份额

即被继承人的子女或兄弟姐妹如果健在时能继承多少份额,代位继承人一般也只能继承多少份额。需要提示的是,代位继承仅发生在法定继承的情形下。如某一遗嘱继承人先于遗嘱人去世的,不会发生属于该遗嘱继承人的份额由其后辈代位继承的情况,而是该份额转变为法定继承,在法定继承人间进行分配。

三、遗产分配的基本原则

遗产分配仅限于被继承人的个人财产。被继承人与其配偶的夫妻共同财产,除有双方约定外,遗产分割时,应当先将共同财产中的一半分出为配偶所有,其余的为被继承人的遗产。如某部分财产是被继承人与家庭或者他人共有的,遗产分割时,应当先分出他人的财产,其余的为被继承人的遗产。确定被继承人的个人遗产范围后,一般考虑按如下原则分配。

(一)一般均等原则

一般情况下,同一顺序法定继承人继承遗产的份额应当均等,即遗产在同一顺序法定继承人中平均分配。

(二)特殊不均等原则

在分配遗产时,存在下列情形的,不以均等方式分配遗产。

1. 对生活有特殊困难又缺乏劳动能力的继承人,分配遗产时,应当予以照顾。

生活有特殊困难,指的是缺乏独立的经济来源,或者经济收入难以维持基本衣食住行的需要;缺乏劳动能力,指的是因智力或者身体未发育完全、年老等不具有劳动能力,或者因疾病、伤残等完全丧失或者部分丧失劳动能力的情况。比如,尚在学校读书的未成年人。关于生活有特殊困难和缺乏劳动能力的认定,可以参考 2021 年 4 月 26 日民政部发布的《特困人员认定办法》。

2. 遗产分割时,应当保留胎儿的继承份额。

胎儿享有继承权,如其顺利出生,其有权继承其应当享有的份额。但如胎儿娩出时为死体的,其应享有的份额按法定继承处理。审判实践中,在遗产分配计算其份额时,还会考虑被继承人应承担的抚养费等因素,对该婴儿多分配遗产。

3. 对被继承人尽了主要扶养义务,或者与被继承人共同生活的继承人,分配遗产时,可以多分。

主要扶养义务、共同生活,是指从经济上、生活上给予被继承人支持和帮助,从情感上给予被继承人慰藉。如继承人与被继承人共同生活在同一屋檐下,但对被继承人完全不管不顾的,则有可能对其少分或者不分财产;如涉嫌虐待、遗弃行为的,反而有可能丧失继承权。

4. 继承人达成一致意见的,也可以不均等分配遗产。

法定继承人可以协商分配被继承人的遗产,经协商一致后,同意不均分遗产的,继承份额也可以不均等。

(三)特殊不分或少分原则

有扶养能力和有扶养条件的继承人,不尽扶养义务的,分配遗产时,应当不分或者少分。

如果被继承人生前需要继承人扶养,继承人有扶养能力和扶养条件的情况下,却不尽扶养义务的,不仅违反我国公序良俗和道德规范,还违反法律的规定,情节严重导致被继承人身心受到严重伤害的,甚至构成虐待罪、遗弃罪等刑事犯罪。因此对有这类行为的继承人,应当不分或者少分遗产,情节严重的还应当丧失继承权。

但是被继承人因有固定收入和劳动能力,明确表示不要求继承人扶养的情况下,尽管继承人客观上并没有扶养被继承人,在分配遗产时,一般不应因此而影响其继承份额。

第三节　受遗赠人:关键的60天

何谓"受遗赠人"? 与"遗嘱继承人"有何区别? 这些想必都是读者的疑惑。那您知道作为受遗赠人,需要先限期接受遗赠,才可以取得遗产吗? 接下来,笔者为您一一答疑。

一、受遗赠人与受遗赠权

(一)受遗赠人的概念

立遗嘱人设立遗嘱,就是提前安排去世后,自己的财产归谁所有。如果归父母、配偶、子女、兄弟姐妹等法定继承人所有,则这些遗产受益人就叫"遗嘱继承人”;如果归法定继承人以外的人所有,则这些遗产受益人就叫“受遗赠人”。

(二)受遗赠权与继承权的区别

依据《民法典》第1124条的规定,对于继承人和受遗赠人来说,接受或放弃继承、受遗赠的方式和期限截然不同。继承人在继承开始后未作出表示的,则默认推定接受遗产;而受遗赠人未在法律规定的期限内作出表示的,则默认推定放弃遗产。

继承人放弃继承遗产的,应当在继承开始后、遗产分割前的期限内,以书面形式作出放弃继承的表示;而如果没有在该期限内作出表示的,视为接受继承。

而受遗赠人接受或者放弃受遗赠的,应当在知道受遗赠后60日内,作出相应的表示;受遗赠人在该期限内没有表示的,则视为放弃受遗赠,该部分遗产将按照法定继承处理。因此,这60日尤为关键,否则将会失去获得遗产的权利。但需要注意的是,遗赠扶养协议订立后即发生法律效力,受遗赠人对被继承人履行了相应的生养死葬义务后,即享有受遗赠的权利,不受上述《民法典》第1124条的限制。

此外,《民法典》第230条规定,“因继承取得物权的,自继承开始时发生效力”,删除了原《物权法》规定的“因受遗赠取得物权的,自受遗赠开始时发生效力”。由此可见,继承开始后,即被继承人去世后,继承人可以直接取得继承权,继而直接取得物权。而受遗赠人,不能基于被继承人去世而直接取得物权,必须要在作出接受的表示且办理遗产的产权变更登记后,才能取得相应物权。

因此,在知道受遗赠后的60日内,受遗赠人积极表态非常重要!

二、案例现场

笔者下面要介绍的,就是一个比较具有典型性的关于“受遗赠人超期未表态视为放弃”的案例。

王爷爷有一多年好友老吴,双方早年间一起共患难,因此都很珍视这段多年的革命友谊,两家人的关系也不错。老吴唯一的儿子婚后育有一子小吴,但一场意外事故夺去了老吴儿子的生命,小吴后来由老吴独自抚养长大。而王爷爷育有两子,老伴早逝,两个孩子均已成家立业并生子。

不幸的是,老吴被确诊为肺癌,临终前把王爷爷叫到病床前,希望他能帮忙好好照顾尚在上高中的孙子小吴。王爷爷紧紧握着老吴的手,承诺一定会好好照顾小吴。后来老吴去世了,为了方便照顾小吴,王爷爷将小吴接到家中一起生活,视如己出。王爷爷经常给小吴讲他跟老吴共同打拼、互相帮助的日子,小吴备受感动。

2017 年 11 月 2 日,恰好是小吴年满 18 周岁的日子,为了给小吴一个秘密的成年礼物,也担心自己年纪较大,日后难以再照顾小吴。王爷爷独自跑到公证处设立了一份公证遗嘱,将自己名下且属于自己个人所有的价值 100 万元的房产及部分银行存款、股票,均归小吴一人继承。王爷爷办理完公证之后,也没有跟他人提起过这件事。

2018 年 2 月 1 日,小吴出国留学了。在机场候机的时候,王爷爷把立遗嘱这件事告诉了小吴,但心智还未成熟的小吴没有把这件事放在心上,只是认为立遗嘱这件事情对王爷爷不吉利,并嘱咐王爷爷多注意身体、好好照顾自己,告知自己日后学成归来会好好孝敬王爷爷。后来,小吴也未跟任何人提起此事。

2019 年 3 月 2 日,王爷爷因突发心肌梗塞不幸离世。小吴得知消息后,立刻从国外回来参与王爷爷的丧葬事宜,当时大家都处于悲伤的氛围中,小吴根本没想起王爷爷立遗嘱这事。等王爷爷的丧葬事宜处理完毕后,在处理王爷爷的遗产时,两个儿子因遗产继承比例产生争议,一个儿子希望均分财产,另一个儿子则称自己经济情况有些困难,要求多分遗产。

2020 年 2 月 10 日,王爷爷其中一个儿子在双方协商近一年未果的情况下,将自己的兄弟起诉至法院要求继承遗产。小吴看见两位叔叔因此事闹得如此不可开交,兄弟之情濒临崩塌,是王爷爷在天之灵不愿看到的,这才隐约想起王爷爷曾跟他提起过立遗嘱一事。

在案件审理过程中,小吴申请加入诉讼,并向法院提交了该《公证遗嘱》,作出接受王爷爷遗产安排的意思表示。

法院经审理认为,王爷爷的两个儿子均尚在世,属于法定的第一顺位继承人,小吴不属于本案法定继承人的范围。因此,王爷爷通过公证遗嘱将房屋等财产留给小吴的行为,不属于遗嘱继承,而是属于遗赠。而小吴作为受遗赠人,未有充分证据证明其在知道受遗赠后两个月(提示:此为原《继承法》的规定,现行《民法典》规定为六十日)内作出接受遗赠的表示,视为放弃受遗赠。最终法院判决王爷爷的遗产按照法定继承处理,由王爷爷的两个儿子平均继承。

三、律师建议

很多立遗嘱人,往往希望对生前帮助过自己的某些“外人”表示感谢。表达感谢的方式很简单,就是将自己的部分财产遗赠给这些人。立遗嘱人误以为,只要有一份这样的遗嘱,就可以达成所愿。而事实却并非如此。一方面,大多数立遗嘱人和受遗赠人,并不知晓,接受遗赠必须要在“知道受遗赠之日起六十日内”的时限内进行;另一方面,受遗赠人在60天时限内,该如何做出有效的“接受遗赠的表示”,也是不小的难题。一旦做错,也可能导致丧失受遗赠权。

因此,为了达成立遗嘱人的遗赠愿望,为了确保受遗赠人成功接受遗赠,笔者给出以下具体建议:

第一,遗嘱人设立遗嘱时,应在遗嘱内容描述中增加提示条款,比如“若受遗赠人愿意接受遗赠,请务必在知道本遗嘱内容之日起60天内,明确做出接受赠与的意思表示。”

第二,立遗嘱人应当将遗赠内容,提前告知遗嘱执行人,遗嘱执行人将来就会协助受遗赠人进行接受或放弃遗赠的声明。

第三,受遗赠人应当在60日内及时与遗产管理人、继承人取得联系,共同到公证处办理遗产继承公证手续和遗产受赠过户交接。

第四,受遗赠人在60日内,一定要做出接受遗赠的意思表示。可以通过以下方式做出:

1. 向遗嘱中确定的“遗嘱执行人”(遗产管理人),以及其他法定继承人,发出《接受遗赠的声明》;

2.《接受遗赠的声明》内容,应当清晰表明,受遗嘱人的姓名和身份证号码,明确说明:接受谁于什么时间设立的遗嘱,赠与的什么财产,并签名写日期;

3.《接受遗赠的声明》的形式,可以是语音、邮件、短信、微信信息、继承会议的会议记录,当然最佳方式是独立的、规范的《接受遗赠的声明》书面文件,最好由受遗赠人自己亲笔书写;

4. 接受赠与声明的送达方式,也非常重要。

语音,就是要当面或者电话方式,告知遗产管理人和继承人。为避免争议,应当进行录音,并注意留存录音文件;邮件、短信、微信信息,发送到正确的邮箱、电话号码、微信账号即可。也要做好邮件和信息留存;会议纪要要记录清晰内容,并由所有参会人,包括受遗赠人本人,签字确认;声明的书面文件,可以让遗产管理人和继承人在其上签名确认知悉,也可以一式多份,自己留存一份,其余几份通过快递方式分别邮寄给遗产管理人和继承人,快递单上一定要注明"《接受遗赠的声明》原件1份",并保留邮寄送达回证。

第五,如果可以,最好到公证处办理专门的"接受遗赠"的公证。

第六,若继承人不愿配合办理遗赠继承手续,或者继承人试图绕开受遗赠人侵占遗赠财产时,受遗赠人一定要第一时间向人民法院提起诉讼,以防利益被侵害,防止过诉讼时效。

第四节 无法定继承人又无人受遗赠,遗产该归谁?

前面所述均为有继承人或受遗赠人的情况下,遗产如何处置的问题。实践中,也存在遗产无人继承又无人受遗赠的情况,那么,为什么会出现这种情况?出现这种情况之后,遗产该如何处置呢?

一、无人继承或无人受遗赠遗产的原因

(一)婚育观念的变化

首先,请读者们来看一组客观的数据报告(见图6-2):

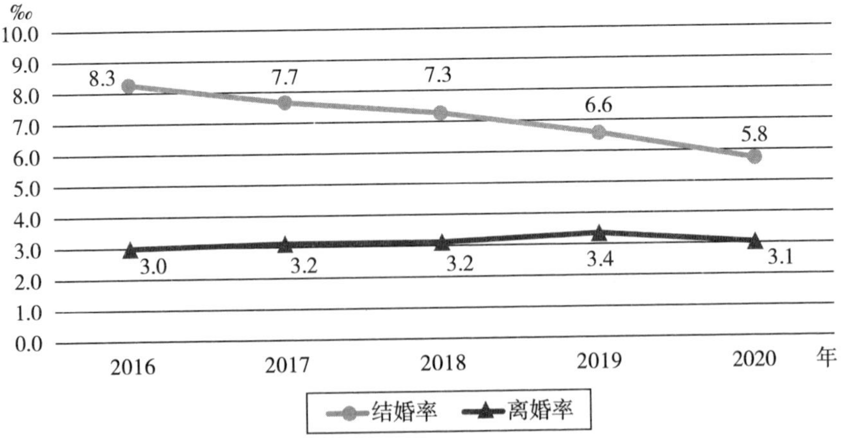

图6-2 2015~2019年我国结婚率与离婚率统计

根据《2020 年民政事业发展统计公报》数据显示，我国的结婚率自 2016 年至 2020 年以来连年下降。

根据国家统计局历年发布的《国民经济和社会发展统计公报》数据显示，2019 年全国出生人口为 1465 万，较 2018 年下降 58 万，降幅明显，更创 1949 年新中国成立以来除 1960 ~ 1961 年自然灾害时期外的新低；2019 年出生率降至 10.48‰，创 1949 年以来新低。

根据国家卫计委发布的《中国家庭发展报告》，20 世纪 50 年代前，家庭规模基本保持在 5.3 人/户。

根据国家统计局历年人口普查数据，我国家庭户人口规模持续下降，从 1990 年的 3.96 人、2000 年的 3.44 人，下降至 2010 年的 3.10 人。2020 年我国家庭户平均人口规模为 2.62 人，比 2010 年减少 0.48 人。

上述数据表明，随着社会的发展，人们的价值观念也在不断发生变化，其中包含着婚育观念的变化，如不婚族、丁克一族的出现。同时家庭结构的规模逐渐变小，家庭形式也越发多样化，独居老人、单亲家庭、丁克家庭比例升高。因此，出现了少部分被继承人没有配偶和子嗣的现象，其百年之后，无人继承其遗产。

（二）被继承人没有做好遗产继承的规划和安排

部分被继承人在没有继承人的情况下，也没有意识将遗产通过立遗嘱或者签订遗赠扶养协议的方式，将个人财产赠与国家、集体或者其他组织、个人，最后导致无人继承其遗产。

（三）无人愿意继承遗产

这里指的是虽然被继承人有继承人，或者通过遗嘱指定了受遗赠人，但是继承人基于种种原因全部放弃继承遗产，受遗赠人也不愿意接受遗赠的遗产。

（四）继承人丧失继承权，受遗赠人丧失受遗赠权

依据《民法典》第 1125 条的规定，继承人实施了“故意杀害、遗弃、虐待被继承人”“为争夺遗产而杀害其他继承人”“伪造、篡改、隐匿或者销毁遗嘱”“以欺诈、胁迫手段迫使或者妨碍被继承人设立、变更或者撤回遗嘱”的行为，其继承权丧失。除了“杀害被继承人或继承人”的行为外，如果实施前述其他行为的继承人能够得到被继承人的宽恕的，那么其继承权还可以恢复，否则永远无法恢复；受遗赠人实施了上述任一行为的，其受遗赠权彻底丧失。

二、无人继承或无人受遗赠遗产的处置

对于无人继承或者无人受遗赠的遗产，为了充分发挥被继承人奋斗一生积累而成的财富的价值，有以下两种处理方式：

(一) 收归公有

《民法典》第 1160 条规定："无人继承又无人受遗赠的遗产，归国家所有，用于公益事业；死者生前是集体所有制组织成员的，归所在集体所有制组织所有。"由此可见，无人继承或无人受遗赠的遗产，就会收归国有或者集体组织所有。

收归国家所有，是指国家无偿取得该部分财产，并用于公益事业。

收归集体组织所有，是因被继承人生前一般从集体所有制组织取得的土地承包经营权、分红等经济利益，故将遗产归集体所有制组织所有，并由集体组织根据相关的规约处理。

被继承人未设立遗嘱导致遗产收归公有，虽有点惋惜，但从另一个角度来说，这或许也实现了一部分被继承人捐赠自己名下所有财产的真实心愿。

(二) 适当分配

无人继承或者无人受遗赠的遗产并非当然收归国家或集体所有。《民法典》第 1131 条规定："对继承人以外的依靠被继承人扶养的人，或者继承人以外的对被继承人扶养较多的人，可以分给适当的遗产。"因此，该类人群，在无继承人或无受遗赠人的情况下，可以分得适当的遗产，甚至有可能分得全部遗产；在有继承人或受遗赠人的情形下，该类人群可以分得的份额，按扶养、财产等具体情况，可以多于或少于继承人、受遗赠人。

继承人以外的人，是指虽然不是法定继承人、遗嘱继承人和受遗赠人，但与被继承人在经济、生活和情感上有非常密切关系的人，既包括有血缘关系的孙子女、外孙子女、外甥子女、侄子女、表亲等，也包括没有血缘关系的人。

1. 对继承人以外的依靠被继承人扶养的人

这类人士，主要指的是一些无民事行为能力人或者限制民事行为能力人，如未成年人、失能失智人士等，需要依靠被继承人进行实际抚养、照顾、教育的。

比如，依据《民法典》第 1105 条的规定，收养需经登记并自登记之日起成立

收养关系。但是实践中,存在大量收养人收养子女未办理收养登记,而事实上共同生活的情况。在这种情形下,如在被“收养”子女未成年之时,实际收养人因疾病或意外不幸去世,来不及设立遗嘱的,该被“收养”子女虽然无法根据法定继承人的地位继承遗产,但是其“适当分配遗产”的权利,可以给予其未来生活和学习上的保障。

另外,实践中也存在有些人士代替自己的朋友抚养其子女的情形。依据《民法典》第1107条的规定:“孤儿或者生父母无力抚养的子女,可以由生父母的亲属、朋友抚养;抚养人与被抚养人的关系不适用收养法规定。”那么对这类失去父母或者父母因经济和身体原因无力抚养的未成年子女,可以由生父母的非直系亲属或者朋友抚养、照顾。如抚养人突然去世,未成年子女虽然不是法定继承人,也没有受遗赠权,但是也可以依据该“适当分配遗产”的规定,得到一定的经济保障。

2. 继承人以外的对被继承人扶养较多的人

这类人士,如被继承人的同居伴侣、朋友等,在生活起居上对被继承人进行了照料,承担了被继承人的扶养费用,在精神上对被继承人进行了慰藉,在被继承人身故后承担了丧葬义务。虽然他们与被继承人之间没有血缘关系或者姻亲关系,但是他们在事实上与被继承人形成了扶养关系,此所谓“不是亲人,胜似亲人”。因此,法律给予这类人士适当分得遗产的权利也是应当的。

《钱江晚报》就报道了一篇标题为“孤寡老人百万遗产,竟被邻居继承了一半”的新闻(来源于:深广电第一现场微信公众号),报道称该孤寡老人早年丧夫,膝下无儿女,侄子远在外地,老人也不愿离开家乡,就一直一人生活。

老人在世时,是做了老人几十年的邻居徐某,对其在生活上、精神上多加照顾,比如平日里,邻居经常探望老人,抽出时间陪老人唠唠家常;老人的房子因年久失修,在出现部分坍塌后,邻居将其接到自己家中居住;后来因邻居的房子拆迁,邻居就帮老人租了房子,还承担了租房费用;再后来,随着老人年龄越来越大,行动也愈加不方便,邻居考虑到老人需要专人照顾护理,还为其承担敬老院的费用;等等。邻居对她的多年照顾,老人都看在眼里,对邻居也特别信任。

老人逝世后,邻居按照当地风俗,为她操办了后事,又购置了墓地。在老人去世1年后,其生前因房子坍塌申请的80平方米的宅基地才被审批下来,村里不知如何处理这块宅基地,就被搁置了数年。如今该宅基地所在区域又面临拆迁,可以获得上百万元的拆迁款补偿。但这百万元拆迁巨款怎么处置?成了村委会的一个难题……

村里的干部称:“老人在世期间与邻居有过协议,约定其生前赡养及后事全由邻居负责,所有费用也由邻居承担。老人名下所有财产在其过世后,全部由邻居继承。”但当时,老人名下只有失地农民养老保险,再加上双方也没什么法律意识,邻居当时根本没把这份协议当回事,再加上老人在那份协议上只交代了相关事宜,并没有签字。后来在村里工作人员以及相关部门的建议下,邻居通过向法院提起继承诉讼的方式,希望法院依法处理并出具具有法律效力的文书。

该案审理过程中,法院考虑到本案的特殊情况,安排了一次调解。在调解过程中,老人的侄子表示对由邻居继承该拆迁款补偿的一半予以认可,法院最后出具调解书,确定邻居有权分得50%的拆迁款补偿,剩下的部分由村集体分得35%,侄子分得15%。

以上“收归公有”以及“适当分配”的两种遗产处理方式,相信一定程度上也实现了被继承人的真实心愿。不过笔者在此建议,即使没有后代继承人,财产所有人也要做好自己身后的遗产处理安排,这既是给予自己所爱之人、爱自己之人一份保障,也可以减少不必要的争议和麻烦,让自己的财产能够切实发挥其价值和意义。

第五节　生前债务要不要还?

“你想把老子笑死好继承老子的蚂蚁花呗吧”,相信读者们都曾看到这一句令人忍俊不禁的微博热搜。难道被继承人的花呗真的可以继承吗?其实对于这句话的理解,也包含了以下的问题:

被继承人生前负有债务该怎么办?

继承人到底还要不要继承遗产?

继承了遗产后,债务到底要不要还?

怎么还?

……

接下来,笔者一一分析。

一、首先，厘清债务范围和性质

被继承人的债务，既包括生前所欠下的债务和税务，也包括在继承开始后，基于遗产产生一些新的债务，如完成管理、清算、分割遗产，以及执行遗嘱而支出的费用。

厘清债务的范围后，需要分析清楚被继承人生前所负担的各种债务究竟是被继承人个人债务，还是夫妻共同债务。

如该债务是被继承人的个人债务，则需要由以被继承人的个人财产偿还全部债务。此处的“个人财产”不仅指登记在被继承人名下的财产，还指夫妻共同财产中属于被继承人有权享有的部分。

如该债务是夫妻共同债务，则需要以被继承人及其配偶的全部财产偿还全部债务。此时尚在世的配偶，也需要承担偿还责任。

二、其次，怎么偿还债务？

(一)确定是否继承遗产

为了保护债权人的合法利益，如继承人和受遗赠人确定继承遗产的，依据《民法典》第1161条、第1162条的规定，需要承担清偿债务的责任。如放弃继承或者放弃受遗赠的，则不需要承担偿还债务的责任。

(二)以继承所得遗产实际价值为限清偿

这里指的是，继承人或者受遗赠人仅以自己实际所得的遗产价值来承担偿还债务的责任。也就是说，继承人继承到多少价值的遗产，就在多少的遗产价值内承担债务，继承人并不会因为继承遗产而需要无限清偿被继承人的债务。如债务金额超过所得遗产价值，则继承人或者受遗赠人对超出部分不承担偿还责任，当然其自愿偿还超出部分的，不受此限。

例如，被继承人生前欠下10万元的借款，继承人仅分得5万元存款，那么继承人仅需要偿还5万元的债务，剩下的5万元债务不用偿还。但如果继承人觉得对债权人过意不去，可以自愿以自己的财产来偿还剩余的债务；如继承人分得了一套价值12万元的房产以及5万元的存款，则该继承人需要清偿全部的10万元债务，剩下的部分，才属于可以实际取得的遗产。

(三)在遗产分割前后均可进行清偿,但应当为特殊人群保留必要份额

《民法典》第1159条规定:"分割遗产,应当清偿被继承人依法应当缴纳的税款和债务;但是,应当为缺乏劳动能力又没有生活来源的继承人保留必要的遗产。"一般情况下,被继承人生前所欠债务,应当在分割遗产之前予以清偿。在清理完债务之后,剩余的遗产再按照相关协议、遗嘱或法律规定进行分配。如果在分割遗产之时,继承人不知道被继承人存在债务的,那么在遗产分割之后,仍需要以继承所得的遗产清偿债务。

但需要注意的是,该条同时还规定了"保留必要遗产的情况",这是对"缺乏劳动能力又没有生活来源的继承人"的特殊保护。一般情况下,被继承人的遗产应当全部用来清偿债务。当被继承人的债务金额超过遗留的遗产价值的,继承人、受遗赠人就无权再分得遗产。但是有一个例外情形,就是如果继承人中存在"缺乏劳动能力又没有生活来源"情况的,比如未成年人、残疾人等,那么即使被继承人的债务金额超过遗留的遗产价值,也必须先给这类人群保留必要的遗产份额,供这类人群生存和生活。剩下的部分,才能用来还债。

三、延伸:多种继承形式下,债务应该由谁来还?

在遗产既有法定继承,又有遗嘱继承、遗赠的情况下,如何分配清偿债务的比例呢?

为此,《民法典》第1163条作出了按顺序偿还的规定:"既有法定继承又有遗嘱继承、遗赠的,由法定继承人清偿被继承人依法应当缴纳的税款和债务;超过法定继承遗产实际价值部分,由遗嘱继承人和受遗赠人按比例以所得遗产清偿。"即被继承人的债务,由法定继承人以继承所得遗产先行清偿债务,不足以清偿债务的部分,由遗嘱继承人、受遗赠人按照所获得遗产的实际价值的比例来清偿。

为了便于读者理解,笔者举个简单的例子如下:

牛大爷与牛大妈的父母均早年离世,两人原育有一子小牛,但也一直希望再生一个女儿。幸运地是,在牛大爷45岁之时,终于生育了女儿小花。由于女儿来之不易,牛大爷就特别疼爱小花,小花也在牛大爷的呵护下长大成人。

后来,牛大妈因意外不幸去世,小牛和小花一致同意牛大妈的遗产全部由父亲牛大爷继承。小牛也将牛大爷接来同住,便于照顾。牛大爷原以为能就此安

享晚年生活,后却不幸被查出罹患肺癌,于是决定提前做好自己名下40万元存款的规划安排。牛大爷设立了一份公证遗嘱,在遗嘱中指定由小花继承35万元的定期存款。剩余的5万元存款,牛大爷没有写入遗嘱,决定日后视儿子对自己的照顾表现再来考虑如何分配。后来牛大爷病情日益严重,住进了医院,担心医药费会给小牛和小花带来过多的经济负担,便偷偷向自己的朋友借了40万元,全部用于支付自己的医药费。

在医院里,牛大爷结识了一位售卖彩票的病友,两人经常彼此鼓励与癌症作斗争。该名病友有一天送了牛大爷一张彩票,祝福牛大爷能够获得生命中的幸运。牛大爷收到后甚为感动,又立了一份自书遗嘱,写明如该彩票中奖,全部中奖所得在自己去世后赠与该病友。

后来彩票真的中奖了,扣除各种费用后实得10万元,牛大爷收到后一直存在银行里。但牛大爷还是抵抗不住疾病的折磨,最终不幸离世。不久之后,牛大爷的朋友上门讨债,家人们才发现牛大爷欠下了40万元债务。此时,在牛大爷设立的两份遗嘱均合法有效的情况下,牛大爷欠下的该笔债务,该怎么偿还呢?

正确答案揭晓如下:

1. 牛大爷有5万元存款没有写入遗嘱中,故该5万元应当按照法定继承分配,由小牛和小花分得。小牛和小花经法定继承取得的该5万元,应当全部用于清偿债务。

2. 剩下的35万元债务,则由作为牛大爷遗嘱继承人的小花和受遗赠人的病友按比例分担。因为小花有权继承35万元,病友有权继承10万元,所以牛大爷的病友和小花需要以所得遗产按照比例清偿剩余的35万元债务。小花和病友有权继承的遗产价值共计为45万元(35万元+10万元),小花有权继承的35万元占比约为77.8%(35万元/45万元),病友有权继承的10万元占比为约22.2%(10万元/45万元),剩余未还的债务为35万元,因此,小花应当偿还27.23万元(77.8%×35万元),病友应当偿还7.77万元(22.2%×35万元)(见图6-3)。

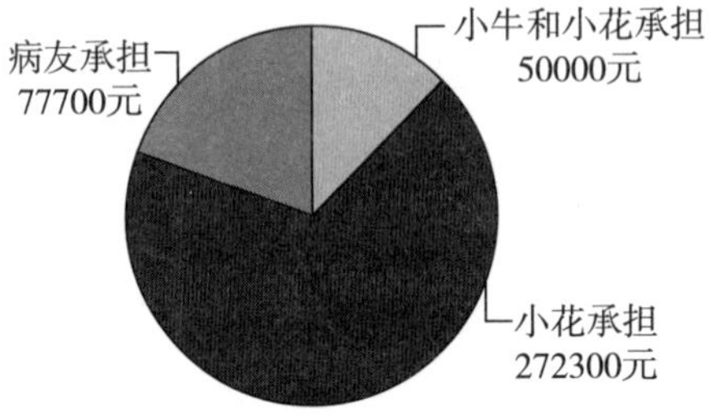

图 6－3　40 万元债务清偿划分

实务中,《民法典》第 1163 条规定,还有效解决了在遗产债务未得到有效清偿,遗产却已经被分割的情况下,被继承人的债务该如何清偿的问题。但上述债务处理和偿还安排,在实践中,对继承人、受遗赠人人数众多且被继承人债务金额较多的情况下依旧会很混乱,特别是企业家的遗产及债务情况,交错有个人债务、夫妻共同债务和对公司的担保债务等,容易引发继承人之间、继承人与债权人之间的争议。此时,如有一位有水平的遗嘱执行人或者遗产管理人来居中处理遗产分割和债务偿还问题,将会大大减少继承争议,节约继承手续的办理时间和精力。

第六节　遗嘱执行:到哪里找这么好的遗嘱执行人?

前述关于遗产的分配、分割,债务的偿还等内容,不仅涉及继承人之间的利益分配,还涉及被继承人生前债权人的利益。因此,需要由专门的人员妥善管理遗产,并在不同主体之间分配好遗产。

对此,我国法律提出了"遗嘱执行人"这个概念,通俗地理解,就是由立遗嘱人指定一个人或几个人,负责执行遗嘱内容,按照遗嘱分配财产,处理与遗产继承有关的全部事务。

一、案例现场

为了带领读者进一步理解遗嘱执行人的意义及重要性,笔者下文要介绍的就是一个具有典型性的关于"遗嘱执行人"案例(来源于:人民法院报,作者:王治国)。

张女士一生未婚未育。2013年8月,张女士在银行租了一个保管箱,用于存放袁大头(民国时期主要流通货币之一)、金表、金项链等贵重物品,到期后又续约至2015年12月。

后来张女士得知自己患病,于2015年9月20日在中山医院立下书面遗嘱,指定自己的同学李先生为遗嘱执行人,让他按其心愿处理和保管箱中的物品,并指定其他同学林女士、马先生为遗嘱监督人。该份遗嘱中有医生签字,确认张女士立遗嘱时神志清楚,并盖有"复旦大学附属中山医院病区医疗专用章"。

2015年9月23日,李先生持张女士的书面委托书办理退箱业务,银行以不知委托人是否意识清醒、委托书需要公证为由拒绝办理。

2015年9月27日,张女士去世。同年12月25日,上海市徐汇公证处对张女士的代书遗嘱进行公证,确认这是她生前所立最后一份有效遗嘱。

作为遗嘱执行人,李先生将银行起诉至法院,请求法院判令银行允许其开启涉诉银行保管箱,取走箱内物品。林女士、马先生作为第三人参加诉讼,表示对李先生的诉讼请求没有意见。

银行答辩称,张女士与银行签订了保管箱租赁合同,李先生及第三人到业务点要求开箱,并告知张女士身患重病。但银行不知道其是否意识清醒,且没有收到张女士亲自提交的委托书,因此要求李先生对委托书进行公证才可办理业务。同时根据《保管箱业务办理》第30条的规定,租箱人在租赁期间死亡的,应提交死亡证明、遗嘱等相关证明材料,由经法定程序确认的合法继承人或受遗赠人向开办支行申请开箱。由于李先生没有提供经法定程序确认的合法继承人的相关证明,不符合申请开箱的条件,所以银行告知李先生,需经过公证或者法院有法律效力的生效判决来确认,在满足该条件后,银行才可办理开箱。因此,如果法院判决银行开箱,银行是认可的。

法院经审理认为,首先,李先生出具户籍摘录及户籍信息以证明张女士无法定继承人,治丧小组登报讣告也未出现法定继承人,且有多位证人证明张女士无法定继承人,法院因此认可李先生提出的张女士无法定继承人的意见。其次,上海市徐汇区公证处出具的《公证书》,确认张女士于2015年9月20日的代书遗嘱为其生前所立的最后一份有效遗嘱。因此法院认定张女士的代书遗嘱真实有效。最后,张女士代书遗嘱中已明确李先生为遗嘱执行人,我国《继承法》第16条(提示:现为《民法典》第1133条)规定公民可以指定遗嘱执行人,故李先生的身份合法有效,有权对张女士在银行处保管箱内的遗产进行清点、保管。据此,法院判决银行应于判决生效后配合李先生开启保管箱,取走箱内物品。

在上述的这个案例中,可以明确体现遗嘱执行人的作用之一,即能按照立遗嘱人的心愿执行遗嘱,统一保管遗产。该案例中,张女士虽然没有继承人,但是从中也能看出继承手续之繁杂。随着社会及经济的发展,人民群众的财富逐渐增加,财产种类的多样与庞杂,债务与财富并存的情况也越来越普遍,由此导致实践中还有可能存在其他继承障碍,比如遗产范围的确定,继承人、受遗赠人间的争议,债务的偿还等问题。这些复杂的问题,是绝大部分继承人头疼难解的问题。但现在有遗嘱执行人可以帮助继承人统一解决。遗嘱执行人,甚至可以类比为是遗产的一位"打工人"。

二、遗嘱执行人应该做什么,能做什么?

《民法典》第 1145 条规定,"继承开始后,遗嘱执行人为遗产管理人"。本书第三章第五节《遗产管理人,遗嘱落地的保护神》中,阐述了法律规定的遗产管理人职责。但想必读者内心还是存有疑问:这遗产管理人具体是怎么工作的?落到实务中,他应该做些什么,又能做些什么呢?笔者来一一解答。

(一)确认被继承人有无遗嘱、遗赠扶养协议

遗产管理人,在得知被继承人去世后,第一任务,就是确认被继承人有无留下遗嘱或遗赠扶养协议。一方面,这些法律文书的有无、是否有效,将直接影响后续债务的处理、遗产的分配;另一方面,如被继承人生前留有这些文书,绝大多数会在文书中罗列遗产的名称。即使没有,也会为遗产的查找提供线索。有了线索,就为下一步清点遗产提供了方向和便利。

(二)清点遗产并制作遗产清单

这项工作,就是清查、整理所有遗产、债务,确定遗产范围。清查的内容,有两个部分,第一个部分,是被继承人生前的所有财产,包括个人所有的不动产以及动产、夫妻共同财产或者家庭共有财产中被继承人有权享有的份额、由他人代持的财产、债权、合同权益、法定权益,等等;第二个部分,是被继承人生前未清偿的债务和未履行的义务,包括个人债务、夫妻共同债务、合同未履行义务、法定未履行义务,等等。

（三）确定继承人、受遗赠人的范围

遗产管理人，需要梳理所有有可能有权继承遗产的人。梳理继承人时需要考虑继承人有无丧失继承权的情形，法定继承人中有无代位继承人、转继承人，有无散落在各地的非婚生子女等；梳理遗嘱继承人时，需要确认遗嘱继承人或受遗赠人有无履行相应的义务，受遗赠人有无作出放弃或接受遗嘱的意思表示；等等。

（四）向继承人报告遗产情况

向继承人报告遗产情况，主要包含两个方面的工作。第一个方面，是在清理完遗产后，向所有继承人、受遗赠人报告被继承人的遗嘱、遗赠扶养协议情况，以及遗产情况，并统一收集、处理各继承人、受遗赠人的意见；第二个方面，是在管理、保管遗产过程中，定期向各继承人、受遗赠人汇报遗产的处理情况，遇突发事件时，还应当及时汇报，并征求各继承人和受遗赠人的意见。

（五）妥善管理、保护遗产

遗产管理人接受遗产管理工作后，就需要对遗产做好分类，哪些是可以先保持不动的，哪些是急需要变现的，哪些是急需要处理的……比如，鲜活易腐蚀的物品，应当及时变卖；正在出租的资产，应当及时接手和管理；需要及时做决定恢复生产经营的公司，应当尽快协助、推动公司管理层结束公司混乱局面；需要定期保养、修缮、保持保管环境的资产，应当妥善安排好相关人员进行处理。各种不同类型的遗产的方方面面，都需要遗产管理人一一细致处理。从这个角度来说，遗产管理人，俨然就是一个"大管家"。

（六）处理被继承人的债权债务

这项工作，既包括与被继承人的债权人对接、回收被继承人的债权，也包括确认被继承人的债务负担和偿还情况。必要情况下，遗产管理人还有可能需要通过诉讼来追回债权，或清偿债务。

（七）按照遗嘱或者依照法律规定分割遗产

以上工作基本完成后，遗产管理人就可以组织所有的继承人、受遗赠人来分割遗产了。被继承人有遗嘱或遗赠扶养协议的，就按照相应的文书进行分配，但需要注意给予特殊人士保留必要的份额；若各继承人及受遗赠人对遗产的分配、债务的处理均能达成一致意见，遗产管理人需要协助办理继承公证手续；如无法达成一致意见，则遗产管理人也需要配合参与相关的继承诉讼，在相关权利人取得生效裁决后，协助其取得遗产。

（八）实施与管理遗产有关的其他必要行为

遗产管理是一项持续进行的工作，其完成期限，既取决于各继承人、受遗赠人的配合程度，也取决于被继承人遗产和债务的复杂程序。在管理的过程中，任何突发情况都有可能发生。"哪里需要我，我就会在哪里出现"，就是遗产管理人的真实写照。

三、到哪里寻找那么好的遗嘱执行人？

前文已写到，立遗嘱人可以在自己的遗嘱中，选定一个人来担任遗嘱执行人。这位遗嘱执行人在立遗嘱人去世、且接受选任后，就可以开始管理遗嘱人的遗产。前文讲述的遗产管理人的各项职责，也能看出遗产在正式分割前，遗嘱执行人对遗产拥有一定的权利。如上述案例中，一生未婚未育的张女士选择了同学作为遗嘱执行人，在张女士离世后，遗嘱执行人有权开启保管箱，取走箱内资产。

由此可见，一位优秀的遗嘱执行人，必定是能够顺利执行遗嘱，妥善保管和管理遗产的人，也是能全面维护继承人、受遗赠人利益，将遗产顺利分割给继承人、受遗赠人的人。一位优秀的遗嘱执行人，可以让遗产的管理和分割安稳有序，继承人和受遗赠人和平共处、家庭和睦。那么，到底怎样来寻找这样一位优秀的人士呢？对此，笔者有如下建议：

1. 选择有责任、有担当的人士。

执行遗嘱内容、处理遗产的分配，是一项重任，不仅涉及继承人的利益，也涉及债务的偿还，其中必然有不少需要耐心沟通和细致对接的问题。凡此种种琐碎事务，均需要一位有责任、有担当的遗嘱执行人妥善解决完毕，如遇轻易推诿、逃避责任，随时"撂担子"的人，则必然让遗产管理和分割更加陷入一团乱麻。

2. 选择公正、中立、无私心的人士。

遗嘱执行人最重要的一项工作是分割遗产。各个继承人、受遗赠人均是各方势力，都有自己的"如意算盘"。为了分得遗产，或者为了分得更多的遗产，这些继承人、受遗赠人们会使出浑身解数，或义正言辞，或阿谀谄媚，或故意刁难，或置之不理。在此种情形下，只有一位公正不阿，中立无私心的遗嘱执行人，才能不与任一方继承人、受遗赠人同一利益，才能真正尊重立遗嘱人的遗愿，严格按照遗嘱内容分割遗产。

3. 选择具备相关专业知识的人士和机构。

具备相关专业知识的人士和机构担任遗嘱执行人，可以起到事半功倍的效果。这些专业人士和机构有专业知识，有处理经验，能高效办理遗产相关的管理事宜，能快速、精准地解决遗产管理中遇到的困难和难点，能更好地给遗嘱继承人和受遗赠人分割遗产。除了继承、家事相关的专业人士外，实务中，尤其是在涉及跨境遗产继承、复杂架构的股权继承等情形下，还需要拥有境内外公司法、信托法、税法等背景的专业人士。

4. 选定遗嘱执行人后，给予遗嘱执行人适当的报酬。

经过笔者前面的介绍，读者想必已有所了解，遗嘱执行、遗产管理，其实是一件非常累人且心力交瘁的事务。不仅需要收集、清理、管理和保管遗产，还需要想尽办法收回债权、清偿债务，更需要随时处理所有继承人、受遗赠人之间的关系，维护他们之间的和睦。而且，法律还明确规定，遗嘱执行人、遗产管理人应当依法履行职责，如因故意或者重大过失造成继承人、受遗赠人、债权人损害的，应当承担民事责任。也就是说，遗嘱执行人必须做一位勤勤恳恳的“大管家”，如果没做好，还会被追责。

由此，从权利和义务相对等的角度，从督促高效办好、办妥遗产管理事务的角度，给予遗嘱执行人适当的报酬，都是十分必要的。尤其是委托自己的亲友担任遗嘱执行人时，更需要考虑这一点。给予适当的报酬，既是感恩，亦是激励。

第七节　继承办理：如何把自己变成优秀的遗产管理人？

实践中，已有越来越多的立遗嘱人委托律师事务所担任遗嘱执行人，也有越来越多的继承人选择律师事务所担任遗产管理顾问。面对越来越纷繁复杂的法律关系和遗产关系，如何才能做好遗产管理，成为一位优秀的遗产管理人呢？

一、须全面掌握与遗产管理相关的所有法律知识、必要的金融财会知识以及较高的沟通谈判能力

遗产管理是一项系统工程。首先，遗产管理人需要全面掌握与遗产继承相关的所有法律知识，不仅仅是继承法，还有婚姻法、物权法、合同法等各方面法律知识。既要懂遗产如何确定，如何收回，鉴别哪些是必须要支付的开支和费用，还要懂得如何依法、合理分配遗产。其次，由于被继承人遗产类型的多样化，尤其是涉及公司股权、股票、基金、信托、私募股权投资等金融资产时，具有一定金融财会知识的管理人，才能更好地协助公司经营者管理遗产，及时甄别风险，防止遗产毁损和灭失。最后，遗产管理人需要跟债权人、债务人、继承人、受遗赠人、公证处、产权部门等方方面面进行沟通协调，尤其是债权人、债务人和继承人、受遗赠人，如何更好地平衡各方利益，说服各继承人和受遗赠人接受并尊重被继承人遗愿执行，都需要管理人具有较高的沟通和谈判能力。

因此，各位即将成为或已经成为遗产管理人的人士或机构，应当有意识地去培养和提高以上的各方面知识和能力。如果一时无法快速掌握，也没关系，可以寻求具有这类技能的人群，把专业优秀的人组建成一个优秀的遗产管理团队，也能为被继承人提供更好的服务。

二、须保持应有的勤勉、负责、中立、公正的品格，尽全力帮助被继承人遗愿的实现

如本章所述，遗产管理人需要面对和处理方方面面的利益。在遗产管理过程中，需要坚持初心，谨记被继承人的遗愿，严格按照被继承人的遗嘱或遗赠扶养协议，或法律的规定来处理遗产，面对强权要不屈服，面对诱惑要敢于坚持，只有一直保持勤勉、负责、中立、公正的品格来管理遗产，才能取得各方权利人和义务人的尊重和支持，才能更好地进行遗产管理。

三、须建立遗产管理的规范化操作流程

遗产管理事务纷繁复杂，细到制作各类遗产明细表、遗产分配方案表、债权债务回收处理路径表，小到陪同继承人或代替继承人一一去银行、证券公司、不

动产登记中心等财产机构查询遗产,无不需要事先建立一套完整、全面的操作流程。笔者团队在办理遗产管理业务时,就会遵循以下几大内容:

(一)被继承人生前阶段

主要工作包括:

1. 与被继承人进行深入沟通,了解被继承人的个人、家庭、子女等各方面情况,确定财产安排意向和传承意愿。

2. 梳理被继承人财产清单,协助确定财产范围。根据被继承人的实际情况,包括是否涉外、是否有需要特别照顾人群、财产是否有特别情况等,制定遗嘱方案和传承方案。

3. 与被继承人正式建立遗产管理的委托关系,协助被继承人设立遗嘱,在遗嘱中设立好遗嘱执行人。

4. 协助被继承人对遗嘱进行妥善保管。

5. 持续跟踪、关注被继承人的情况,提醒被继承人及时更新遗嘱。

(二)被继承人去世后阶段

主要工作包括:

1. 如被继承人生前已指定笔者团队所在的律师事务所担任遗嘱执行人的,则直接进入遗产管理阶段,履行遗产管理人的职责。主要的工作内容,见本章第六节。具体工作方式,会采用与有关人员进行谈话,制作谈话笔录,实地走访,债权债务公告与申报,召开继承人、债权人、债务人会议等,同时也会配以各种表格、协议、声明等文本。必要时也需要根据实际情况提起或参与诉讼。

2. 如被继承人须按照法律规定方式确定遗产管理人,或者已指定其他遗嘱执行人,则亦可以通过协助遗产管理人、遗嘱执行人的方式,来协助展开遗产管理的工作。

囿于篇幅以及个案的不同,笔者无法一一展开更多内容。实务中,上述看似几句话的工作,背后是数十份、上百份经过细致核对、修改的表格、笔录、协议等文件,也是数十个、上百个小时工作里汗水的挥洒。随着遗产管理人制度的逐步落地和完善,国内已有部分城市的律师事务所或机构发布《遗产管理人操作流程指引》,也能供有志于此的人士进行学习和参考。

随着个人财富总量逐渐增多、财产种类日益多元化,遗产继承日趋复杂,

《民法典》新增的“遗产管理人”制度，必定会逐步遍地开花。对于高净值收入家庭，声誉良好、具备相应领域专业知识和处理经验的遗产管理人，会是他们优先的选择。遗产管理人的工作和流程，其实梳理起来并不多，但难就难在能否遵照流程一一做到、做好、做精。

成为一位优秀的遗产管理人，贵在品格，难在坚持，重在做精做专。期待更多的优秀专业人士加入到遗产管理人的队伍中来。

第八节　遗嘱必知小问答

一、遗产继承，需要履行哪些手续？

根据我国法律规定，遗产继承，可以依据遗赠扶养协议、遗嘱（包括遗赠）进行处理，没有遗赠扶养协议和遗嘱的，就按法定继承处理。

不管以哪种方式办理继承，只要各法定继承人、遗嘱继承人、受遗赠人之间能协商一致处理的，可以直接去公证处签署继承协议、办理遗产的继承权公证手续，再持继承权公证书办理遗产的产权变更和交接手续。另外，实践中也有个别地方，房产继承可以不需要办理继承权公证书，全体继承人、受遗赠人到不动产登记中心直接办理过户。

若各法定继承人、遗嘱继承人、受遗赠人之间无法协商一致处理的，则需要由一方诉请法院进行处理，法院审理完毕后，各继承人持法院生效的判决书或调解书办理遗产的产权变更和交接手续。

前述整个继承手续，均应在确定遗产管理人后进行，实际中遗产管理人参与继承的程度视不同情况而有所不同。

二、我国法定继承人的范围有哪些？

我国法律规定的法定顺位继承人包括：

第一顺序是：配偶、子女、父母。

第二顺序是：兄弟姐妹、祖父母、外祖父母。

继承开始后，由第一顺序继承人继承，第二顺序继承人不继承。第一顺序继承人中的子女，如果先于被继承人去世，则该子女的后辈直系血亲可以代替该子女的位置进入到第一顺序继承，只是继承的总份额仅限于该子女应当继承的份额。这叫作代位继承。

没有第一顺序继承人（含代位继承人）的，由第二顺序继承人继承。如第二顺序继承人中被继承人的兄弟姐妹先于被继承人去世的，则该兄弟姐妹的子女进行代位继承。

以上子女，包括婚生子女、非婚生子女、养子女和有扶养关系的继子女。

父母，包括生父母、养父母和有扶养关系的继父母。

兄弟姐妹，包括同父母的兄弟姐妹、同父异母或者同母异父的兄弟姐妹、养兄弟姐妹、有扶养关系的继兄弟姐妹。

丧偶儿媳对公、婆，丧偶女婿对岳父、岳母，尽了主要赡养义务的，作为第一顺序继承人。

三、法定继承，具体是怎样继承？

根据我国《民法典》的相关规定：如果没有遗嘱，也没有遗赠扶养协议的，则遗产按照法定继承办理。

法定继承，遗产由法定第一顺序继承人继承。第一顺序继承人为：配偶、子女、父母。如果没有第一顺序继承人，则遗产由第二顺序继承人继承。第二顺序继承人为：兄弟姐妹、祖父母、外祖父母。如子女先于被继承人死亡，则该子女的直系晚辈血亲可以代替子女进入第一顺序继承；如被继承人的兄弟姐妹先于被继承人死亡的，则由该兄弟姐妹的子女进行代位继承。

同一顺序继承人继承遗产的份额，一般应当均等。继承人协商同意的，也可以不均等。另外，对生活有特殊困难的缺乏劳动能力的继承人，分配遗产时，应当予以照顾。对被继承人尽了主要扶养义务或者与被继承人共同生活的继承人，分配遗产时，可以多分。有扶养能力和扶养条件但不尽扶养义务的继承人，分配遗产时，应当不分或者少分。还有，对继承人以外的依靠被继承人扶养的缺乏劳动能力又没有生活来源的人，或者继承人以外的对被继承人扶养较多的人，可以分给他们适当的遗产。

最后，如果没有法定继承人，也没有上述可以适当分得遗产的人，则遗产归国家或集体所有制组织所有。

四、遗嘱有“有效期”吗?

根据我国《民法典》的相关规定,公民可以立遗嘱,将财产指定由法定继承人的一人或者数人继承,也可以立遗嘱将财产赠给国家、集体或者法定继承人以外的组织、个人。后者,我们称为“遗赠”。

如果遗嘱符合法律规定,且在没有新遗嘱变更、撤回旧遗嘱的情况下,遗嘱一直有效。

只是,如果遗嘱中写明将财产由非法定继承人继承,即“遗赠”的,那么受遗赠人应当在知道受遗赠后60日内,作出接受或者放弃受遗赠的表示。到期没有表示的,视为放弃受遗赠,或者受遗赠人在60日内作出放弃的表示的,遗嘱效力与“无效”效果相同,遗产按法定继承处理。

五、遗嘱执行人是做什么的?

遗嘱执行人,通俗的理解就是执行遗嘱内容,按照遗嘱分配财产,处理事务的那个人,通常是由立遗嘱人指定的。《民法典》中规定“继承开始后,遗嘱执行人为遗产管理人”,同时规定,遗产管理人负责以下工作:

第一,清理遗产并制作遗产清单;

第二,向继承人报告遗产情况;

第三,采取必要措施防止遗产毁损、灭失;

第四,处理被继承人的债权债务;

第五,按照遗嘱或者依照法律规定分割遗产;

第六,实施与管理遗产有关的其他必要行为。

六、被继承人去世后,遗产应该怎样保管和处理?

被继承人去世后,知道被继承人去世的继承人,应当及时通知其他继承人和遗嘱执行人。继承人中无人知道被继承人死亡或者知道被继承人死亡而不能通知的,由被继承人生前所在单位或者住所地的居民委员会、村民委员会负责通知。

存有遗产的人,应当妥善保管遗产,任何人不得侵吞或者争抢。

继承开始后,应该先查询被继承人生前是否留有遗赠扶养协议、遗嘱(含遗赠)。如果有遗赠扶养协议的,按遗赠扶养协议处理。如果没有遗赠扶养协议,有遗嘱的,按照遗嘱处理。如果没有遗赠扶养协议也没有遗嘱的,则按法定继承处理。

处理遗产前,如果发现遗产在夫妻共同财产中,应当先析出属于遗产的部分。一般是将共同财产的一半分出作为配偶所有,其余的作为被继承人的遗产。遗产如果在家庭共有财产之中,或者与他人共有,也应当先分出他人的财产,然后再处理遗产。

第七章　遗嘱争议如何解决

第一节　遗嘱效力有争议，怎么办？

实践中，遗嘱引发的争议较多，有的是因为遗嘱本身设立的形式不够规范，有的是因为遗嘱中条款内容不够清晰准确，还有的是因为继承人之间原本就有矛盾不愿主动配合执行遗嘱等，如果发生争议，究竟应该如何处理呢？

一、案例现场

2019年8月的一天晚上，律师正要下班，被焦虑的章女士拦住，章女士焦急万分，眼泪都快下来了，“杜律师，一定要帮帮我！”律师赶紧请章女士到办公室坐下，听章女士讲述这一个月的悲苦。

章女士的先生郭总，是一家创业板科技企业的股东，也是公司技术总监，负责产品开发和售后技术服务。2019年7月3日，他带着一个新招聘入职的年轻小伙子，驾车前往佛山的客户那里。原本开车需要两个半小时即可，但是路上堵车，到了佛山，已经是中午，便和客户约好下午2:30见面。随意吃了点东西后，两人回到车里。郭总坐到驾驶座位后，轻轻哼了一声，就靠在座椅上闭上了眼睛。同行的小伙子，随后坐上旁边的副驾驶，听见郭总哼了一声，又见他靠在座椅上，以为他睡着了，就在副驾驶位置上等候。谁知过了1个多小时，郭总仍旧一动不动，约见客户的时间也已经到了。小伙子鼓起勇气，轻轻推了一下郭总，郭总竟然一下子瘫倒了。小伙子吓坏了，赶紧拨打“120”，2分钟不到救护车就到了。原来，距离他们停车不到500米，就是一个心血管医院。

到了医院后，医生奋力抢救，还是没能抢救回郭总的生命。医生说，要是早来半小时就好了！

这个打击对于章女士来说，简直是晴天霹雳！章女士一直是所有人羡慕的对象,嫁给大学同学,丈夫性情温厚,对自己、对儿子极好,每次出差都给自己和孩子买礼物,在家也会帮忙家务。事业上也是发展顺利,毕业没几年就已经和几个朋友建立了一家颇有前景的公司。就在出差前,郭总还和章女士商量要买一套学区房,就写儿子名字,并且已经将股票卖掉,500万元出售款转到了章女士的账户上。

如今,丈夫郭总突然毫无征兆地撒手人寰,让章女士如何接受?

郭总的父亲很早就去世了,郭总母亲独自带大郭总、还有郭总的弟弟。闻讯,也是老泪纵横,几乎不能自已。

安排好郭总的后事,问题就出现了,那500万元款项能否继续购买房产,登记到儿子名下?

二、律师分析

从章女士角度讲,这是丈夫一个未完成的心愿,丈夫极为疼爱儿子,给儿子买套好的学区房,天经地义、合情合理,但郭总确实没有留下任何协议书面文件安排。章女士说,自己和丈夫商量这些事情都是在家里,也确实没有其他什么明确的证据可以证明。非要说的话,丈夫曾经给自己发过微信,内容是让章女士去看房,给儿子买套好的房子。这算不算郭总和章女士一起达成了对夫妻共同财产,即对500万元款项的处分,将500万元赠与给孩子买房呢?

章女士的婆婆,一生未再嫁,对郭总和郭总弟弟这两个儿子都极为悉心照料,非常宠爱。痛失长子,好在二儿子还可以依靠。继承来遗产,留给自己和二儿子,让二儿子过得更好,也是内心里的真实想法。她也毫不隐瞒地告诉了章女士这个愿望。

但章女士无论如何也无法接受,这500万元连自己都不要,就留给自己和郭总的儿子,为什么就不行?反而非要分出一部分,给到婆婆和小叔子。

伤痛、不解、无奈、愤恨,各种复杂心情难以言表。

但事情总要解决,律师问了一个关键问题:郭总生前有没有遗嘱?

章女士赶紧说:"有啊有啊。"原来,郭总是一个很有远见和规划意识的人,他早就立了一份遗嘱,并且交给章女士保管。

律师拿过遗嘱一看,叹了口气。哎,遗嘱怎么能直接打印的呢?而且只有郭总一个人的签名。这很难认定遗嘱是有效的啊!内容上,也不够完善。遗嘱上说:“儿子是我们的最爱,以后我的股票都归儿子所有。”可是股票已经卖掉成为存款了呀。

虽然法律上这份遗嘱的效力无法认定,但是毕竟是郭总自己签过字的文件,拿来和婆婆争取一下也还是有可能的。于是律师建议章女士:协商为主。最好自己和婆婆、小叔子好好沟通。

章女士直言,自己个人实在无法面对,担心会情绪失控。于是律师就问,有没有其他亲戚可以帮忙协调一下?章女士说,没有什么走得比较近的亲戚。律师又问,丈夫和公司的其他合伙人关系怎么样,能不能帮忙协调?章女士一想,这个也许可以。毕竟丈夫的这几个合伙人多数都是同龄人,彼此感情不错、也非常有能力,也许可以作为旁观者看得更清楚,做做调解工作也说不定呢。

于是章女士找来丈夫公司的董事长林总。林总与郭总是共同创业的好兄弟,满口答应。马上就开始从中进行调和。事情虽然不那么顺利,但几经波折,最终还是勉强达成了协议。500 万元留给儿子买房,即将发放的公司分红 100 万元给到老人家。其余财产扣除属于章女士的一半后,按各三分之一份额进行分割。

三、律师建议

从被继承人去世的那一刻起,后事、财产分割,就是绕不开的难题。不同继承人因为不同立场、不同想法、不同认知水平而发生争议在所难免。那么,一旦产生争议,应该怎样处理呢?笔者就把实践中解决争议的有效方法,做个归纳总结,方便读者参考适用。

(一)建议自行协商讨论

对遗嘱真伪和内容的辨别,一方面,要参考法律规定(本书第二章是关于各类遗嘱形式的法律规定解析,可以比对进行参考);另一方面,也要进行情理方面的考量,也就是说,要尊重逝者的真实意愿,可以结合逝者生前的所言所行、价值观念、思想想法、生活习俗等综合推定;再一方面,应当本着家和万事兴的家事处理基本原则,互谅互让、换位思考、耐心包容。

(二)应当引入家族中德高望重、公平明理之人主持商议

继承人之间,同为遗产利益的受益人,的确比较难权衡利益。此时,找到一

个大家都认同和尊重的，德高望重、公平明理的家族长辈或朋友，作为继承人之间的调和人，非常重要。调和人可以用心说服规劝，将争议中一些斗气之类的情绪消解掉，创造良好的协商氛围。同时，当局者迷，调和人站在局外人的立场，更容易理性和公平看待争议分歧，从而更容易找到各方利益的平衡点，给出各方都能接受的方案。

（三）可以引入遗嘱律师主持调解

前面说的调和人如果找不到，那么就遵循“专业的事交给专业的人”原则，可以共同委托经验丰富的专业遗嘱律师，提供继承调解工作。一方面，律师具备专业的遗嘱法律知识，更方便从法律角度给出明确意见和建议；另一方面，专业的遗嘱律师，经历大量继承争议，从中习得更多化解矛盾的思路、路径和方法，更容易帮各方找到创新解决之道。

（四）可以考虑寻求专业的人民调解机构帮忙

人民调解，就是居民委员会、村民委员会、社区街道、司法所等组成的人民调解机构，通过说服、疏导等方法，促使当事人在平等协商基础上自愿达成调解协议，从而解决民间纠纷。这是各地政府提供的解决争议的调解服务。随着家事审判改革和家事争议多元化解决机制的推进，很多地方都成立了专门的家事人民调解中心，各中心都配备有具备专业知识的调解员，相信会有效帮助人们解决遗嘱继承争议。

（五）诉讼

诉讼，是解决一切争议的最终路径。当自主协商和解、第三方介入调解，均无法达成一致时，只能不得不运用最后一招——拿起法律武器，进行诉讼，让法官居中裁判，让判决书明辨是非，定分止争。

第二节　继承诉讼，一场不一样的争议

说到继承诉讼，很多人会有误解，认为启动这样的诉讼，家人之间为了争夺遗产闹上法庭，是一件不光彩的事情，这种观念需要更新。继承诉讼，从本质上来说，是解决各类继承争议和难题的法律工具和手段。继承诉讼分两种：一种是

实质性争议的诉讼,就是各继承人对于财产归属,确实存在重大争议。这是笔者认为一定要想方设法尽量避免的,本书所追求的价值之一也就在于此。因为这种争议诉讼,非常伤害家庭和谐和家族有序传承。另一种是程序性争议的诉讼,它完全可以直接理解为就是继承遗产的一种方式。前面我们在第六章中讲述了继承手续办理的知识,在常规的继承程序,即办理继承权公证时,需要多种身份证明、关系说明和财产凭证等资料。有些证件资料因为某些历史原因、或者客观原因无法取得,凭借个人的力量,无法让有关机构出具。此时,只能通过启动继承诉讼,利用法院的司法调查权限,来间接取得继承需要用到的各类证明资料。当然,如果证明资料都有了,不存在其他实质性争议的,各方当事人完全可以达成协议,让法院出具调解书,然后依据调解书再去办理财产过户手续。

无论是那种类型的诉讼,关于诉讼的有关程序和原理,简单教给读者。

一、谁做原告,谁做被告,谁是第三人?

谁想解决继承问题,谁就可以启动诉讼。这个启动诉讼的人就是原告,可以将其他所有继承人列为被告。没有被列为被告的人,如果认为自己也有继承权,那么他可以到法院主动申请要求参加诉讼,此时法院审查后可以将他列为第三人。从法律程序上讲,被告、法院也可以追加第三人。需要说明的是,民法典“遗产管理人”因拥有独立的法律地位,也将会成为继承诉讼中的当事人,参与继承诉讼,行使民法典赋予的遗产管理职责。

二、民事起诉状怎么写?

起诉状的写法并不复杂,题目是“民事起诉状”;然后列好原告、被告、第三人的姓名、身份证号、住址;接着列上“诉讼请求”,可以分项列出要求继承分割的财产,比如,请求法院依法分割被继承人名下位于某某地址某某小区某栋某号房产;然后,写“事实和理由”,把被继承人去世的情况、财产情况、争议情况、自己对争议的理解和法律适用写上,请法院支持自己的诉讼请求;最后,落款写“具状人”,由原告署名,并注明年、月、日。(见图 7-1)

民事起诉状

原告一：[redacted]，女，汉族，[redacted]年[redacted]月[redacted]日生，身份证号码：[redacted] 地址：[redacted]

原告二：[redacted]，女，汉族，[redacted]年[redacted]月[redacted]日生，身份证号码：[redacted] 地址：[redacted]

被告一：[redacted]，男，汉族，[redacted]年[redacted]月[redacted]日生，身份证号码：[redacted] 地址：[redacted] 联系电话：[redacted]

被告二：[redacted]，男，汉族，[redacted]年[redacted]月[redacted]日生，身份证号码：[redacted] 地址：[redacted] 联系电话：[redacted]

诉讼请求

一、判令依法分割被继承人[redacted]的全部遗产，包括：

1.被继承人[redacted]名下的房产：

[redacted]

二、判令被告承担本案诉讼费用。

图 7－1　民事起诉状样稿

三、向哪个法院起诉？

一般是向被继承人（逝者）死亡时住所地，或者主要遗产所在地人民法院起诉。所谓住所地，是指被继承人的户籍所在地。如果户籍所在地与经常居住地不一致的，则向经常居住地所在法院起诉。经常居住地，是指去世前连续居住满1年以上的地方。遗产可能有多项，分别位于不同的地点。此时，遗产所在地，指主要的遗产所在的地点。

四、立案时需要哪些材料？

（1）《民事起诉状》（原件）；

（2）案件涉及的所有原告、被告、第三人身份信息（复印件），比如身份证、户口簿、公安机关人口信息等；

(3)证据材料(复印件)，包括原告、被告、第三人与被继承人的身份关系证明、被继承人的财产证明，如房产证、银行账号等。如果有些财产并不清晰，可以申请法院调取。

五、立案到诉讼的程序是怎样的?

拿着以上第四点所列的材料，就可以去法院立案。正式立案前，有的法院可能会启动"诉前联调"阶段，即将案件分派给调解员，由调解员协助各方当事人进行调解，如调解成功，则原告撤诉，法院出具撤诉裁定；或者各方签署调解协议，法院出具调解书。案件能在本阶段处理完毕的，则无须进入立案审理程序。

如调解不成，法院将予以正式立案受理。受理后，法院会发给原告《案件受理通知书》《举证通知书》《交纳诉讼费用通知书》。原告应于收到《交费通知单》次日起7日内缴费，将缴费单交还给法院，并准备进一步的证据资料。法院收到缴费通知单后，立案就算正式完成。此后，法院会通知被告、第三人，将诉讼材料送达给他们，同时告知他们诉讼权利义务、答辩期、举证期等。被告和第三人，需要在期限内进行举证和答辩。因为诉讼是较为严谨和专业的法律程序，为避免利益受损，通常建议委托专业律师进行处理。

六、继承诉讼，要交多少诉讼费?

法院受理诉讼，需要收取诉讼费。包括案件受理费、保全费等。

案件受理费，是根据诉请方要求继承的财产金额为标准，按比例分段累计计收。具体见表7-1：

表7-1 诉讼费

诉求金额	计算公式
诉求金额≤1万元	50元/件
1万元<诉求金额≤10万元，按2.5%	诉求金额×2.5% -200
10万元<诉求金额≤20万元，按2.0%	诉求金额×2.0% +300
20万元<诉求金额≤50万元，按1.5%	诉求金额×1.5% +1300
50万元<诉求金额≤100万元，按1.0%	诉求金额×1.0% +3800

续表

诉求金额	计算公式
100 万元 < 诉求金额 ≤ 200 万元,按 0.9%	诉求金额 × 0.9% + 4800
200 万元 < 诉求金额 ≤ 500 万元,按 0.8%	诉求金额 × 0.8% + 6800
500 万元 < 诉求金额 ≤ 1000 万元,按 0.7%	诉求金额 × 0.7% + 11800
1000 万元 < 诉求金额 ≤ 2000 万元,按 0.6%	诉求金额 × 0.6% + 21800
诉求金额 > 2000 万元,按 0.5%	诉求金额 × 0.5% + 31800

依据表 7－1,举例说明如下:

诉请分割的遗产金额为 100 万元,则案件受理费为:13800 元;

诉请分割的遗产金额为 1000 万元,则案件受理费为:81800 元;

诉请分割的遗产金额为 1 亿元,则案件受理费为:541800 元。

如果案件适用简易程序审理,或者以调解、撤诉方式结案的,则可以减半缴纳案件受理费。但是案件受理费只能减半一次,即如果一个案件即是以简易程序审理,最终又以调解方式结案的,则只能减半一次。

在继承案件中,并不是只有原告才应缴纳案件受理费。如果被告或者第三人,提出了原告没有提出的遗产分割请求,则被告或第三人,亦需要按照上述标准缴纳案件受理费。

七、诉讼时长一般多久?

法律规定的诉讼时长为一审普通程序 6 个月,二审 3 个月。但法院送达、调查取证、管辖异议、一审到二审案卷移送、调解等程序时间并不计入诉讼时长。同时,继承案件中需要调查取证的财产、身份证明等资料,耗时很长,因此继承诉讼实际进行的时长,通常要远超法律规定。一般情况是,一审程序为 6 ~ 12 个月,甚至 2 年都有;一审转二审移送案件为 1 ~ 3 个月;二审程序为 6 ~ 12 个月。整体时长 2 年左右,甚至 3 年。

继承诉讼,很多时候是一个漫长的过程。所以,建议最好在明确了解继承身份、财产状况后,各方能尽早调解,由法院出具民事调解书。

第三节 继承诉讼争议大起底,案由揭秘

围绕继承,有多种诉讼。司法实践中,法官为了区分不同类型的纠纷,通过“案由”来对纠纷进行分类。那么,继承纠纷中,具体的纠纷类型,也就是案由,包括哪些呢?

一、法定继承纠纷

法定继承纠纷,是指在没有遗嘱、遗赠、遗赠扶养协议的情况下,遗产需要按照法定继承处理。此时,继承人之间就法定继承问题产生争议而提起的诉讼,就是法定继承纠纷。

这个案由之下,还包括两个下级案由,分别是转继承纠纷、代位继承纠纷。如果法定继承纠纷的具体纠纷原因系这两类的,就可以分别列这两类案由。除这两类之外的其他情形的法定继承纠纷,均可直接列“法定继承纠纷”案由。

法定继承纠纷中,常见的争议点包括谁是法定继承人、遗产范围、遗产分割方式、遗产分割比例、能否适当多分、是否有适当分得遗产权,等等。

二、转继承纠纷

先了解一下,什么叫转继承?

被继承人去世后,应当由他的继承人继承遗产。但是,如果继承人还没来得及完成这个继承手续,也去世了。那么,这位后去世的继承人本应继承的遗产份额,就将作为这位继承人的遗产,由继承人的继承人来继承。也就是说,继承发生了转移,转移到由继承人的继承人,来继承被继承人的遗产。

如果在这种转继承过程中,发生的继承争议,就属于“转继承纠纷”。(见图7-2)

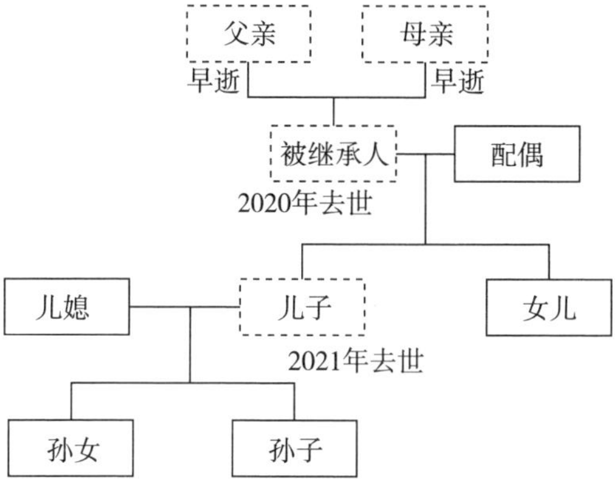

家庭关系图

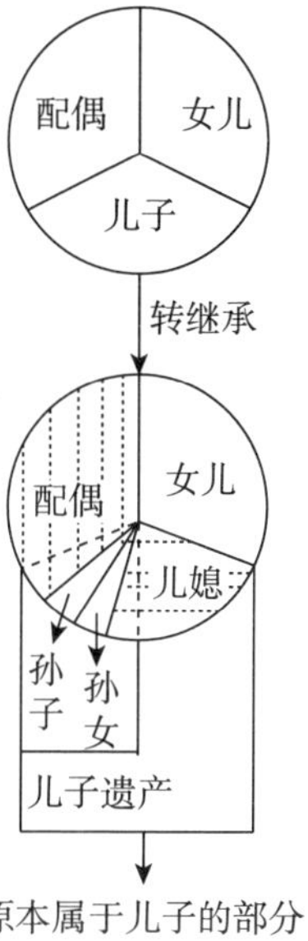

遗产分割图

图 7－2　转继承

转继承纠纷中，常见的争议点包括转继承人的认定、遗产范围、遗产分割方式、遗产分割份额、特殊情形下的多分少分认定等。

三、代位继承纠纷

什么是“代位继承”？从它包括的有且仅有的两种情形说起。

（一）第一种情形：法定第一顺位的代位继承

如果被继承人去世，应当由法定第一顺位继承人继承。法定第一顺位继承人包括配偶、子女、父母。

其中，被继承人的子女，如果在被继承人去世之前，就已经去世的，那么被继承人子女的子女，即被继承人的孙子、孙女、外孙子、外孙女，有权代替被继承人的子女，继承本应由被继承人的子女应当继承的那部分遗产份额。

如果被继承人的孙子女、外孙子女，也先于被继承人去世，那么，孙子女的子女也可以代位继承，依此类推。这类代位继承，可以无限向下一代直系晚辈血亲代位。这也符合我们国家传统的子嗣延绵、泽福后代的传统价值观。（见图 7－3）

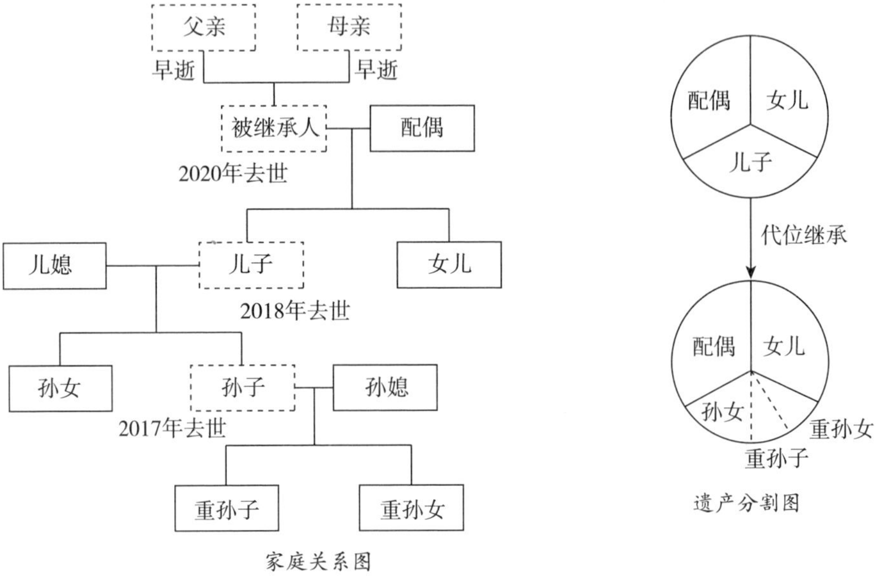

图7－3　第一顺位继承人的代位继承

(二)第二种情形:法定第二顺位的代位继承

如果被继承人没有法定第一顺位的继承人,也没有前述的法定第一顺位代位继承人。那么,被继承人的遗产,将由法定第二顺位的继承人继承。法定第二顺位的继承人包括兄弟姐妹、祖父母、外祖父母。

其中,被继承人的兄弟姐妹,如果在被继承人去世之前,就已经去世的,那么被继承人兄弟姐妹的子女,即被继承人的侄子、侄女、外甥、外甥女,有权代替被继承人的兄弟姐妹,继承本应由被继承人的兄弟姐妹应当继承的那部分遗产份额。

这类代位,仅限于被继承人的侄子女、外甥子女这一代,侄子女、外甥子女的下一代没有代位权。(见图7－4)

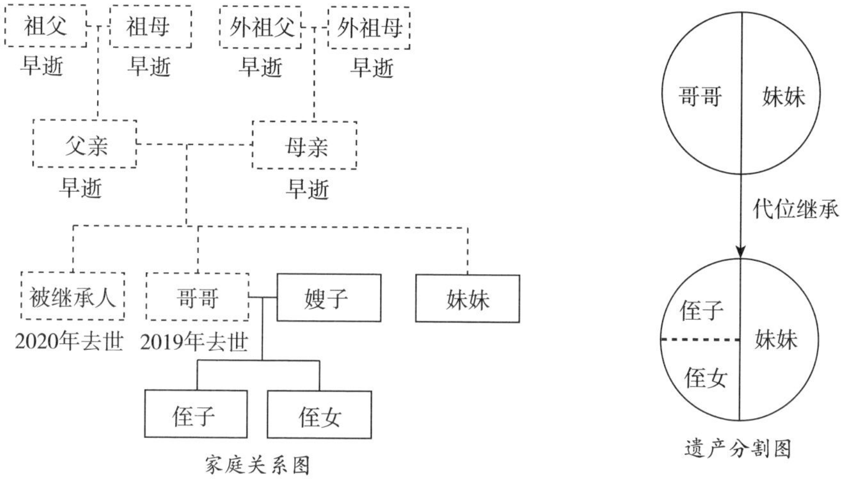

图 7-4　第二顺位继承人的代位继承

如果在前述代位继承过程中,继承人之间产生了争议,案由就列“代位继承纠纷”。

代位继承纠纷中,常见的争议点包括是否构成代位继承、代位继承人的认定、遗产范围、遗产分割方式、遗产分割份额、特殊情形下的多分少分认定等。

四、遗嘱继承纠纷

遗嘱继承纠纷,顾名思义,就是指被继承人生前设立有遗嘱,在按照遗嘱进行继承的过程中,遗嘱继承人之间或与法定继承人之间产生争议而提起的诉讼。

遗嘱继承纠纷中,常见的争议点包括遗嘱真假、遗嘱效力、遗嘱处理的财产是否属于遗产、继承人是否有继承资格、遗嘱无效后如何进行法定继承等。

五、遗赠纠纷

遗赠,其实也属于广义的遗嘱。本书前面章节,除非特别说明,否则没有刻意区分遗嘱和遗赠,而是将遗赠包含在遗嘱当中,一并进行阐述。因为二者从功能上来讲基本相同,都是立遗嘱人生前明确表明:在自己去世后,将自己的财产分配给指定的人。区别就是,这个指定的人,也就是遗产受益人的身份不同。遗嘱指定的遗产受益人，是法律上的法定继承人的，就叫作遗嘱继承人，比如遗嘱人的子女；遗赠指定的遗产受益人，是法律上法定继承人以外的人，就叫作受遗赠人，比如遗嘱人的朋友。

因遗赠产生的纠纷，就列案由为“遗赠纠纷”。

遗赠纠纷中，常见的争议点包括遗嘱真假、遗嘱效力、遗赠处理的财产是否属于遗产、受遗赠人是否有受遗赠资格、受遗赠人是否在法定期限内接受遗赠、遗赠无效后如何进行法定继承等。

六、遗赠扶养协议纠纷

遗赠扶养协议，通常发生在没有子女，或者子女无法赡养的老人身上。老人为了解决自己的养老安排问题，就可以找到一个自己信赖的人或者组织，签署一份协议，约定：老人未来的赡养、照料、生养死葬等义务，由这个信赖的人或组织来承担；待老人去世后，老人的财产就归这个扶养人或组织所有。这种协议安排，是一种互助安排。老人，在协议上叫“遗赠人”，老人托付的这个人或者组织，在协议上叫“扶养人”。

因遗赠扶养协议发生的纠纷，就列案由为“遗赠扶养协议纠纷”。

遗赠扶养协议纠纷中，常见的争议点包括遗赠扶养协议效力、协议履行查明、是否成就遗赠条件、遗产范围、分割方式等。

七、被继承人债务清偿纠纷

被继承人债务清偿纠纷，发生原因在于，被继承人去世时尚有生前债务未偿还。比如，被继承人生前向某人借款 100 万元，截至去世时，尚未偿还。此时，这个某人就是债权人，被继承人就是债务人。债权人肯定会来找被继承人的继承人们商量还款。如果被继承人留有遗产，继承人就应该从遗产中拿出 100 万元还债。

假如，继承人们对这 100 万元债务来龙去脉不了解，对真实性有怀疑不认可，或者遗产很多，有些已经被遗嘱继承人继承，有些被法定继承人继承，对于应当从谁继承到的遗产中拿出 100 万元来偿还债权人争执不下时，债权人的债务就得不到偿还，此时债权人就会提起这个“被继承人债务清偿纠纷”的诉讼。

此时，债权人做原告，列代替被继承人还债的所有继承人做被告，要求所有继承人在继承被继承人遗产范围内，承担偿还债务的责任。

被继承人债务清偿纠纷中，常见的争议点包括债务是否真实存在、债务履行情况查明、实际债务金额认定、债务清偿顺序、继承人放弃继承审查等。

八、遗产管理纠纷

这是《民法典》生效后，随着《民法典》生效而新增的案由。《民法典》新增了“遗产管理人制度”，由此，实务中就有可能出现遗产管理人的选任、资格、如何行权等问题，也会出现遗产管理人与继承人、债权债务人等相关人员之间的冲突问题，还会出现遗产管理人损害继承人利益等问题。实际情况还会更加复杂。此时，遗产管理人既有可能成为原告，也有可能成为被告，更有可能成为第三人。

遗产管理纠纷中，常见的争议点包括谁有权成为遗产管理人、遗产管理人是否有违法或侵害相关人员利益行为、遗产管理人如何履行职责、相对人是否有配合等义务……

第四节 案说智慧，示范解决继承诉讼争议之道

继承纠纷的处理，需要结合情、理、法的综合运用。下面结合笔者实操的一个经典继承诉讼案例，给读者展示一下，在继承纠纷中的常见争议焦点，以及这些争议焦点的分析解决之道。

一、案件现场

2015 年 12 月的一天，欧阳音、欧阳菲两姐妹找到律师，义愤填膺地说：“一定要让法律给自己讨回公道，不让弟弟欧阳勇得逞，父亲的遗产必须平均继承。”杜律师说：“先别着急，慢慢说。”经过了解，律师终于知道了事件的经过。

欧阳姐妹的父亲，叫欧阳季，曾用名欧阳锦、欧阳劲。父亲于 2015 年 9 月因直肠癌医治无效去世。父亲生前有多段婚姻。1970 年，父亲与第一任妻子林仪结婚，生育了包括欧阳姐妹在内的 5 个子女，分别是欧阳坚、欧阳音、欧阳菲、欧阳小花、欧阳小红。母亲林仪于 1989 年病逝。1991 年，父亲与第二任妻子，也就是现任妻子程桦登记结婚，生育了 4 个子女，分别是欧阳勇、欧阳小青、欧阳小

梅、欧阳小燕。欧阳姐妹自亲生母亲林仪去世后，就跟随父亲、继母程桦一起生活，彼此关系还不错，与一众亲兄弟姐妹之间关系一般。父亲欧阳季并非一个安分守己之人，虽然已与程桦结婚，但自 1992 年开始，就与情人潘梦关系十分密切，经常在一起生活，基本处于两个家庭来回跑的情况。潘梦与父亲先后共生育了 3 个子女，分别是欧阳小芳、欧阳雄贵、欧阳雄富。如今这些兄弟姐妹们，除了欧阳雄富还在读初中外，其他人均已成年。

父亲是个极其勤奋的人，而且头脑灵活。他生前创办有多家公司，在深圳、广州、上海、云南、海南等地拥有多处房产，资产丰厚。妻子程桦名下也有多处房产。

父亲是个比较传统的广东潮汕人，思想相对保守，比较重男轻女。因此目前多家公司、房产等由两个儿子欧阳坚、欧阳勇实际掌管。欧阳勇作风更霸道一些，所以是公司的总经理，公司上上下下都听他的。

欧阳姐妹的父亲去世后，欧阳两姐妹找到欧阳勇，说："希望看在父亲的情面上，分给自己一部分遗产。"

谁料欧阳勇说："父亲早就说把财产留给我，交给我控制和打理了。这些财产自然就属于我一个人所有，跟其他任何人无关。"并轻蔑地说，"你们想钱想疯了吧。财产就算有，素来也是传男不传女。你们要分遗产，门都没有，小心揍你们！"

大姐欧阳音素来脾气火爆，一听这话肺都要气炸了。对着欧阳勇喊道："你算什么，不学无术仗着父亲挣了点钱，就想全部霸占，你才门都没有。"欧阳勇听罢上来就给了欧阳音一拳。欧阳音不甘示弱，与欧阳勇扭打在一起。欧阳菲赶紧去拉架，但也狠狠地挨了欧阳勇几拳，现场乱作一团。

闻讯赶来的其他亲戚，纷纷出来制止。好不容易控制住了场面，大家说："能不能好好商量解决？"

欧阳勇说："在我手里的财产就是我的，没什么好说的！"随后将一众人都撵了出去！

欧阳音、欧阳菲两姐妹从未遭受过如此的殴打和辱骂。虽然父亲有些重男轻女的观念，但是由于母亲去世早，父亲对她们也是极为宠爱的，从未动过她们一根手指。再说，父亲的遗产极为丰厚，要不是父亲去世前病情突然恶化，来不及交待，肯定会分给她们一些，绝对不可能一点儿财产都不分给女儿的。

欧阳姐妹越想越气，既然兄弟坚决不让步，她们就让法律好好教育他，让他知道什么叫公平。于是，这才联手找到律师，希望律师通过诉讼，依法为自己争取应得的遗产。

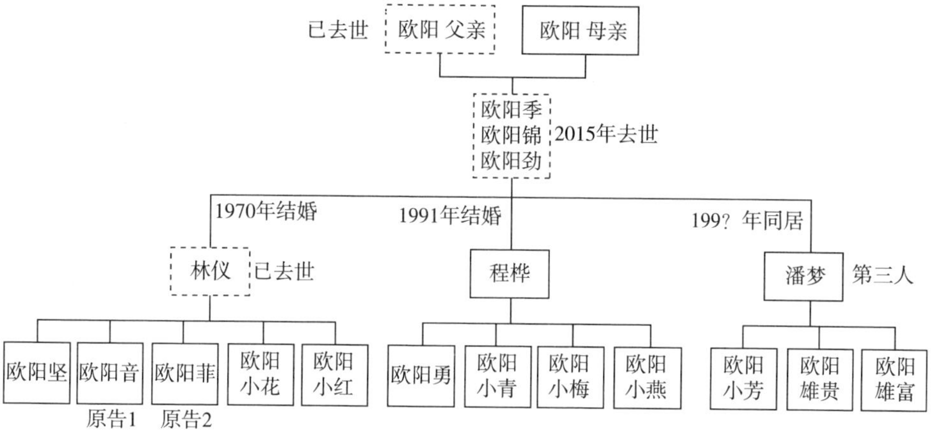

图7－5 案件人物关系

二、争议焦点分析

欧阳姐妹想要继承遗产，通常的解决思路就是：首先，查明遗产范围。其次，查明有无遗赠扶养协议、遗嘱、遗赠。如果以上都没有，则按照法定继承办理。此时，应先确定法定继承人。然后，在每个法定继承人之间分割遗产。看上去好像很简单，但现实中，这些步骤和程序过程中，究竟会出现怎样的难题呢？

首先，查明遗产范围。

前面说过，欧阳父亲曾经用过三个名字，分别是欧阳季、欧阳锦、欧阳劲，而欧阳父亲的遗产分别登记在这三个不同的名字下面。这就出现一个问题：三个名字下面的财产，是否都属于遗产？换一句话说，不同名字下的财产，如何证明同属于欧阳父亲所有？也就是说，这三个名字对应的身份，如何证明同属于欧阳父亲一人？由此，产生了本案第一个争议焦点。

焦点（一）：欧阳父亲拥有多重身份，如何认定是同一人？

1. 经过仔细核对资料，与此争议相关的事实信息整理如下：

（1）欧阳父亲的各个名字和身份情况如下：

A. “欧阳季”深圳身份：“欧阳季”对应的身份，是欧阳父亲在老家买入的一个身份,原本并不存在。随后,欧阳父亲以这个身份迁入深圳市南山区。妻子程桦及所生的 4 个子女,欧阳勇、欧阳小青、欧阳小梅、欧阳小燕,均与这个身份同户籍。欧阳父亲去世后,妻子程桦办理了这个身份的户籍注销。

已有证据材料:人口信息查询表(附照片),原籍户口簿。

B.“欧阳锦”深圳身份:这个身份,是欧阳父亲把老家户籍迁入到深圳龙岗区所得的身份。从老家身份迁移过来时,在老家未注销老家原有的身份。迁移时,携带了第一任妻子所生的部分子女;欧阳父亲死亡后,由其中一个子女办理注销。

已有证据材料:入户登记表等入户档案(附各个阶段的照片),一代二代的身份证。

C.“欧阳锦”老家身份:这个身份,是欧阳锦老家的原始户籍。因办理迁移到深圳手续时并未注销,因此保留下来。在欧阳父亲去世前 2 个月,这个身份被公安机关查到涉嫌双重户籍,因此被注销。但注销的档案中,没有显示与这个身份冲突的身份具体指哪一个。查询原始档案可知,目前欧阳姐妹以及所有的兄弟姐妹,均曾与该身份同在一个户籍中。

已有证据材料:人口信息查询表和登记表,附有照片。

D.“欧阳劲”身份:在查询欧阳父亲位于老家的某处房产时,从登记的房产证书上,发现房产登记的产权人身份证号码与 C 身份一致,但名字为“欧阳劲”。后经调查,该名字及身份证号码,并无实际的户籍资料。

(2)同时了解到以下关联人的身份信息和有关资料,也颇为复杂:

A. 欧阳父亲原籍所在地居委会及派出所出具的 A 及 B 身份系同一人的证明;

B. 妻子程桦与 C 身份登记结婚的结婚证,以及程桦以 A 身份妻子的名义办理 A 身份死亡证、户籍注销资料;

C. 妻子程桦,曾经也有两个身份证;

D. 各方当事人均确认欧阳父亲四个身份是同一人,也承认彼此作为欧阳父亲子女的身份。

以上事实和证据,律师认为可以证明,多重身份属于同一人。即便不能认定,法院也可以继续依据职权进一步调查。因为,对律师和欧阳姐妹来讲,已经穷尽了举证的可能。那么,一审法院会作出怎样的认定呢?

2. 一审法院不认可同一人,裁定驳回起诉。

法院的具体理由是:根据《居民身份证法》第3条第2款的规定,公民的身份证号码是唯一的。被继承人有三个不同的身份证号码,则只有一个身份是合法的,另外两个属于虚假身份。现由于公安机关一直未回函关于被继承人身份情况,当事人也无法提交公安机关出具的关于被继承人各身份统一证明,故法院亦无法核实哪个属于合法身份。如果直接对各身份名下遗产进行处分,相当于对另外两个虚假身份进行司法确认,已超出法院行使审判权的范围。因此,当事人应当先向公安机关申请确认被继承人生前合法身份,再向法院主张继承事宜。因此,本继承案件的审理必须以公安机关对被继承人生前的合法身份进行确认为前提,故驳回起诉。

法院的说法总结一句话:身份关系必须以公安机关确认的为准,法院不能进行司法确认,否则属于超出审判范围。因此,裁定驳回起诉。也就是说,要欧阳姐妹先打一个行政诉讼,确认这四个身份为同一人,然后再进行这个继承诉讼。

但是,当欧阳姐妹与公安机关联络确认这件事情的时候,公安机关则认为:欧阳父亲的各身份都已经注销,且是由不同人以不同身份来注销,故无法再出具各身份为同一人的证明。

公安机关的说法总结一句话:人已经去世,户口也被你们分别注销了,我们也没办法了。

以上局面,实际上就是一个无解的死循环。如果无法确认欧阳父亲的多重身份同一性问题,遗产范围自然也就无法确认,谈何遗产分割呢?

在立案之前进行诉讼思路讨论的过程中,律师也曾尝试与欧阳姐妹商量,能否将这个复杂的继承诉讼拆分成多个诉讼,即,分别以父亲某一个身份和这个身份证下的财产,作为单独诉讼的依据和基础,单独主张分割这一部分的遗产。但是,这个思路行不通。因为,不同的兄弟姐妹的身份和户籍,也分别登记在欧阳父亲不同身份的户籍资料中。任何一个单独的诉讼案件,都绕不开要披露和查证多个身份同一性的问题。

面对一审法院和公安机关的死循环,律师当然不能认同。司法是任何争议的终极解决路径,怎么可能将争议往外推?于是对前面"驳回起诉"的一审裁定,向二审法院提起了上诉,二审法院会如何认定呢?

3. 二审法院支持了欧阳姐妹,裁定案件发回一审法院重新审理。

二审法院认为:各方当事人对“被继承人多个身份证号码和死亡证明均指向同一被继承人”是不持异议的。《居民身份证法》虽然规定身份证号码是公民的唯一身份代码,但并未规定违反该法条会产生民事行为无效或民事法律事实灭失的效果,故该规定属于管理性而非强制性规范。即被继承人持有多个身份证号码事实上违反的是公安机关管理民事主体身份资格的行政规则,并不能因此否认被继承人的民事主体资格以及各继承人的继承权利。本案的实体处理亦不会影响公安机关对被继承人违反行政法规的行为进行相应行政处理。原审裁定认为实体处理会导致对违反行政法规之事实的司法确认,属于法律适用错误。故,指令原审法院重审。

总结一句话:公民多个身份证违反的是行政法规,并不影响公民民事法律行为的法律效力。本案实体处理不属于司法确认。案子应该审理,因为一审没有审理清晰,所以发回重审。

一审法院接到发回重审的裁定,重新安排业务能力更强的法官组成合议庭,对这个继承纠纷案件进行重新审理。此时已是 2018 年 12 月,自这个继承纠纷案件启动,已经过去近 3 年。写这些,就是想告诉每一位读者,诉讼漫长,尽量避免,能做遗嘱安排的还是要趁早,千万不要让后人陷入无尽的诉讼程序当中。

4. 案件进入重审,欧阳父亲的多重身份同一性,到底有没有认定呢?

除了前文提到的事实和证据外,在欧阳姐妹、律师和重审法院的共同努力下,又了解和调取到如下事实和证据资料:重审法院再次发函给公安机关,公安机关终于回函。欧阳父亲的 C 身份,无法查询到相关记录;经比对欧阳父亲 A 身份和 B 身份中的人口信息相片,相似度不足 50%,初步分析不是同一个人。

这个结果,实在是出乎意料。律师紧急联络欧阳姐妹,让她们拿着 A、B 身份的照片,向其他众兄弟姐妹、父亲的同事、好朋友们进行查询,看看这两个照片究竟是谁?最后,经过了解确认,这才知道了真相。A 身份的照片,是欧阳父亲本人。但 B 身份注销前的最后一张照片,确实不是欧阳父亲,而是欧阳父亲的一位好朋友。B 身份的户籍档案中之所以会留这位好友的照片,是因为在欧阳父亲生前,有一次公安机关进行双重户籍的清理工作时,发现 A 身份和 B 身份涉嫌双重户籍。欧阳父亲不想注销 B 身份,就让好友冒充 B 身份去进行面谈核查,并进行了现场拍照。于是,B 身份的内档中便留下了这位好友的照片。经与好友联络,好友明确表示拒绝出具相关证明和证言。从不同身份内档来证明同一人的路子,到此又被堵住了。

重审法院同时也认为:虽然各继承人都认可被继承人各身份是同一人,但身份关系不能适用自认规则。因此,现有证据都不属于强有力的证据。

多重身份同一性认定问题,仿佛又走到了死胡同。虽然有一些证据可以证明同一性,但又存疑,身份关系又不可以自认,怎么办?

最后,律师与欧阳姐妹商量,就用最麻烦也最直接的方法来进一步举证吧。即 DNA 亲子鉴定。

如果所有的兄弟姐妹经过鉴定,都可以认定为是欧阳父亲的亲生子女,那么结合各自的户籍与多重户籍之间的互相关联,加上现有证据,应该可以补强认定:欧阳父亲的多重身份是同一人的结论。

从逻辑上讲,百分百的证明力是不可能的。毕竟事实已经过去,能做的,只是用证据无限接近还原事实真相。因此,民事案件上说"证据的盖然性",简单理解就是大概率可以证明事实真相即可。结合本案现有的资料,如果再加上 DNA 亲子鉴定,认定同一人应该八九不离十了。

由此,我们在争议焦点(一)多重身份同一性认定中,又衍生出争议焦点(二),欧阳父亲已经去世,如何进行亲子鉴定呢?

焦点(二):欧阳父亲已离世,如何进行亲子鉴定?

通常案件中,关于继承人与被继承人的亲子关系,一般通过户口簿、出生证、亲属关系证明等进行推定。如果没有这些证据,则考虑进行亲子鉴定。一般案件中的亲子鉴定,由父母和子女双方共同去鉴定机构进行鉴定。但本案中,欧阳父亲已经去世,亲子关系如何能够鉴定呢?

理论上如果找到留有欧阳父亲 DNA 信息的生物组织就可以进行 DNA 检测。但是,欧阳父亲去世后就已经火化,并没有留下任何生物样本。那怎么鉴定他和孩子们之间的亲子关系呢?

看来只能运用多次多种鉴定,然后用逻辑关系推导出结果。最终,欧阳众兄弟姐妹们采用了以下具体鉴定:

1. 第一任妻子林仪生育的 5 个子女,即欧阳坚、欧阳音、欧阳菲、欧阳小花、欧阳小红,进行同父同母的全同胞鉴定;

2. 第一任妻子林仪生育的女儿欧阳音,与第二任妻子程桦生育的女儿、情人

潘梦生育的女儿,即欧阳小青、欧阳小梅、欧阳小燕、欧阳小芳,进行同父姐妹鉴定;

3. 第一任妻子林仪生育的儿子欧阳坚,与第二任妻子程桦生育的儿子、情人潘梦生育的儿子,即欧阳勇、欧阳雄贵、欧阳雄富进行父系鉴定。

最终,三组鉴定报告,鉴定结果均证明 12 个子女具有同父关系。

由此,争议焦点(一)、(二)也都有了明确的结论。最终法院确定:所有欧阳兄弟姐妹均有继承身份,被继承人欧阳父亲的多重身份具有同一性。

那么,接下来是否可以回答"被继承人欧阳父亲的遗产具体是哪些"呢?是的,登记在欧阳父亲不同身份下的财产,均被纳入遗产范围审查当中。但是,我国实行法定夫妻共同财产制,所以虽然财产登记在欧阳父亲一人名下,但婚后取得的均属于夫妻共同财产,需要先剔除属于现妻子的一半,其余的财产才属于遗产。同理,登记在现妻子名下的财产,有一半也属于欧阳父亲的遗产。

那么,问题又来了,谁是被继承人欧阳父亲的妻子?

焦点(三):两段关系,究竟哪一段是婚姻关系?

欧阳父亲与现任妻子程桦是 1991 年办理的结婚登记。诉讼进行过程中,情人潘梦主动要求加入诉讼,并主张自己才是真正的妻子。潘梦认为,程桦虽然有结婚证,但登记日期是在自己与欧阳父亲同居生活之后。自己与欧阳父亲在 1990 年就以夫妻身份一起共同生活,属于法律上的事实婚姻。因此,登记在后的婚姻,属于重婚,应属无效。自己才是法律上的合法妻子。此言一出,法官和各位代理律师,都呆住了。因为,潘梦不仅这么说,还真的拿出了证据:一份一审《民事判决书》和一份二审《民事裁定书》。

一审《民事判决书》是欧阳父亲原籍法院出具的。原告是潘梦,被告是欧阳父亲,时间是 1996 年,判决内容为:解除事实婚姻。二审《民事裁定书》的内容则是,发回重审。按照两份法律文书的内容,潘梦与欧阳父亲确实是 1990 年开始同居生活。但是,奇怪的是,发回重审之后的一审记录没有了。经过法院调取,依然是"没有相关内档"。这让欧阳姐妹和律师感到非常奇怪。

除了前述证据,第三人潘梦还提交了其与欧阳父亲、三个孩子的合照。

律师代理欧阳姐妹,对哪一段是真正的婚姻关系进行了论述,认为:仅根据第三人潘梦提交的尚未生效的法律文书、生活照片等证据,无法认定双方自 1990 年起形成事实婚姻关系。庭审过程中,其他多数当事人对此也不予确认。

第三人潘梦虽与被继承人生育3个子女,但该事实无法直接证明,双方存在事实婚姻关系,应承担举证不能的不利后果。

反观现任妻子程桦,其与欧阳父亲存在明确的婚姻登记证明,足以认定夫妻关系。

重审法院,支持了欧阳姐妹和律师的主张,确认欧阳父亲与程桦是夫妻关系。因此,认定欧阳父亲名下、程桦名下的财产都属于夫妻共同财产,其中一半属于欧阳父亲的遗产,在本案中进行分割。

在审查两段关系,究竟哪一段属于婚姻关系这一问题时,有一个细节引起了欧阳姐妹的关注。现任妻子程桦与欧阳父亲生育的第一个儿子欧阳勇,是1990年12月出生的。而且程桦自认,与欧阳父亲在一起生活的时间是1989年开始。如果这样,二人同居时间是1989年。而本案调查过程中发现,程桦名下有一套房产取得时间是1990年,也就是结婚前。欧阳姐妹问:那么程桦与欧阳父亲婚前同居期间,登记在程桦名下的这套房产,是不是也属于和欧阳父亲共有,从而也有一部分属于遗产范围呢?

焦点(四):同居期间的财产,是共同财产吗?

在继承案件中,经常会出现,被继承人的财产与其他人的财产交织在一起的情况。比如,一起投资形成的共同共有、合伙经营形成的共同共有等。像欧阳父亲这样,1989年就与程桦同居,确实是有可能形成财产混同的。如果构成财产混同,也就是二人的财产混在了一起,不分彼此,则用这些财产购置或衍生出来的其他财产,就可能是共同财产。

婚姻与同居之间的财产制度,其实完全不同,具体有什么区别呢?

夫妻共同财产是法定的。也就是说,只要在婚姻期间形成的财产,无论登记在谁的名下,都会优先推定为夫妻双方共有。如果任一方认为财产不是夫妻共有的,由这一方进行举证证明。

但是,同居期间,各自名下的财产,首先推定为各自所有。如果任一方认为财产属于共同共有,则由这一方进行举证证明。

回归到欧阳姐妹这个继承纠纷诉讼中。被继承人欧阳父亲与第二任妻子程桦在婚后的财产,理所当然直接推定为是夫妻共同所有,所以妻子程桦名下的财产必定含有欧阳父亲的遗产。而结婚前,他们虽然生活在一起,但如果认为程桦名下房产属于与欧阳父亲的共同财产,是需要本案的这些继承人们进行举证的。

律师和欧阳姐妹沟通过:因为时间太早,1989 年取得房产时的出资记录根本无从寻找。也就是说,没有办法可以证明欧阳父亲对这套房产有出资,所以欧阳父亲对这套房产是否存有利益,几乎是无法证明的。

法院最终也是这样进行解释和说明的。这套登记在第二任妻子程桦名下的婚前房产,不属于与欧阳父亲共有,不属于欧阳父亲的遗产范围。

实践中,随着同居关系越来越普遍,同居析产诉讼越来越多。同居析产,就是指二人同居期间,登记在某一方或双方名下的财产,要确定究竟属于谁,以及各自的分割比例。如果在继承案件中,涉及要进行析产处理的,通常法院会要求当事人先进行析产诉讼,待确定了财产的归属后,再就其中属于被继承人所有的财产部分,进行继承诉讼分割。

本案中法院对同居析产这一主张,没有要求单独诉讼,而是直接进行了审理,实际上是践行了便民和减少当事人诉累的原则,应当给予赞扬。

界定被继承人欧阳父亲遗产范围的问题,终于全部厘清了。在实践中,这一个步骤通常是最麻烦,最花费时间、精力、脑力和体力的。

接下来,确定一下有无遗赠扶养协议、遗嘱遗赠,以便判断前述遗产,究竟是否属于法定继承。

庭审中,重审法官询问所有原告、被告、第三人:"请问,被继承人欧阳父亲生前是否有遗赠扶养协议、遗嘱、遗赠?"此时,这个对欧阳姐妹最凶的欧阳勇,拿出一份打印遗嘱。这份遗嘱中,对欧阳父亲名下的三套房产、一栋厂房进行了处分。

欧阳姐妹一看,顿时觉得不可思议,因为这不太像自己父亲的作风。那么,究竟这份遗嘱是否有效呢?进入下一个争议焦点吧。

争议焦点(五):关于遗嘱的效力,是否要选择笔迹鉴定?

本案中,欧阳勇提供的这份遗嘱,是一份打印件,只有"遗嘱人"处有"欧阳锦"的签名捺印。对这份遗嘱,欧阳姐妹认为签名是伪造的,不是欧阳父亲的字迹。而其他当事人也认为该份遗嘱不是真实的,提出要进行笔迹鉴定。

对于一份遗嘱,该如何判断是否要进行笔迹鉴定?

先看遗嘱的形式,是否符合法定的遗嘱形式。然后再看遗嘱内容,是否清晰准确。如果该遗嘱不符合法定的遗嘱形式,且遗嘱内容模糊不定,该遗嘱被认可的可能性较低时,就可以考虑不进行鉴定,降低当事人诉讼成本。本案的遗嘱,就恰好同时符合上述两点。本案审理时,《民法典》还未生效,打印遗嘱尚不属于法定的遗嘱形式。因此,这份遗嘱既不属于自书遗嘱,也不属于代书遗嘱,更不能按照自书遗嘱对待。况且文本内容也模糊不清,未明确表达归属,所以律师建议欧阳姐妹不提出笔迹鉴定,坚信该份遗嘱从法律形式上就不符合遗嘱形式,因此根本不需要费钱费力申请鉴定。欧阳姐妹听从了律师的建议,选择不申请遗嘱鉴定。

当然,欧阳勇需要极力证明遗嘱的真实性,因此他申请对签名进行笔迹鉴定。

遗嘱争议诉讼中,遗嘱是否真实有效,是最关键的核心问题之一。而为了证明遗嘱真实性,笔迹鉴定是非常重要的一种判断真实性的方法。为了便于读者了解笔迹鉴定的一些知识,下面就汇总说明一下笔迹鉴定的流程:

(1)鉴定申请方,提出鉴定申请。

(2)各方选定或者摇号确定鉴定机构,确定被鉴定的文本,将被鉴定文本的原件提交法院留存。

(3)各方提供笔迹鉴定的样本原件,由各方进行质证,最终由法院选定比对样本,并留存样本原件。比较容易得到认可和采纳的样本,是当事人在办理公务时留存的签名,比如办理公证,办理银行贷款、银行借款时留存的相关文本。

(4)由鉴定申请方,预缴鉴定费。

(5)鉴定机构出具鉴定报告。

本案中,欧阳勇主动申请鉴定,同时拿出父亲生前记录工作的手抄本,还有银行的签名等作为比对样本,最终由摇号确定的鉴定机构进行了鉴定。

不过,鉴定结果出乎欧阳姐妹的意料,遗嘱中立遗嘱人的签名,与欧阳勇提供的样本签名,被认定为笔迹是同一人所写。为什么会出乎意料,是因为欧阳姐妹和律师依据肉眼观察时,看到遗嘱中的签名字迹与鉴定样本中的字迹,在外观上明显不太一样。这也提醒每个读者,认定笔迹真伪还真不能仅凭肉眼观察。

不过,就本案而言,即使笔迹鉴定出来遗嘱中的签字,是被继承人欧阳父亲亲笔所写,但由于该遗嘱不符合遗嘱的法定形式,故最终仍然被认定为是一份不具有遗嘱效力的遗嘱。遗嘱中所列明的遗产,需按照法定继承进行处理。

补充说明一下，这份打印的遗嘱的设立时间以及审理本案的时间，均在《民法典》生效的2021年1月1日以前。因此按照当时的《继承法》，这份遗嘱只能比照当时的遗嘱形式，即自书遗嘱、代书遗嘱、录音遗嘱、口头遗嘱、公证遗嘱，来进行核对，需要打印的遗嘱满足这五种形式中的一种，才能认定有效。当然，对于这类"打印的遗嘱"，也有法律专家信奉"遗嘱实质说"，认为只要是立遗嘱人的真实意思表示，即便形式上不完全符合法律规定的形式要件，也可以被认定为有效。这种说法也导致实践中确实有不同法院有不同的判法。

不过，自《民法典》实施后，这种情况就不会存在了。《民法典》继承编中，遗嘱形式有新增变化，变化后的遗嘱形式包括自书遗嘱、代书遗嘱、打印遗嘱、录音录像遗嘱、口头遗嘱、公证遗嘱。按照变化后的遗嘱形式，本案这份打印的遗嘱，其实属于一种常规遗嘱形式。按照这个遗嘱形式的要求，打印遗嘱是需要立遗嘱人、两个与遗嘱继承人无利害关系的见证人，在遗嘱的每一页上都要有签名，注明年、月、日。根据这一遗嘱形式要件的要求，本案欧阳勇的这份遗嘱，也是无效的。

通过前述说明，欧阳家这个复杂的遗产纠纷，遗产范围已查清，继承形式也已确定是法定继承。那么，最后就要进入，这些遗产如何在这么多继承人之间进行分割的终极问题了。咱们进入最后一个争议焦点论述。

焦点（六）：面对复杂的财产，如何梳理遗产范围并在众多继承人间分割？

本案欧阳父亲的遗产类型复杂多样，涵盖公司股权、各地房产、银行存款。在调查被继承人欧阳父亲名下财产的同时，也必须调查和诉请分割其现配偶程桦名下的资产。

1. 对银行流水，律师申请调取了欧阳父亲去世前10个月至调取日的全部银行流水，一一核对流水中的异常款项，并对银行存款中反复流转的多笔定期存款或理财款一笔一笔挑出来，提出应当重新作为被继承人和其现配偶的夫妻共同财产予以处理。面对律师如此仔细的核对和质询，现配偶无话可说，最终认可律师提出的银行存款金额。

2. 对具体遗产情况，因被继承人的房产遍布全国各地，所以律师只能要求法院开具调查令，一一到各地不动产登记中心去查询。有些房产因为年代久远，还必须回到房产管理局的档案馆。由于有部分房产登记在公司名下，还有的房产未办理产权证,为了本案的顺利审理,律师不得不建议欧阳姐妹适当放弃部分利益和产权不明的房产,待后续确权后再追索。同时,对欧阳父亲现任妻子程桦名下的房产,为防止其进行财产转移,欧阳姐妹也在律师的建议下,进行了财产保全。

3. 对遗产的具体分配,有些继承案件是让所有继承人共有遗产,比如每人享有 10%、20% 的财产份额。这样的裁判,其实没有真正解决当事人之间的纠纷,也不利于发挥财产的效用。一套房,10 个产权人,10 个人如果不能达成一致意见来使用房产的话,仍然需要进行共同共有财产的分割诉讼,否则房产无法使用也不方便管理,造成财产的极大浪费。而这个共有物分割之诉,又会让当事人继续诉累,显然是不可取的。

因此,为了避免法官按照所有人共有财产的方式裁决,律师在对相关财产均进行了资产价值评估的情况下,汇总计算出所有财产的总价值,接着用总价值除以继承人数量,计算出每一个继承人应继承的财产价值。最后,根据每个人分得的财产价值,寻找与不同继承人特点相匹配、价值与应分财产价值相近的财产。经过反复核算,向法院提交了一套财产分配方案。

最终,法院给出了明确的判决,足足 40 多页。判决中,包括欧阳姐妹在内的每一个继承人,都分别分得数项具体财产,并分别补偿其他所有继承人相应的款项金额。经过彼此给付和获得补偿款的冲抵计算,欧阳姐妹分得的数套房产,最终需要支付的补偿款也就几十万元。这样的结果,对欧阳姐妹来说是非常不错的。从未经营过公司,所以不用因分得股权后患得患失;既分得有固定收益的房产,也不需要负担太大的补偿金额,结局是非常好的。绝大部分继承人都对结果非常满意,因为各方在分得既得财产的情况下,均不需要再对外支付较高补偿款。最终,案件没有上诉,各方均按照法院判决履行。

通过前述对继承纠纷案件争议焦点的分析描述,相信已经给到读者足够的信息来了解:继承诉讼的常见争议、每一项争议究竟如何分析处理、遗产分割基本方法在实践中的运用,等等,也展示了一个继承诉讼可能出现的复杂程序和漫长过程。当然,这些其实都是有可能避免的。那就是,生前做好遗嘱规划,设立真实、有效、合理的遗嘱,将这些可能的争议和分歧消灭在萌芽状态,让家庭和谐幸福。

第五节　遗嘱必知小问答

一、常见的遗嘱争议，有哪些？

依据法律规定，具有完全民事行为能力的人，享有立遗嘱的权利，可以在法律规定的范围内自由处分自己的财产。提前设立遗嘱，可以预防后续财产纠纷。但是在实际生活中，仍存在一些争议，一般有以下两种：

第一，遗嘱效力的争议。

有效的遗嘱必须具备法定的形式要件和实质要件。形式要件就是遗嘱要采用的法定形式，即自书、代书、打印、录音录像、口头、公证这六种方式来进行设立。实质要件主要包括遗嘱人在设立遗嘱时必须具有遗嘱能力、遗嘱必须是遗嘱人的真实意思表示、遗嘱的内容必须合法、不违背公序良俗，等等。

第二，遗嘱的执行争议。

被继承人去世后，继承开始。当被继承人生前，以不同形式立有数份内容互相抵触的遗嘱，那么应该按哪一份遗嘱执行，成为最受争议的话题。按照《民法典》的相关规定，此时应当以最后设立的有效遗嘱为准。

二、遗嘱真伪难辨，该怎么办？

首先，遗产管理人和所有第一顺序继承人一起就遗嘱内容进行协商，确认遗嘱内容是不是遗嘱人生前真实的意思表示。如属于遗嘱人的真实本意，即使遗嘱形式不一定完全符合法律规定，只要大家协商一致，也可以考虑参与遗嘱内容来达成继承协议。

其次，若继承人之间无法协商一致，可以请人民调解委员会、专业遗嘱律师、公证处、遗嘱库等专业遗嘱服务机构的工作人员，出具法律意见或者进行继承调解。如果分歧点仅仅在于“是否为遗嘱人本人亲笔手写”，那么可以共同委托鉴定机构进行笔迹鉴定。

如确实有其他难以调和的意见分歧，则可以起诉至法院，由法院对遗嘱的效力进行最终判定。

三、继承人不同意按遗嘱分割遗产，怎么办？

继承开始后，继承人应当本着互谅互让、和睦团结的精神，协商处理继承问题。如果有部分继承人不同意按遗嘱分割财产，现行法律下，可以考虑以下解决方式：

（1）由第三方，比如人民调解委员会、律师、公证处、遗嘱库等专业遗嘱服务机构，进行居中调解，促成各方达成一致的解决方案。

（2）遗产管理人、任一继承人可以提起继承纠纷诉讼，由法院审核遗嘱效力，居中裁判。通常建议尽快处理。一方面，这样更容易搜集证据，查明事实。另一方面，要考虑诉讼时效，依据《民法典》的规定，向人民法院请求保护民事权利的诉讼时效期间为 3 年，自权利人知道或者应当知道其权利受到损害以及义务人之日起计算。自权利受到损害之日起超过 20 年的，原则上人民法院不予保护。

四、已经办理继承后，又发现了遗嘱，该怎么处理？

首先，看看遗嘱，确认一下是什么形式的遗嘱，自书、代书、公证、打印或是其他。这个形式是否符合法律关于这些遗嘱形式的规定，签名是否真实，有没有适格的见证人等。也就是说，确认一下是否是符合法律规定的有效遗嘱。

然后，对比一下遗嘱中遗产分配的内容与已经完成的遗产分割差距在哪里。继承人们一起商量，可以按照遗嘱内容对遗产分配进行调整，也可以维持现状不变，只要协商一致就可以。只是，一定要由所有第一顺序继承人、遗嘱中指定的受益人（遗嘱继承人、受遗赠人）共同签署一份《继承协议》，把协商好的内容进行书面确认。

最后，如果协商不成，可以到法院诉讼，由法院对争议作出裁判。

五、继承时发现遗嘱里写明的财产没有了，该怎么办？

财产没有了，可能分两种情况：

一种情况，可能是立遗嘱人误将别人的财产当成自己的，而在遗嘱中进行了处分。这种情况，这些财产对应的遗嘱内容显然是无效的。因为，遗嘱只能处分立遗嘱人自己的合法财产，无权处分他人的财产。

另一种情况，可能是立遗嘱人原本是要将财产留给继承人，但生前又将该财产转让、消耗或者赠与他人了。这种情况，应当适用我国《民法典》的相关规定：立遗嘱后，遗嘱人实施与遗嘱内容相反的民事法律行为的，视为对遗嘱相关内容的撤回。也就是说，这种情况下，这些财产对应的遗嘱内容无效。

六、实践中，可以进行哪些血亲关系鉴定？

亲缘关系鉴定，在继承案件中非常常见，也非常重要，它对确认继承身份至关重要。通过整理各鉴定机构的鉴定类型和方式方法，以及查阅有关案例，现总结归纳实践中，在目前的技术下，通常可以进行亲缘关系鉴定的具体类型，说明如下：

男性可做的鉴定：与父母的关系鉴定、全同胞兄弟姐妹鉴定、半同胞兄弟姐妹关系（同父异母）、爷孙鉴定、兄弟（含表兄弟）鉴定、叔侄鉴定、姑侄鉴定。

女性可做的鉴定：与父母的关系鉴定、全同胞兄弟姐妹鉴定、姐妹鉴定（同母异父、同父异母）、半同胞兄弟姐妹关系（同父异母）。

以上各类鉴定，从技术上讲，鉴定准确率并不完全相同，有些高有些低，且随着技术的发展和更新，有更多的鉴定可能。因此具体鉴定时，需要详询具体的鉴定机构。

附一:《中华人民共和国民法典》第六编　继承

第一章　一般规定

第一千一百一十九条　【继承编的调整范围】本编调整因继承产生的民事关系。

第一千一百二十条　【继承权的保护】国家保护自然人的继承权。

第一千一百二十一条　【继承开始的时间及死亡先后的推定】继承从被继承人死亡时开始。

相互有继承关系的数人在同一事件中死亡,难以确定死亡时间的,推定没有其他继承人的人先死亡。都有其他继承人,辈份不同的,推定长辈先死亡;辈份相同的,推定同时死亡,相互不发生继承。

第一千一百二十二条　【遗产的范围】遗产是自然人死亡时遗留的个人合法财产。

依照法律规定或者根据其性质不得继承的遗产,不得继承。

第一千一百二十三条　【法定继承、遗嘱继承、遗赠和遗赠扶养协议的效力】继承开始后,按照法定继承办理;有遗嘱的,按照遗嘱继承或者遗赠办理;有遗赠扶养协议的,按照协议办理。

第一千一百二十四条　【继承和遗赠的接受和放弃】继承开始后,继承人放弃继承的,应当在遗产处理前,以书面形式作出放弃继承的表示;没有表示的,视为接受继承。

受遗赠人应当在知道受遗赠后六十日内,作出接受或者放弃受遗赠的表示;到期没有表示的,视为放弃受遗赠。

第一千一百二十五条 【继承权的丧失和恢复】继承人有下列行为之一的，丧失继承权：

（一）故意杀害被继承人；

（二）为争夺遗产而杀害其他继承人；

（三）遗弃被继承人，或者虐待被继承人情节严重；

（四）伪造、篡改、隐匿或者销毁遗嘱，情节严重；

（五）以欺诈、胁迫手段迫使或者妨碍被继承人设立、变更或者撤回遗嘱，情节严重。

继承人有前款第三项至第五项行为，确有悔改表现，被继承人表示宽恕或者事后在遗嘱中将其列为继承人的，该继承人不丧失继承权。

受遗赠人有本条第一款规定行为的，丧失受遗赠权。

第二章 法定继承

第一千一百二十六条 【继承权男女平等原则】继承权男女平等。

第一千一百二十七条 【法定继承人的范围及继承顺序】遗产按照下列顺序继承：

（一）第一顺序：配偶、子女、父母；

（二）第二顺序：兄弟姐妹、祖父母、外祖父母。

继承开始后，由第一顺序继承人继承，第二顺序继承人不继承；没有第一顺序继承人继承的，由第二顺序继承人继承。

本编所称子女，包括婚生子女、非婚生子女、养子女和有扶养关系的继子女。

本编所称父母，包括生父母、养父母和有扶养关系的继父母。

本编所称兄弟姐妹，包括同父母的兄弟姐妹、同父异母或者同母异父的兄弟姐妹、养兄弟姐妹、有扶养关系的继兄弟姐妹。

第一千一百二十八条 【代位继承】被继承人的子女先于被继承人死亡的，由被继承人的子女的直系晚辈血亲代位继承。

被继承人的兄弟姐妹先于被继承人死亡的，由被继承人的兄弟姐妹的子女代位继承。

代位继承人一般只能继承被代位继承人有权继承的遗产份额。

第一千一百二十九条　【丧偶儿媳、女婿的继承权】丧偶儿媳对公婆，丧偶女婿对岳父母，尽了主要赡养义务的，作为第一顺序继承人。

第一千一百三十条　【遗产分配原则】同一顺序继承人继承遗产的份额，一般应当均等。

对生活有特殊困难又缺乏劳动能力的继承人，分配遗产时，应当予以照顾。

对被继承人尽了主要扶养义务或者与被继承人共同生活的继承人，分配遗产时，可以多分。

有扶养能力和有扶养条件的继承人，不尽扶养义务的，分配遗产时，应当不分或者少分。

继承人协商同意的，也可以不均等。

第一千一百三十一条　【酌情分得遗产权】对继承人以外的依靠被继承人扶养的人，或者继承人以外的对被继承人扶养较多的人，可以分给适当的遗产。

第一千一百三十二条　【继承的处理方式】继承人应当本着互谅互让、和睦团结的精神，协商处理继承问题。遗产分割的时间、办法和份额，由继承人协商确定；协商不成的，可以由人民调解委员会调解或者向人民法院提起诉讼。

第三章　遗嘱继承和遗赠

第一千一百三十三条　【遗嘱处分个人财产】自然人可以依照本法规定立遗嘱处分个人财产，并可以指定遗嘱执行人。

自然人可以立遗嘱将个人财产指定由法定继承人中的一人或者数人继承。

自然人可以立遗嘱将个人财产赠与国家、集体或者法定继承人以外的组织、个人。

自然人可以依法设立遗嘱信托。

第一千一百三十四条　【自书遗嘱】自书遗嘱由遗嘱人亲笔书写，签名，注明年、月、日。

第一千一百三十五条　【代书遗嘱】代书遗嘱应当有两个以上见证人在场见证，由其中一人代书，并由遗嘱人、代书人和其他见证人签名，注明年、月、日。

第一千一百三十六条　【打印遗嘱】打印遗嘱应当有两个以上见证人在场见证。遗嘱人和见证人应当在遗嘱每一页签名，注明年、月、日。

第一千一百三十七条　【录音录像遗嘱】以录音录像形式立的遗嘱，应当有两个以上见证人在场见证。遗嘱人和见证人应当在录音录像中记录其姓名或者肖像，以及年、月、日。

第一千一百三十八条　【口头遗嘱】遗嘱人在危急情况下，可以立口头遗嘱。口头遗嘱应当有两个以上见证人在场见证。危急情况消除后，遗嘱人能够以书面或者录音录像形式立遗嘱的，所立的口头遗嘱无效。

第一千一百三十九条　【公证遗嘱】公证遗嘱由遗嘱人经公证机构办理。

第一千一百四十条　【作为遗嘱见证人的消极条件】下列人员不能作为遗嘱见证人：

（一）无民事行为能力人、限制民事行为能力人以及其他不具有见证能力的人；

（二）继承人、受遗赠人；

（三）与继承人、受遗赠人有利害关系的人。

第一千一百四十一条　【必留份】遗嘱应当为缺乏劳动能力又没有生活来源的继承人保留必要的遗产份额。

第一千一百四十二条　【遗嘱的撤回与变更】遗嘱人可以撤回、变更自己所立的遗嘱。

立遗嘱后，遗嘱人实施与遗嘱内容相反的民事法律行为的，视为对遗嘱相关内容的撤回。

立有数份遗嘱，内容相抵触的，以最后的遗嘱为准。

第一千一百四十三条　【遗嘱无效的情形】无民事行为能力人或者限制民事行为能力人所立的遗嘱无效。

遗嘱必须表示遗嘱人的真实意思，受欺诈、胁迫所立的遗嘱无效。

伪造的遗嘱无效。

遗嘱被篡改的，篡改的内容无效。

第一千一百四十四条　【附义务遗嘱】遗嘱继承或者遗赠附有义务的，继承人或者受遗赠人应当履行义务。没有正当理由不履行义务的，经利害关系人或者有关组织请求，人民法院可以取消其接受附义务部分遗产的权利。

第四章 遗产的处理

第一千一百四十五条 【遗产管理人的选任】继承开始后,遗嘱执行人为遗产管理人;没有遗嘱执行人的,继承人应当及时推选遗产管理人;继承人未推选的,由继承人共同担任遗产管理人;没有继承人或者继承人均放弃继承的,由被继承人生前住所地的民政部门或者村民委员会担任遗产管理人。

第一千一百四十六条 【法院指定遗产管理人】对遗产管理人的确定有争议的,利害关系人可以向人民法院申请指定遗产管理人。

第一千一百四十七条 【遗产管理人的职责】遗产管理人应当履行下列职责:

(一)清理遗产并制作遗产清单;

(二)向继承人报告遗产情况;

(三)采取必要措施防止遗产毁损、灭失;

(四)处理被继承人的债权债务;

(五)按照遗嘱或者依照法律规定分割遗产;

(六)实施与管理遗产有关的其他必要行为。

第一千一百四十八条 【遗产管理人的责任】遗产管理人应当依法履行职责,因故意或者重大过失造成继承人、受遗赠人、债权人损害的,应当承担民事责任。

第一千一百四十九条 【遗产管理人的报酬】遗产管理人可以依照法律规定或者按照约定获得报酬。

第一千一百五十条 【继承开始的通知】继承开始后,知道被继承人死亡的继承人应当及时通知其他继承人和遗嘱执行人。继承人中无人知道被继承人死亡或者知道被继承人死亡而不能通知的,由被继承人生前所在单位或者住所地的居民委员会、村民委员会负责通知。

第一千一百五十一条 【遗产的保管】存有遗产的人,应当妥善保管遗产,任何组织或者个人不得侵吞或者争抢。

第一千一百五十二条 【转继承】继承开始后,继承人于遗产分割前死亡,并没有放弃继承的，该继承人应当继承的遗产转给其继承人，但是遗嘱另有安排的除外。

第一千一百五十三条　【遗产确定】夫妻共同所有的财产，除有约定的外，遗产分割时，应当先将共同所有的财产的一半分出为配偶所有，其余的为被继承人的遗产。

遗产在家庭共有财产之中的，遗产分割时，应当先分出他人的财产。

第一千一百五十四条　【法定继承的适用范围】有下列情形之一的，遗产中的有关部分按照法定继承办理：

（一）遗嘱继承人放弃继承或者受遗赠人放弃受遗赠；

（二）遗嘱继承人丧失继承权或者受遗赠人丧失受遗赠权；

（三）遗嘱继承人、受遗赠人先于遗嘱人死亡或者终止；

（四）遗嘱无效部分所涉及的遗产；

（五）遗嘱未处分的遗产。

第一千一百五十五条　【胎儿预留份】遗产分割时，应当保留胎儿的继承份额。胎儿娩出时是死体的，保留的份额按照法定继承办理。

第一千一百五十六条　【遗产分割】遗产分割应当有利于生产和生活需要，不损害遗产的效用。

不宜分割的遗产，可以采取折价、适当补偿或者共有等方法处理。

第一千一百五十七条　【再婚时对所继承遗产的处分】夫妻一方死亡后另一方再婚的，有权处分所继承的财产，任何组织或者个人不得干涉。

第一千一百五十八条　【遗赠扶养协议】自然人可以与继承人以外的组织或者个人签订遗赠扶养协议。按照协议，该组织或者个人承担该自然人生养死葬的义务，享有受遗赠的权利。

第一千一百五十九条　【遗产分割时的义务】分割遗产，应当清偿被继承人依法应当缴纳的税款和债务；但是，应当为缺乏劳动能力又没有生活来源的继承人保留必要的遗产。

第一千一百六十条　【无人继承的遗产的处理】无人继承又无人受遗赠的遗产，归国家所有，用于公益事业；死者生前是集体所有制组织成员的，归所在集体所有制组织所有。

第一千一百六十一条　【继承人对遗产债务的清偿责任】继承人以所得遗

产实际价值为限清偿被继承人依法应当缴纳的税款和债务。超过遗产实际价值部分，继承人自愿偿还的不在此限。

继承人放弃继承的，对被继承人依法应当缴纳的税款和债务可以不负清偿责任。

第一千一百六十二条　【遗赠与遗产税款、债务清偿】执行遗赠不得妨碍清偿遗赠人依法应当缴纳的税款和债务。

第一千一百六十三条　【既有法定继承又有遗嘱继承、遗赠时税款和债务的清偿】既有法定继承又有遗嘱继承、遗赠的，由法定继承人清偿被继承人依法应当缴纳的税款和债务；超过法定继承遗产实际价值部分，由遗嘱继承人和受遗赠人按比例以所得遗产清偿。

附二：最高人民法院关于适用《中华人民共和国民法典》继承编的解释（一）

（2020年12月25日最高人民法院审判委员会第1825次会议通过，2020年12月29日法释〔2020〕23号颁布，自2021年1月1日起施行）

为正确审理继承纠纷案件，根据《中华人民共和国民法典》等相关法律规定，结合审判实践，制定本解释。

一、一般规定

第一条 继承从被继承人生理死亡或者被宣告死亡时开始。

宣告死亡的，根据民法典第四十八条规定确定的死亡日期，为继承开始的时间。

第二条 承包人死亡时尚未取得承包收益的，可以将死者生前对承包所投入的资金和所付出的劳动及其增值和孳息，由发包单位或者接续承包合同的人合理折价、补偿。其价额作为遗产。

第三条 被继承人生前与他人订有遗赠扶养协议，同时又立有遗嘱的，继承开始后，如果遗赠扶养协议与遗嘱没有抵触，遗产分别按协议和遗嘱处理；如果有抵触，按协议处理，与协议抵触的遗嘱全部或者部分无效。

第四条 遗嘱继承人依遗嘱取得遗产后，仍有权依照民法典第一千一百三十条的规定取得遗嘱未处分的遗产。

第五条 在遗产继承中，继承人之间因是否丧失继承权发生纠纷，向人民法院提起诉讼的，由人民法院依据民法典第一千一百二十五条的规定，判决确认其是否丧失继承权。

第六条 继承人是否符合民法典第一千一百二十五条第一款第三项规定的"虐待被继承人情节严重",可以从实施虐待行为的时间、手段、后果和社会影响等方面认定。

虐待被继承人情节严重的,不论是否追究刑事责任,均可确认其丧失继承权。

第七条 继承人故意杀害被继承人的,不论是既遂还是未遂,均应当确认其丧失继承权。

第八条 继承人有民法典第一千一百二十五条第一款第一项或者第二项所列之行为,而被继承人以遗嘱将遗产指定由该继承人继承的,可以确认遗嘱无效,并确认该继承人丧失继承权。

第九条 继承人伪造、篡改、隐匿或者销毁遗嘱,侵害了缺乏劳动能力又无生活来源的继承人的利益,并造成其生活困难的,应当认定为民法典第一千一百二十五条第一款第四项规定的"情节严重"。

二、法定继承

第十条 被收养人对养父母尽了赡养义务,同时又对生父母扶养较多的,除可以依照民法典第一千一百二十七条的规定继承养父母的遗产外,还可以依照民法典第一千一百三十一条的规定分得生父母适当的遗产。

第十一条 继子女继承了继父母遗产的,不影响其继承生父母的遗产。

继父母继承了继子女遗产的,不影响其继承生子女的遗产。

第十二条 养子女与生子女之间、养子女与养子女之间,系养兄弟姐妹,可以互为第二顺序继承人。

被收养人与其亲兄弟姐妹之间的权利义务关系,因收养关系的成立而消除,不能互为第二顺序继承人。

第十三条 继兄弟姐妹之间的继承权,因继兄弟姐妹之间的扶养关系而发生。没有扶养关系的,不能互为第二顺序继承人。

继兄弟姐妹之间相互继承了遗产的,不影响其继承亲兄弟姐妹的遗产。

第十四条 被继承人的孙子女、外孙子女、曾孙子女、外曾孙子女都可以代位继承，代位继承人不受辈数的限制。

第十五条 被继承人的养子女、已形成扶养关系的继子女的生子女可以代位继承；被继承人亲生子女的养子女可以代位继承；被继承人养子女的养子女可以代位继承；与被继承人已形成扶养关系的继子女的养子女也可以代位继承。

第十六条 代位继承人缺乏劳动能力又没有生活来源，或者对被继承人尽过主要赡养义务的，分配遗产时，可以多分。

第十七条 继承人丧失继承权的，其晚辈直系血亲不得代位继承。如该代位继承人缺乏劳动能力又没有生活来源，或者对被继承人尽赡养义务较多的，可以适当分给遗产。

第十八条 丧偶儿媳对公婆、丧偶女婿对岳父母，无论其是否再婚，依照民法典第一千一百二十九条规定作为第一顺序继承人时，不影响其子女代位继承。

第十九条 对被继承人生活提供了主要经济来源，或者在劳务等方面给予了主要扶助的，应当认定其尽了主要赡养义务或主要扶养义务。

第二十条 依照民法典第一千一百三十一条规定可以分给适当遗产的人，分给他们遗产时，按具体情况可以多于或者少于继承人。

第二十一条 依照民法典第一千一百三十一条规定可以分给适当遗产的人，在其依法取得被继承人遗产的权利受到侵犯时，本人有权以独立的诉讼主体资格向人民法院提起诉讼。

第二十二条 继承人有扶养能力和扶养条件，愿意尽扶养义务，但被继承人因有固定收入和劳动能力，明确表示不要求其扶养的，分配遗产时，一般不应因此而影响其继承份额。

第二十三条 有扶养能力和扶养条件的继承人虽然与被继承人共同生活，但对需要扶养的被继承人不尽扶养义务，分配遗产时，可以少分或者不分。

三、遗嘱继承和遗赠

第二十四条 继承人、受遗赠人的债权人、债务人，共同经营的合伙人，也应当视为与继承人、受遗赠人有利害关系，不能作为遗嘱的见证人。

第二十五条　遗嘱人未保留缺乏劳动能力又没有生活来源的继承人的遗产份额，遗产处理时，应当为该继承人留下必要的遗产，所剩余的部分，才可参照遗嘱确定的分配原则处理。

继承人是否缺乏劳动能力又没有生活来源，应当按遗嘱生效时该继承人的具体情况确定。

第二十六条　遗嘱人以遗嘱处分了国家、集体或者他人财产的，应当认定该部分遗嘱无效。

第二十七条　自然人在遗书中涉及死后个人财产处分的内容，确为死者的真实意思表示，有本人签名并注明了年、月、日，又无相反证据的，可以按自书遗嘱对待。

第二十八条　遗嘱人立遗嘱时必须具有完全民事行为能力。无民事行为能力人或者限制民事行为能力人所立的遗嘱，即使其本人后来具有完全民事行为能力，仍属无效遗嘱。遗嘱人立遗嘱时具有完全民事行为能力，后来成为无民事行为能力人或者限制民事行为能力人的，不影响遗嘱的效力。

第二十九条　附义务的遗嘱继承或者遗赠，如义务能够履行，而继承人、受遗赠人无正当理由不履行，经受益人或者其他继承人请求，人民法院可以取消其接受附义务部分遗产的权利，由提出请求的继承人或者受益人负责按遗嘱人的意愿履行义务，接受遗产。

四、遗产的处理

第三十条　人民法院在审理继承案件时，如果知道有继承人而无法通知的，分割遗产时，要保留其应继承的遗产，并确定该遗产的保管人或者保管单位。

第三十一条　应当为胎儿保留的遗产份额没有保留的，应从继承人所继承的遗产中扣回。

为胎儿保留的遗产份额，如胎儿出生后死亡的，由其继承人继承；如胎儿娩出时是死体的，由被继承人的继承人继承。

第三十二条　继承人因放弃继承权，致其不能履行法定义务的，放弃继承权的行为无效。

第三十三条 继承人放弃继承应当以书面形式向遗产管理人或者其他继承人表示。

第三十四条 在诉讼中,继承人向人民法院以口头方式表示放弃继承的,要制作笔录,由放弃继承的人签名。

第三十五条 继承人放弃继承的意思表示,应当在继承开始后、遗产分割前作出。遗产分割后表示放弃的不再是继承权,而是所有权。

第三十六条 遗产处理前或者在诉讼进行中,继承人对放弃继承反悔的,由人民法院根据其提出的具体理由,决定是否承认。遗产处理后,继承人对放弃继承反悔的,不予承认。

第三十七条 放弃继承的效力,追溯到继承开始的时间。

第三十八条 继承开始后,受遗赠人表示接受遗赠,并于遗产分割前死亡的,其接受遗赠的权利转移给他的继承人。

第三十九条 由国家或者集体组织供给生活费用的烈属和享受社会救济的自然人,其遗产仍应准许合法继承人继承。

第四十条 继承人以外的组织或者个人与自然人签订遗赠扶养协议后,无正当理由不履行,导致协议解除的,不能享有受遗赠的权利,其支付的供养费用一般不予补偿;遗赠人无正当理由不履行,导致协议解除的,则应当偿还继承人以外的组织或者个人已支付的供养费用。

第四十一条 遗产因无人继承又无人受遗赠归国家或者集体所有制组织所有时,按照民法典第一千一百三十一条规定可以分给适当遗产的人提出取得遗产的诉讼请求,人民法院应当视情况适当分给遗产。

第四十二条 人民法院在分割遗产中的房屋、生产资料和特定职业所需要的财产时,应当依据有利于发挥其使用效益和继承人的实际需要,兼顾各继承人的利益进行处理。

第四十三条 人民法院对故意隐匿、侵吞或者争抢遗产的继承人,可以酌情减少其应继承的遗产。

第四十四条 继承诉讼开始后,如继承人、受遗赠人中有既不愿参加诉讼,又不表示放弃实体权利的,应当追加为共同原告;继承人已书面表示放弃继承、受遗赠人在知道受遗赠后六十日内表示放弃受遗赠或者到期没有表示的,不再列为当事人。

五、附　　则

第四十五条　本解释自 2021 年 1 月 1 日起施行。

李　华

盈科律师事务所创始合伙人、盈科全国业务指导委员会主任。

李华律师作为盈科全国业务指导委员会主任，负责盈科体系内的专业化建设，带领盈科律师，构建出完整的专业化法律服务体系，包括研究院、律师学院、专业委员会及综合性法律中心，推动盈科律师专业化的法律服务，以适应法律服务市场不断细分的需要。在此基础上，通过集成各专业委员会纵深化的法律服务能力为客户提供综合性的法律服务。

曾荣获全国律师行业优秀党员律师、北京市优秀律师、朝阳区优秀律师、朝阳区首届优秀女律师、朝阳区优秀党员的荣誉称号。

本书主编简介

杜　芹

幸福加遗嘱库创始人、广东法学会婚姻家事法学研究会理事、深圳律师协会民事法律专业委员会主任、盈科全球总部合伙人、盈科深圳家族法律事务部主任。《家族企业》《中国妇女》等杂志特邀撰稿人，《第一现场》《法观天下》等电视栏目常驻点评嘉宾，《婚姻律师，这么做才专业》《非凡家事》《拒绝危险关系：婚外情的法律应对》等专业书籍作者。带领团队专注办理疑难家事诉讼和家族财富管理传承规划，多宗案例和项目获评优秀典型案例或为业内首宗，深受好评。

YINGKE® 盈科